Bitcoin — que enigma! Aparentemente, surgiu do nada e, treze anos depois, vale centenas de bilhões de dólares, mesmo que poucas pessoas entendam como funciona.

As informações contidas nesta Folha de Cola devem ajudar a reduzir parte do mistério e da confusão para que você possa começar sua "jornada Bitcoin" com confiança.

APRENDENDO O JARGÃO DO BITCOIN

Na verdade, não há Bitcoin. Não há nada tangível, é claro, mas também não há sequer algum tipo de representação digital de uma moeda. Ao contrário, o Bitcoin é representado por registros de transações no "ledger" do Bitcoin, que é armazenado em um "blockchain" — outra coisa que poucas pessoas entendem.

Tudo isso pode ser um pouco confuso, por isso, aqui você encontra uma explicação rápida de alguns termos importantes.

- **Blockchain:** É uma *cadeia de blocos*, um tipo especial de banco de dados, como um arquivo de computador que armazena dados estruturados. Na verdade, no caso do blockchain, o banco de dados é distribuído; há cópias do blockchain do Bitcoin em milhares de computadores espalhados pelo mundo todo. Como todas as cópias precisam estar associadas, tal combinação de cópias do blockchain é inviolável.

- **Ledger do Bitcoin:** Um *ledger*, ou *livro-razão*, é um registro das transações financeiras. Tais registros eram originalmente escritos à mão em livros. Hoje, o ledger do Bitcoin armazena informações digitais sobre suas transações no blockchain. A propósito, o livro-razão do Bitcoin não é criptografado; é um sistema público e aberto que permite que qualquer pessoa entre no blockchain e veja o que está acontecendo usando um "explorador de blockchain".

- **Bitcoin:** Inicialmente, isso é confuso para as pessoas, mas, ao contrário de dólares, euros, reais e libras, não só não há Bitcoin físico, como também não há Bitcoin digital — nada que você possa apontar e dizer "Olha ali um Bitcoin." Em vez disso, ele é apenas representado pelo livro-razão *que diz que* o Bitcoin existe. Em janeiro de 2009, informações foram adicionadas ao ledger do Bitcoin — em bloco conhecido como Bloco Gênesis — dizendo, com efeito, que Bitcoins foram adicionados ao livro-razão". A partir de então, o Bitcoin existe porque é o que o livro-razão dizia!

- **Rede Bitcoin**: Assim como a internet é o lar de uma rede de e-mail e da rede mundial — uma rede de sites —, existe também uma rede Bitcoin. Ela é formada por milhares de computadores que se comunicam pela internet. Alguns desses computadores são nós que têm uma cópia completa ou parcial do blockchain. Alguns também estão envolvidos no processo de "mineração", no qual novos Bitcoins são criados. Mas a maioria é composta por programas de software de carteira empregados pelos investidores e usuários do Bitcoin.

- **Endereço**: Dentro do blockchain, todos os Bitcoins estão associados a vários endereços, que são números longos e únicos. Você pode ter um endereço que, no livro-razão do blockchain, esteja associado a, digamos, um décimo de um Bitcoin (ou um milésimo, ou cinco Bitcoins, e assim por diante). Você controla o endereço (e o Bitcoin associado a ele) pelo uso de criptografia.

- **Transação**: Uma *transação* de Bitcoin ocorre quando alguém envia uma mensagem para o blockchain, como: "Pegue *x* Bitcoin do meu endereço, e mova-o para este outro endereço." Digamos que você tenha meio Bitcoin e queira convertê-lo em reais; você encontra alguém disposto a comprar seu Bitcoin — uma exchange, por exemplo — e envia uma transação para o blockchain movendo o Bitcoin de seu endereço para o endereço do comprador. O ledger mostrará uma transação dizendo: "Meio Bitcoin foi movimentado do endereço *x* para o endereço *y*."

- **Carteira**: Não, uma carteira não é onde o Bitcoin fica armazenado. *Não existe Bitcoin em uma carteira!* Ao contrário, a carteira armazena informações que permitem controlar o endereço no blockchain com o qual seu Bitcoin está associado. As carteiras de software permitem que você envie mensagens para a rede Bitcoin e insira transações no ledger do Bitcoin.

Bitcoin

Para leigos

Bitcoin para leigos

Tradução da 2ª Edição

Peter Kent e Tyler Bain

ALTA BOOKS
GRUPO EDITORIAL
Rio de Janeiro, 2023

Bitcoin Para Leigos

Copyright © 2023 da Starlin Alta Editora e Consultoria Eireli.
ISBN: 978-85-508-2036-1

Translated from original Bitcoin For Dummies. Copyright © 2022 by Wiley Publishing, Inc. ISBN 978-1-119-60213-2. This translation is published and sold by John Wiley, the owner of all rights to publish and sell the same. PORTUGUESE language edition published by Starlin Alta Editora e Consultoria Eireli, Copyright © 2023 by Starlin Alta Editora e Consultoria Eireli.

Impresso no Brasil — 1ª Edição, 2023 — Edição revisada conforme o Acordo Ortográfico da Língua Portuguesa de 2009.

Todos os direitos estão reservados e protegidos por Lei. Nenhuma parte deste livro, sem autorização prévia por escrito da editora, poderá ser reproduzida ou transmitida. A violação dos Direitos Autorais é crime estabelecido na Lei nº 9.610/98 e com punição de acordo com o artigo 184 do Código Penal.

A editora não se responsabiliza pelo conteúdo da obra, formulada exclusivamente pelo(s) autor(es).

Marcas Registradas: Todos os termos mencionados e reconhecidos como Marca Registrada e/ou Comercial são de responsabilidade de seus proprietários. A editora informa não estar associada a nenhum produto e/ou fornecedor apresentado no livro.

Erratas e arquivos de apoio: No site da editora relatamos, com a devida correção, qualquer erro encontrado em nossos livros, bem como disponibilizamos arquivos de apoio se aplicáveis à obra em questão.

Acesse o site **www.altabooks.com.br** e procure pelo título do livro desejado para ter acesso às erratas, aos arquivos de apoio e/ou a outros conteúdos aplicáveis à obra.

Suporte Técnico: A obra é comercializada na forma em que está, sem direito a suporte técnico ou orientação pessoal/exclusiva ao leitor.

A editora não se responsabiliza pela manutenção, atualização e idioma dos sites referidos pelos autores nesta obra.

Dados Internacionais de Catalogação na Publicação (CIP) de acordo com ISBD

K37b   Kent, Peter
       Bitcoin Para Leigos / Peter Kent, Tyler Bain ; traduzido por Alberto Streicher. - Rio de Janeiro : Alta Books, 2023.
       304 p. ; 16cm x 23cm.

       ISBN: 978-85-508-2036-1

       1. Economia. 2. Moedas digitais. 3. Bitcoin. 4. Compra e venda. 5. Investimento. 6. Carteira digital. 7. Mineração. 8. Finanças. 9. Criptomoeda. I. Bain, Tyler. II. Streicher, Alberto. III. Título.

                                           CDD 332.178
2023-1938   CDU 336.74

Elaborado por Vagner Rodolfo da Silva - CRB-8/9410

Índice para catálogo sistemático:
1. Economia : Moedas digitais : Bitcoin 332.178
2. Economia : Moedas digitais : Bitcoin 336.74

Produção Editorial
Grupo Editorial Alta Books

Diretor Editorial
Anderson Vieira
anderson.vieira@altabooks.com.br

Editor
José Ruggeri
j.ruggeri@altabooks.com.br

Gerência Comercial
Claudio Lima
claudio@altabooks.com.br

Gerência Marketing
Andréa Guatiello
andrea@altabooks.com.br

Coordenação Comercial
Thiago Biaggi

Coordenação de Eventos
Viviane Paiva
comercial@altabooks.com.br

Coordenação ADM/Finc.
Solange Souza

Coordenação Logística
Waldir Rodrigues

Gestão de Pessoas
Jairo Araújo

Direitos Autorais
Raquel Porto
rights@altabooks.com.br

Produtor da Obra
Thiê Alves

Produtores Editoriais
Illysabelle Trajano
Maria de Lourdes Borges
Paulo Gomes
Thales Silva

Equipe Comercial
Adenir Gomes
Ana Claudia Lima
Andrea Riccelli
Daiana Costa
Everson Sete
Kaique Luiz
Luana Santos
Maira Conceição
Nathasha Sales
Pablo Frazão

Equipe Editorial
Ana Clara Tambasco
Andreza Moraes
Beatriz de Assis
Beatriz Frohe
Betânia Santos
Brenda Rodrigues

Caroline David
Erick Brandão
Elton Manhães
Gabriela Paiva
Gabriela Nataly
Henrique Waldez
Isabella Gibara
Karolayne Alves
Kelry Oliveira
Lorrahn Candido
Luana Maura
Marcelli Ferreira
Mariana Portugal
Marlon Souza
Matheus Mello
Milena Soares
Patricia Silvestre
Viviane Corrêa
Yasmin Sayonara

Marketing Editorial
Amanda Mucci
Ana Paula Ferreira
Beatriz Martins
Ellen Nascimento
Livia Carvalho
Guilherme Nunes
Thiago Brito

Atuaram na edição desta obra:

Tradução
Alberto Streicher

Copidesque
Alessandro Thomé

Revisão Gramatical
Carolina Palha
Rafael Fontes

Revisão Técnica
Marco Antongiovanni
Especialista em criptomoedas

Diagramação
Lucia Quaresma

Editora afiliada à:

ASSOCIADO
Câmara Brasileira do Livro

Rua Viúva Cláudio, 291 — Bairro Industrial do Jacaré
CEP: 20.970-031 — Rio de Janeiro (RJ)
Tels.: (21) 3278-8069 / 3278-8419

ALTA BOOKS
GRUPO EDITORIAL

www.altabooks.com.br — altabooks@altabooks.com.br
Ouvidoria: ouvidoria@altabooks.com.br

Sobre os Autores

Peter Kent e **Tyler Bain** são coautores de *Mineração de Criptomoedas Para Leigos*. Há décadas, Peter vem explicando assuntos técnicos complicados para pessoas comuns; ele sabe como explicar tecnologia de forma que você consiga entender. É autor de cerca de sessenta livros de tecnologia — incluindo *Otimização para Mecanismos de Busca Para Leigos* e *Complete Idiot's Guide to the Internet*. Desde a década de 1980, Peter é professor e facilitador desses conteúdos a leitores e clientes de consultoria — até mesmo advogados, juízes e jurados (ele atua como testemunha pericial em processos relacionados à tecnologia da internet). Ele também trabalhou com um instituto de pesquisa visitando gabinetes legislativos no congresso dos EUA para ajudá-los a entender o novo mundo das criptomoedas.

Quanto a Tyler, ele atua na área de mineração de criptomoedas há alguns anos e vem acumulando experiência no ecossistema. Também é engenheiro profissional registrado no estado do Colorado e estudou engenharia com especialização em elétrica na Colorado School of Mines, uma universidade originalmente fundada para dar suporte ao setor de mineração daquele estado e, ainda, uma das principais instituições do mundo em questão de mineração (e não, eles não ensinam mineração de criptomoedas...). Tyler é membro ativo do Instituto de Engenheiros Elétricos e Eletrônicos e da Liga Elétrica das Montanhas Rochosas, além de ter sido conselheiro do Instituto de Pesquisa de Energia Elétrica, todos esses, órgãos dos EUA. Suas paixões incluem eletrificação financeira e de transporte, sistemas peer-to-peer e rede elétrica.

Dedicatória

Tyler: Para Satoshi, onde quer que ele possa estar.

Peter: Para Monique, mais uma vez. Agora chega, vamos sair e esquiar!

Agradecimentos dos Autores

Obrigado a Steve Hayes e Chrissy Guthrie, da Wiley, por sua paciência e flexibilidade; eles precisaram muito disso neste projeto! Também a Margot Hutchison, da Waterside, por sua assistência, e, é claro, a todos os demais da equipe da Wiley, que limam, polem e produzem os livros da *Para Leigos*.

Sumário Resumido

Introdução 1

Parte 1: O Básico sobre o Bitcoin 5
CAPÍTULO 1: Bitcoin em Resumo 7
CAPÍTULO 2: A Tecnologia do Bitcoin Explicada 29

Parte 2: Usando Bitcoin. 53
CAPÍTULO 3: Comprando, Vendendo e Usando Bitcoin 55
CAPÍTULO 4: Controlando Sua Carteira (e Fazendo "Hodl" de Bitcoin). 97
CAPÍTULO 5: Mantendo Seu Bitcoin Seguro. 141
CAPÍTULO 6: Investindo em Bitcoin 169

Parte 3: Tornando-se um Expert. 199
CAPÍTULO 7: Entendendo a Rede e a Mineração de Bitcoin. 201
CAPÍTULO 8: Adoção do Bitcoin no Mundo Real. 217
CAPÍTULO 9: Incômodos com o Bitcoin. 231

Parte 4: A Parte dos Dez 243
CAPÍTULO 10: Dez Dicas para Fazer Hodl e Acumular Sats. 245
CAPÍTULO 11: Dez Recursos sobre Bitcoin 255
CAPÍTULO 12: Dez (Mais Um) Pensamentos sobre o Futuro do Bitcoin. . . .263

Índice. 281

Sumário

INTRODUÇÃO. 1

    Sobre Este Livro 1

    Penso que.... 2

    Ícones Usados Neste Livro 3

    Além Deste Livro 3

    De Lá para Cá, Daqui para Lá. 4

PARTE 1: O BÁSICO SOBRE O BITCOIN. 5

CAPÍTULO 1:   **Bitcoin em Resumo. 7**

    No Princípio, Havia... Moedas Digitais?. 9

    O Nascimento do Bitcoin 11

    Mas Quem É Nakamoto? 12

    Entendendo o que o Bitcoin Realmente É. 14

    Entendendo as Unidades de Bitcoin 16

    Criptomoeda ou Criptoativo?. 18

    Se o Bitcoin Não Existe, Como Pode Ser Valioso? 19

        Milton Friedman e as pedras rai 20

        Dinheiro é crença. 22

    Entendendo os Benefícios do Bitcoin. 24

        Portabilidade. 24

        Verificabilidade 25

        Fungibilidade. 25

        Durabilidade 25

        Divisibilidade 25

        Acesso aberto 26

        Acordo final 26

        Sem fronteiras, sem nacionalidade. 26

        Pseudônimo 26

        Resistente ao monopólio 27

        À prova de desvalorização 27

CAPÍTULO 2 # A Tecnologia do Bitcoin Explicada. 29

Entendendo que o Bitcoin Não Existe!. 30

Descobrindo o Livro-razão do Bitcoin 31

    E onde fica o "livro-razão do Bitcoin"?. 32

    O Bitcoin usa um livro-razão do blockchain 33

Analisando a Rede Distribuída e Peer-to-Peer
  do Bitcoin 34

Usando os Blocos de Negócio do Blockchain do Bitcoin . . .37

    Fazendo o hash dos blocos 37

    O blockchain do Bitcoin é "imutável". 39

Descobrindo Como o Livro-razão Funciona 41

    Seu endereço: Onde seu dinheiro fica
    armazenado no livro-razão 41

    O que é o "cripto" em criptomoedas?. 42

    A mágica criptográfica da chave pública 44

    Mensagens para o blockchain 46

    Assinando mensagens com a chave privada. 47

    Enviando uma mensagem de transação
    ao livro-razão do Bitcoin. 48

    Desvendando a mensagem 49

    Mas você precisará de uma carteira. 50

PARTE 2: USANDO BITCOIN 53

CAPÍTULO 3 # Comprando, Vendendo e Usando Bitcoin. 55

Descobrindo o Preço do Bitcoin 56

Suas Opções para Adquirir Bitcoin. 57

    Caixa eletrônico de Bitcoin. 58

    Bitcoin no varejo. 71

    Negociação entre pessoas físicas 73

    Exchanges de Bitcoin. 75

"Bitcoin Back" em Cartões de Débito e Crédito 90

Ganhando Seu Bitcoin. 91

Minerando Bitcoin 92

Encontrando Bitcoin em Todos os Lugares 93

Vendendo Seu Bitcoin. 93

xii   **Bitcoin Para Leigos**

CAPÍTULO 4

Controlando Sua Carteira (e Fazendo "Hodl" de Bitcoin). **97**

O que É uma Carteira? 98

As carteiras armazenam as chaves privadas. 99

As carteiras criam e armazenam chaves e
endereços 99

As carteiras se comunicam com a rede Bitcoin 100

Carteiras quentes ou frias. 100

Explorando a Carteira de Hardware. 101

Carteiras cerebrais. 102

Carteiras de papel 102

Carteiras de metal 102

Carteiras de hardware. 104

Carteiras online. 105

Nós completos dedicados 106

Carteiras de software. 107

Encontrando uma Carteira. 107

Configurando uma Carteira de Bitcoin. 110

Criando e protegendo sua primeira carteira. 110

Criando uma semente de 24 palavras 113

Aumentando a segurança com uma conta falsa 115

Recebendo Bitcoin 117

Recebendo as notificações. 119

Verificando seus endereços 120

Enviando Bitcoin. 121

Seguindo o dinheiro. 124

Fazendo backup de sua carteira .125

Importando (ou recuperando) uma carteira 127

Criando uma carteira de observação 129

Explorando as carteiras de assinatura múltipla 131

Usando a Lightning Network 138

CAPÍTULO 5

Mantendo Seu Bitcoin Seguro **141**

Entendendo Como Você Pode Perder
Controle sobre Seu Bitcoin 142

Captando o Objetivo: Proteção da Chave
Privada e da Semente. 144

Sumário xiii

Escolhendo: Carteira de Custódia ou Privada?...........146

Elaborando Seu Plano de Segurança de Criptomoeda....147

Criando senhas poderosas.....................147

Protegendo senhas com programas de senhas.......149

Protegendo seu computador....................152

De olho no phishing sofisticado...................153

Empregando a autenticação de dois fatores.........157

Explorando Mais Formas de Proteger Seu
Bitcoin (e Tudo Mais)..............................161

Sabendo o que Acontecerá Quando Você
Bater as Botas 164

Escolhendo a solução multisig....................165

Agendando transações futuras 165

Usando um recurso de herança digital 166

CAPÍTULO 6 **Investindo em Bitcoin** **169**

Bitcoin: Ativo de Valor ou Bolha Prestes a Estourar?......171

O valor do Bitcoin tem que subir!...................171

O Bitcoin vai virar pó!..........................173

Entendendo o stock-to-flow......................175

Bitcoin: O ouro digital 178

Então Você Quer Comprar Bitcoin....................179

A estratégia básica — Buy and hodl 180

Média do custo em dólar (DCA)....................181

Encontrando o timing do mercado..................183

Arbitragem..................................185

Outras formas de investir Bitcoin 186

Não se esqueça de sua aposentadoria 186

Hodling II — Uma Estratégia Ainda Melhor..............188

A Nova Fronteira: Outras Criptomoedas 190

NFTs: Qual É que É?................................192

PARTE 3: TORNANDO-SE UM EXPERT...........**199**

CAPÍTULO 7 **Entendendo a Rede e a
Mineração de Bitcoin** **201**

A Rede Bitcoin.................................202

Enviando Transações.............................206

xiv   **Bitcoin Para Leigos**

Observando as taxas de transação. 206

Endereço de troco 208

Verificando a transação. 209

Minerando Bitcoin — O desafio de 10 minutos 210

Ganhando o Bitcoin. 213

Pré-configurações do Bitcoin. 214

CAPÍTULO 8 **Adoção do Bitcoin no Mundo Real 217**

O Bitcoin na Sala de Reuniões. 218

O Bitcoin nas Nações 219

Quando os governos amam o Bitcoin 220

Nações promovendo as criptos. 223

Não são apenas os ricos. 225

Quando a nação colapsa. 227

CAPÍTULO 9 **Incômodos com o Bitcoin 231**

O Bitcoin É Volátil Demais. 232

Os Governos Banem o Bitcoin. 233

Bitcoin: Pirâmide do Século XXI 235

A Bolha do Bitcoin 236

É Muito Caro Usar Bitcoin. 237

Riscos de Segurança do Bitcoin. .239

Uso de Eletricidade pelo Bitcoin .241

PARTE 4: A PARTE DOS DEZ .243

CAPÍTULO 10 **Dez Dicas para Fazer Hodl e Acumular Sats 245**

Invista em Conhecimento, Faça Sua Tarefa de Casa 246

Saia do Zero (BTC) 246

Diminua Sua Base de Custo, Compre na Baixa 247

Reserva de Oportunidade 248

Execute Seu Próprio Nó de Bitcoin. 248

Proteja Suas Chaves, Teste os Backups de Sementes. 249

Modelos Preditivos de Preço 250

Análise Técnica, Indicadores e Outros
   Fatores do Bitcoin 251

O Devagar e Sempre Vence 253

Contar para Todos ou Ficar na Sua?. 254

CAPÍTULO 11 **Dez Recursos sobre Bitcoin............255**

Documentários sobre Bitcoin 256

Livros sobre Bitcoin.................................256

Guias e Tutoriais de Bitcoin 257

Exploradores de Bloco de Bitcoin.....................258

Agregadores de Dados de Bitcoin.....................258

Fóruns sobre Bitcoin................................259

Gráficos de Volatilidade do Bitcoin....................259

Documentos Fundamentais do Bitcoin 260

Wikis sobre Bitcoin.................................261

Visualizações de Dados sobre Bitcoin 262

CAPÍTULO 12 **Dez (Mais Um) Pensamentos
sobre o Futuro do Bitcoin 263**

Os Bitcoiners Adoram o Efeito Lindy 264

A Quantidade Limitada de Bitcoin Impulsiona o Preço....265

Corrida Pela Adoção do Bitcoin.......................267

Adoção do Bitcoin por Corporações 268

O Bitcoin Morreu!..................................269

O "Sobe e Desce" do Bitcoin.........................270

O Halvening e o Preço do Bitcoin 271

Novas "Camadas" do Bitcoin 273

A Lightning Network do Bitcoin 273

Sidechains do Bitcoin.........................274

O Bitcoin Será Mais Fácil.............................275

Propostas de Desenvolvimento e Melhoria do Bitcoin....275

Qual É o Futuro do Bitcoin?..........................277

ÍNDICE.................................281

xvi   **Bitcoin Para Leigos**

Introdução

B em-vindo ao *Bitcoin Para Leigos*, 2ª edição, um livro que lhe diz tudo o que você precisa saber para começar com a criptomoeda original baseada no blockchain (incluindo o que significam *blockchain* e *criptomoeda*).

Esse é um assunto muito estranho. Bitcoin talvez seja o bem mais valioso (há cerca de US\$1 trilhão em Bitcoins no mundo) que quase ninguém entende. Como você pode investir em algo se não entende *o que é*? E, não se engane, a maioria das pessoas, mesmo algumas com milhares de dólares em Bitcoin, não sabe o que ele realmente é. Leia este livro e você não fará parte desse grupo.

Acreditamos muito que, se quiser se envolver com o Bitcoin de alguma forma, você precisa entendê-lo. Dois problemas enormes surgiram porque isso *não* ocorreu:

>> **Milhares de pessoas tiveram seus Bitcoins roubados.** Explicaremos como isso acontece e como evitar.

>> **Milhares de pessoas "perderam" seus Bitcoins.** Explicaremos como isso acontece, como evitar e por que o Bitcoin não está *realmente* perdido (mas apenas fora de alcance).

Nosso trabalho é compactar tudo isso em partes pequenas, inteligíveis e fáceis de digerir, para que pessoas comuns como você possam entender.

Sobre Este Livro

Este livro explica, simplifica e desmistifica o mundo do Bitcoin. Você descobrirá o que precisa saber e fazer de modo a decidir se e como dará seus primeiros passos no lindo mundo do Bitcoin.

Neste livro, explicamos o seguinte:

» De onde o Bitcoin vem (quem é esse tal de Satoshi Nakamoto?).

» O que o Bitcoin realmente *é* (e o que *não é*).

» As diversas unidades de Bitcoin, até as menores (um centésimo de milionésimo de um Bitcoin).

» Como o dinheiro funciona (é, você acha que sabe, mas *será mesmo?*).

» Como o "cripto" em "criptomoeda" funciona.

» Os melhores lugares para comprar Bitcoin e *como* fazer isso.

» Sua carteira cripto (não, aqui não é o lugar onde você armazena seus Bitcoins, mas, ainda assim, é crucialmente importante).

» Como manter seus Bitcoins seguros contra roubo e perda.

» Como investir em Bitcoin (e talvez em outras criptomoedas).

E muito mais!

Penso que...

Não queremos presumir nada, mas precisamos acreditar que, se você está lendo este livro, já sabe algumas coisas sobre a internet. Bitcoin é uma tecnologia que depende da internet — sem ela, não existe Bitcoin. Portanto, você precisa ter consciência técnica suficiente para usar algum tipo de dispositivo conectado à internet: um PC desktop ou notebook, ou talvez apenas um smartphone. Você precisa saber navegar em sites e baixar e executar softwares (não necessariamente muitos, talvez apenas uma simples carteira cripto que você possa executar em seu smartphone).

Explicamos como manter seus Bitcoins seguros, portanto, você também precisará saber realizar processos como carregar um programa de gerenciamento de senhas, instalar software antivírus e fazer backups. Isso não é um bicho de sete cabeças, mas, se sua ideia de usar um computador é pedir ao seu neto que encontre algo nas interwebs para você, este livro pode não ser útil para o seu caso!

Ícones Usados Neste Livro

Este livro, como todos da série *Para Leigos*, usa ícones para destacar certos parágrafos e alertá-lo sobre informações especialmente úteis. Veja um resumo do que eles significam:

Um ícone de Dica significa que estamos lhe dando algumas informações adicionais que podem ajudá-lo ou fornecer um insight extra sobre os conceitos que estão sendo discutidos.

Este ícone destaca informações que vale a pena guardar na caixola.

Se quiser, pode pular a parte com este ícone, pois ela traz bastante conteúdo "nerd", mas não faça isso se for o tipo de pessoa que gosta de ter informações contextuais.

Este ícone o ajuda a ficar longe de problemas. O propósito é chamar sua atenção para que o ajudemos a evitar uma armadilha que pode prejudicar seu investimento.

Além Deste Livro

Além do livro que está lendo agora, você também tem acesso a uma Folha de Cola que traz dicas rápidas e outras informações para ajudá-lo na jornada do Bitcoin. Para obtê-la, acesse o site da Editora Alta Books, www.altabooks.com.br, procure o título ou ISBN do livro e faça o download. Ali você também verá erratas e possíveis arquivos de apoio.

De Lá para Cá, Daqui para Lá

Como todas as boas ferramentas de referência, este livro foi projetado para ser lido quando necessário. Ele está dividido em várias partes: informações contextuais sobre o que o Bitcoin realmente *é*; como de fato *usar* o Bitcoin (comprar, vender e investir); mais alguns detalhes sobre como a tecnologia funciona; e a Parte dos Dez.

Recomendamos que comece no início e o leia em sequência, mas se apenas quiser saber como usar as carteiras, leia o Capítulo 4. Se precisa entender onde comprar Bitcoin, leia o Capítulo 3. Se tudo o que você precisa entender é o significado de "cripto" em "criptomoedas", o Capítulo 2 é o indicado.

LEMBRE-SE

Entretanto, o Bitcoin é um assunto complexo. Todos os tópicos abordados neste livro estão inter-relacionados. Recomendamos que leia tudo o que está neste livro antes de mergulhar fundo no investimento em Bitcoin. É essencial que você tenha uma compreensão abrangente de tudo o que está envolvido antes de começar. Não se junte às milhares de pessoas que perderam seus Bitcoins. Um pouco de conhecimento ajuda muito!

Nota da Editora: O livro apresenta diversos sites ao longo do texto. Seu conteúdo e disponibilidade são de inteira responsabilidade dos autores. Quando possível, sites em língua portuguesa com o mesmo conteúdo foram indicados.

1

O Básico sobre o Bitcoin

NESTA PARTE...

Descubra de onde o Bitcoin vem.

Entenda como o dinheiro funciona.

Aprenda como o Bitcoin usa a criptografia.

Envie mensagens ao blockchain do Bitcoin.

Use chaves privadas para provar que é dono de seus Bitcoins.

NESTE CAPÍTULO

» Descobrindo a história das moedas digitais

» Aprendendo sobre o início do Bitcoin e seu criador

» Entendendo o que o dinheiro (e o Bitcoin) é e não é

» Explorando os benefícios do Bitcoin

Capítulo **1**

Bitcoin em Resumo

Para um mero adolescente, a rede Bitcoin certamente teve um grande impacto no mundo, movimentando mais de US$12,4 trilhões somente em 2021. Ao escrevermos estas palavras, o Bitcoin tem uma *capitalização de mercado* (valor total) de US$918.705.395.133, o que é quase um trilhão de dólares. (A capitalização de mercado é o número total de Bitcoins em "circulação" multiplicado pelo preço de mercado atual de um único Bitcoin.)

Mas esse é um preço atualmente baixo; apenas algumas semanas antes, ele tinha um valor combinado de quase US$1,3 trilhão. Quando você estiver lendo este livro, o valor pode ser maior, menor ou o mesmo. Essa é uma das coisas sobre Bitcoin: seu preço de mercado pode ser muito volátil, como você logo aprenderá se passar um pouco de tempo observando os mercados.

Mas o impacto do qual estamos falando não se refere apenas ao valor de mercado atual do Bitcoin. Na verdade, o valor de mercado da Apple, Inc. é mais de três vezes maior do que o da rede Bitcoin. No entanto, uma comparação com a Apple pode ser apropriada no momento. A Figura 1-1 mostra quanto Bitcoin seria necessário para comprar uma única ação da Apple, de 2010 até 2021. O valor de um único Bitcoin tem aumentado em relação às ações da Apple (assim como, naturalmente, em relação ao dólar norte-americano e outras moedas governamentais).

FIGURA 1-1: Quanto Bitcoin é necessário para comprar uma ação da Apple?

O lançamento do Bitcoin desencadeou uma revolução no blockchain e nas criptomoedas. Existem agora mais de 13 mil criptomoedas. (A maioria, fique avisado, é essencialmente sem valor e continuará assim.) No momento de redação deste livro, as cinco principais criptomoedas têm uma capitalização de mercado combinada de quase US$1,7 trilhão de dólares, e diversas criptomoedas têm funções genuinamente úteis além de serem usadas meramente como dinheiro ou uma reserva de valor. É provável que algumas delas perdurem, mesmo que a maioria não o faça.

Porém, estamos aqui para falar do Bitcoin, então vamos começar com um pouco de história. De onde ele veio e como se desenvolveu?

No Princípio, Havia...
Moedas Digitais?

As criptomoedas baseadas em blockchain são bem novas, mas as moedas digitais projetadas para uso online já existem há bastante tempo. (Não se preocupe por enquanto com essa coisa da *blockchain*; explicaremos isso em detalhes não tão estarrecedores no Capítulo 2. Por ora, basta entender que um blockchain é um tipo especial de banco de dados, um armazenamento de dados digitais.)

Quando as pessoas começaram a encher os espaços online — o processo começou no início dos anos 1980, mas realmente decolou em 1994 com o advento da internet comercial —, ficou claro que elas precisariam de alguma forma para gastar dinheiro no ciberespaço (as primeiras lojas virtuais abriram naquele ano). É claro que a maioria das transações online hoje em dia usa cartões de crédito e débito — até mesmo PayPal e PagSeguro estão essencialmente permitindo tais transações, juntamente com transferências bancárias —, mas isso não era o caso nos primeiros dias. Muitas pessoas estavam preocupadas com o roubo de cartões de crédito e, portanto, desconfiadas de usar seus números online, por exemplo. (Quando o coautor Peter abriu uma loja online em 1997, ele tinha um gateway de cartão de crédito funcional, mas muitos clientes imprimiam um formulário de pedido em papel e enviavam um cheque pelo correio!)

Havia também a questão das *microtransações*. Certamente, no mundo digital, deveria ser possível pagar a alguém, digamos, cinco ou dez centavos por algo, como o acesso a um vídeo ou artigo. O problema das microtransações ainda não foi resolvido em muitos lugares (embora seja possível argumentar que a rede Bitcoin Lightning, que discutimos no Capítulo 4, quase nos leva até lá), mas, no entanto, essa é uma das ideias que impulsionaram o desenvolvimento das moedas digitais.

E elas se desenvolveram. Em 1983, David Chaum escreveu um artigo de pesquisa sobre o conceito das moedas digitais (*Blind Signatures for Untraceable Payments — Assinaturas Cegas para Pagamentos não Rastreáveis*), sugerindo o uso de criptografia para criar e gerenciar uma moeda digital. Assim, mesmo naquela época, a criptografia tinha um papel nas moedas digitais, embora não fossem conhecidas como criptomoedas então. Quando você ouve as pessoas falando sobre criptomoedas, elas

CAPÍTULO 1 **Bitcoin em Resumo** 9

geralmente estão falando dessa nova geração de criptomoedas baseadas em blockchain que começaram com o Bitcoin. (Explicamos mais sobre criptografia e como ela se relaciona com as criptomoedas no Capítulo 2.)

Chaum de fato lançou uma moeda digital baseada em criptografia em 1990, conhecida como *DigiCash*, mas eram dias ainda muito iniciais. Pouquíssimas pessoas estavam online em 1990, e a moeda morreu por volta de 1998. O que provavelmente prejudicou as moedas digitais no fim dos anos 1990 foi que as empresas de cartões de crédito queriam participar da ação online e, assim, se esforçaram para amenizar o medo dos consumidores de usar cartões de crédito na internet.

Ainda outras moedas digitais apareceram. Havia o e-gold, uma moeda apoiada por ouro real, e o Millicent, uma moeda criada por uma grande empresa de computação, a Digital Equipment Corporation (DEC). (Se você é mais jovem do que, digamos, 30 e poucos anos, provavelmente não se lembrará da DEC, mas ela era muito importante. Na verdade, até mesmo a IBM tinha uma divisão de micropagamentos trabalhando com moedas digitais na época.)

Depois, houve o NetBill, um projeto da Universidade Carnegie Mellon que mais tarde foi fundido em outro sistema, o CyberCash, que acabou ficando nas garras do PayPal. Houve o Beenz, que tinha uma parceria com a MasterCard a certa altura, o First Virtual, o CyberCoin, o Flooz (promovido por Whoopi Goldberg, não menos!), e vários outros.

Mas nada *durou* muito. Diversas grandes ideias, mas ninguém conseguiu fazer tudo *funcionar*. No início dos anos 2000, a maioria desses esforços era moribunda (algo provavelmente desencadeado pelo crash das pontocom no fim de 2000). Havia exceções. A Liberty Reserve, com sede na Costa Rica, funcionou de 2006 até 2013, mas foi fechada após acusações de que estava sendo usada para lavar bilhões de dólares de lucros criminosos. E sistemas fechados que funcionam em redes particulares, como as Moedas QQ da China, são usados principalmente no serviço de mensagens Tencent QQ Messaging.

Mas então, havia Satoshi Nakamoto e seu mágico blockchain.

O Nascimento do Bitcoin

No dia 1º de novembro de 2008, alguém chamado Satoshi Nakamoto postou uma mensagem em um fórum sobre criptografia intitulada *Bitcoin P2P e-cash paper* (arquivada em `https://www.mail-archive.com/cryptography@metzdowd.com/msg09959.html`). Nela, Nakamoto anunciava que "vinha trabalhando em um novo sistema de dinheiro eletrônico que é totalmente peer-to-peer, sem autoridade central".

Em outras palavras, ele havia criado um sistema monetário que funcionava em uma rede de pares — computadores trabalhando em conjunto, sendo cada um igual ao outro. Sem poder central, nenhum banco ou governo para agir como uma "autoridade central" era necessário.

Um comentário que ele fez no post explicou sua visão do problema com as criptomoedas anteriores. "Muitas pessoas descartam automaticamente a moeda eletrônica como causa perdida por causa de todas as empresas que fracassaram desde os anos 1990", escreveu. Ele acreditava que esses outros sistemas de dinheiro digital tinham uma fraqueza crucial, um calcanhar de Aquiles. "Espero que seja óbvio que foi apenas a natureza controlada central desses sistemas que os condenou. Acredito que esta é a primeira vez que estamos tentando um sistema descentralizado, não baseado em confiança."

PAPO DE ESPECIALISTA

Nakamoto havia criado um nome de domínio e um site simples, bitcoin.org, onde postou um documento explicando como tudo isso funcionaria: `https://bitcoin.org/bitcoin.pdf` [veja a versão em português aqui: `https://bitcoin.org/files/bitcoin-paper/bitcoin_pt_br.pdf`]. É bom você dar uma olhada, embora não seja essencial para sua compreensão do Bitcoin (há algumas partes bem técnicas no artigo).

O whitepaper que ele publicou descreve como um *blockchain* (uma forma especial de banco de dados) poderia ser usado para gerenciar a moeda. Essencialmente, o blockchain registra um livro-razão, um registro de transações de moeda, e visto que o blockchain é duplicado em diversos computadores (os *pares*, ou *peers*) e que esses pares são todos iguais, não é necessária a confiança em uma parte central. Você pode ouvir descrições do Bitcoin como sendo um sistema "sem confiança". Isso não significa que não podemos confiar nele, mas que uma autoridade central não é necessária. A confiança, de fato, está incorporada no

CAPÍTULO 1 **Bitcoin em Resumo** 11

sistema. A matemática — ou matemágica, como Peter gosta de chamar — que alimenta o sistema significa que *podemos* confiar nas transações do Bitcoin, mesmo sem uma "autoridade" central supervisionando o sistema (veja o porquê disso no Capítulo 2).

LEMBRE-SE

Satoshi Nakamoto (seja lá quem for essa pessoa ou "coisa") não usou as palavras *criptomoeda*, *blockchain* ou *sem confiança* ao longo de seu whitepaper. Esses termos foram aplicados ao sistema posteriormente por outras pessoas.

Na verdade, a ideia da cadeia do blockchain já existia havia algum tempo — pelo menos desde 1991. Lembra-se de David Chaum do famoso Digi-Cash? Ele vinha trabalhando na ideia de um blockchain desde o início dos anos 1990.

De qualquer forma, Nakamoto não parou por aí. Em janeiro de 2009, ele/ela lançou a rede Bitcoin. Nakamoto lançou cerca de 30 mil linhas de código que definiam os protocolos e processos de rede necessários para operar esse sistema de dinheiro descentralizado e peer-to-peer. E assim, o Bitcoin nasceu.

É claro, em janeiro de 2009, o Bitcoin não tinha essencialmente nenhum valor. Ainda assim, o *bloco gênesis* criado por Nakamoto (o primeiro bloco de dados no blockchain gerando os primeiros 50 Bitcoins), juntamente com os blocos de dados subsequentes "minerados" por Nakamoto (veja o Capítulo 7), compreendem talvez um milhão de Bitcoins: a preços atuais, são US$47.369.000.000. Sim, perto de 50 bilhões de dólares!

Mas Quem É Nakamoto?

Então, quem é esse Satoshi Nakamoto? Ninguém sabe. Bem, alguém deve saber, mas ou não está dizendo ou não conseguiu convencer ninguém. Na verdade, nem mesmo está claro *o que* Satoshi Nakamoto é. Um homem? Uma mulher? Um grupo de colaboradores? Uma organização ou empresa? Não sabemos ao certo, embora a maioria das suposições indique ser um homem ou um grupo de duas ou três pessoas. Talvez não surpreendentemente, os alvos mais citados sejam geralmente criptógrafos e matemáticos.

Há o próprio Satoshi Nakamoto, é claro — essa foi uma escolha óbvia. Um nipo-americano residente na Califórnia que nasceu Satoshi Nakamoto, e agora se chama Dorian Prentice Satoshi Nakamoto, parece ter algumas das habilidades necessárias para ser o Nakamoto, mas ele nega ser o fundador do Bitcoin.

Depois, há Nick Szabo, um entusiasta da moeda digital que foi marcado como Nakamoto, mas nega ser o fundador do Bitcoin. Elon Musk também foi "acusado", mas ele nega (e nós pessoalmente achamos que ele provavelmente estava muito ocupado para encontrar o tempo necessário!). Há o matemático japonês Shinichi Mochizuki (ele nega), o sociólogo econômico finlandês Dr. Vili Lehdonvirta (nega) e o estudante de criptografia irlandês Michael Clear (sim, nega).

Um dos candidatos mais barulhentos é Craig Wright, um cientista da computação australiano. Ele certamente afirma que é Nakamoto, embora seja acusado por muitos de realizar uma fraude elaborada. No momento de redação deste capítulo, um júri declarou Wright culpado, e ele teve que pagar US$100 milhões à família de David Kleiman, um amigo falecido, por uso indevido de fundos em uma joint venture na qual eles trabalharam. Mas separadamente, o júri também considerou que David Kleiman não estava relacionado com a criação do Bitcoin.

No entanto, o júri não descobriu se Craig Wright *é* Nakamoto — apenas que, caso seja, não precisa dividir seus US$50 bilhões com a família de Kleiman. Não é um mau negócio. Na verdade, é um negócio tão bom, que Wright declarou que estava *aliviado* pelo fato de que tudo o que precisava pagar eram os US$100 milhões! Mesmo assim, o caso não está encerrado. Não está claro se o patrimônio de Kleiman tem realmente a propriedade da empresa em joint venture, e Wright pode dever US$100 milhões de dólares à sua ex-mulher. Isso não resolve a questão sobre se Wright de fato é ou não Nakamoto. (Wright diz que o júri considerou que ele *é* Nakamoto; o juri nega.) Isso não será resolvido até que Wright — ou o *verdadeiro Satoshi Nakamoto* — movimente parte dos Bitcoins dos endereços no blockchain que pertencem a Nakamoto.

Independentemente disso, a rede Bitcoin continuou a funcionar como projetada muito depois que Satoshi Nakamoto parou misteriosamente de participar dela, pouco depois de afirmar que Julian Assange e o Wikileaks haviam "chutado o ninho dos vespões", uma vez que começaram a aceitar Bitcoin como doações para sua controversa reportagem em 2010.

CAPÍTULO 1 **Bitcoin em Resumo** 13

Entendendo o que o Bitcoin Realmente É

Então, o que é Bitcoin? Bem, podemos lhe dizer muito rapidamente o que ele não é. Não é tangível — não há nada que você possa tocar ou segurar. Você não pode prová-lo ou cheirá-lo. Você não pode nem mesmo vê-lo. Na verdade — e explicamos isso com mais detalhes no Capítulo 2 —, o Bitcoin realmente *não é*. Quer dizer... *não existe Bitcoin*.

O que existe, porém, é algo conhecido como o *livro-razão* ou *ledger* do Bitcoin (outra palavra, a propósito, que Satoshi Nakamoto não usou em seu famoso whitepaper, mas é assim que os dados armazenados nos blockchains do Bitcoin passaram a ser popularmente conhecidos). Um livro-razão é um registro escrito de transações; o pequeno registro de seu livro de cheques é uma forma de livro-razão, por exemplo (para aqueles com menos de 30 anos, um cheque é um pedaço de papel no qual você pode escrever um número, assinar seu nome e dar a alguém, que pode então entregá-lo ao banco, e o banco dá dinheiro a esse alguém... um sistema incrivelmente eficiente). Ou considere um extrato bancário, mostrando dinheiro entrando e saindo de sua conta (*saindo*, na maioria das vezes). Isso também é uma forma de livro-razão.

Sendo assim, quando Satoshi Nakamoto criou o primeiro Bitcoin, como ele o criou? Bem, quando falamos sobre Bitcoin ser "criado", estamos realmente falando de forma abreviada. Nenhuma *coisa* de Bitcoin foi criada. Quando Nakamoto "criou" o primeiro Bitcoin, o que ele realmente fez foi criar um conjunto de regras para um livro-razão no qual ele *registrou* a criação do Bitcoin. O livro-razão diz, na verdade, "50 novos Bitcoin foram criados hoje". E aí está, o Bitcoin existe.

Quando Nakamoto cunhou aquele primeiro "bloco gênesis", a natureza da rede foi definida. Enterrado no primeiro bloco de dados estava um pequeno texto adicional, palavras da primeira página do *New York Times* daquele dia (3 de janeiro de 2009): "Ministro prestes a fazer segundo resgate financeiro de bancos." Talvez essa tenha sido uma dica do motivo pelo qual Nakamoto tenha criado a rede, como uma alternativa ao que ele achava que eram os sistemas monetários corruptos gerenciados pelo governo.

O livro-razão registra essencialmente duas coisas. A primeira é a *criação* do Bitcoin, que é feita por meio de um processo chamado "mineração". Nakamoto "minerou" os 50 Bitcoins originais (no entanto, esses não podem ser usados, devido à natureza do código). A mineração continua, e, de fato, novos Bitcoins são criados sempre que um novo bloco de transações é adicionado ao blockchain do Bitcoin, a cada 10 minutos ou mais. (O capítulo 7 explica como esse processo de "mineração" funciona.)

No entanto, há um arranjo matemático em tudo isso: os Bitcoins são criados de forma consistente, e a cada quatro anos ou mais (durante um evento chamado *halving*), o número de Bitcoins criados a cada 10 minutos é reduzido pela metade. Neste momento, 6,25 Bitcoins são criados a cada 10 minutos, mas em algum momento em 2024, serão reduzidos para 3,125, depois novamente reduzido pela metade quatro anos depois, e assim por diante (a cada quatro anos) até cerca do ano 2140, quando o número máximo de Bitcoins estará finalmente em circulação.

MOEDA FIDUCIÁRIA?

Fique na comunidade Bitcoin o tempo suficiente e, mais cedo ou mais tarde, ouvirá as pessoas falando sobre moeda *fiduciária*, ou *fiat money*, geralmente, de forma depreciativa. Uma moeda fiduciária é aquela estabelecida por decreto, por ordem oficial. Ela é emitida por um governo, sem ter lastro com uma mercadoria como o ouro. (Para citar o economista ganhador do Prêmio Nobel Paul Krugman, "as moedas fiduciárias têm valor subjacente porque os homens com armas dizem que têm".) A maioria das moedas hoje em dia é fiduciária; o "padrão ouro" caiu em desuso geral na década de 1930, durante a Grande Depressão. (A Grã-Bretanha abandonou o padrão ouro em 1931.) O dólar norte-americano costumava ter lastro em prata, mas em 1900, foi aprovada uma lei ligando-o ao ouro. Ele permaneceu assim durante a maior parte do século, até ser completamente desvinculado do ouro em 1971 e se tornar uma moeda fiduciária. (Entretanto, em 1934, os EUA desvalorizaram o dólar em relação ao ouro; ou seja, reduziram o peso do ouro por dólar.)

A vantagem da moeda fiduciária é que ela dá aos governos mais controle sobre a oferta de dinheiro. Muitos economistas, provavelmente a maioria, acreditam que a adesão ao padrão ouro prolongou a Grande Depressão, já que os governos não foram capazes de estimular suas economias aumentando a oferta de dinheiro. A desvantagem, de acordo com muitos verdadeiros crentes em Bitcoin, é que ela proporciona aos governos muito controle sobre a oferta de dinheiro!

A segunda coisa que o livro-razão registra é o que acontece com o Bitcoin após ter sido criado. Como discutimos no Capítulo 2, cada Bitcoin está associado a "endereços" no blockchain, e à medida que as pessoas compram e vendem Bitcoins, ou os usam para comprar algo (basicamente o mesmo que vender Bitcoin), as moedas são enviadas de um endereço para outro no blockchain. O livro-razão do Bitcoin mantém um registro do fluxo do Bitcoin, de endereço para endereço. Cada endereço está sob o controle de alguém, e, portanto, o blockchain, na verdade, está mantendo o controle de quem é dono do quê. Se o livro-razão do blockchain do Bitcoin diz que o endereço que você controla tem 2 Bitcoins associados a ele, então você controla esses 2 Bitcoins. (Nos Capítulos 3 e 4, explicamos como exercer esse controle — ou seja, como você pode transferir seus Bitcoins para outros endereços para obter moeda fiduciária do governo ou bens e serviços.)

Agora, se tudo isso soa um pouco confuso, como se fosse um pequeno jogo de trapaça — e certamente há muitas pessoas que lhe dirão que o Bitcoin é uma "pirâmide" —, explicaremos dentro de alguns instantes o que é *dinheiro*. Você pode pensar que sabe o que é, mas provavelmente não sabe, e sem entender o que é dinheiro, é difícil entender como Bitcoin *pode ser* dinheiro. Mas primeiro, um pouco mais sobre o Bitcoin.

Entendendo as Unidades de Bitcoin

Para começar, você precisa entender que o Bitcoin pode ser decomposto e comprado e vendido em pedacinhos. Um Bitcoin não é como uma moeda de ouro; se, por exemplo, você comprar uma moeda de ouro, estará comprando a coisa toda. Você não pode comprar a metade ou uma fração.

Mas com o Bitcoin, que pode ser vendido a US$50 mil ou US$60 mil, ou seja qual for o valor *por moeda*, a maioria das pessoas não pode se dar ao luxo de comprar se tiver que adquirir a coisa toda. E em qualquer caso, não há *moeda*. É apenas uma entrada no livro-razão.

Dessa forma, a entrada no livro-razão pode dizer o que quisermos que diga. Pode dizer que você comprou meio Bitcoin, ou um décimo ou centésimo, ou um décimo milésimo, ou até um centésimo milionésimo. Ou seja, você pode comprar moedas parciais — fragmentos de um Bitcoin. A Tabela 1-1 traz um panorama sobre as unidades de Bitcoin.

TABELA 1-1 Unidades de Bitcoin

Unidade	Nome da unidade
1; um	Bitcoin, BTC, B
1/10; um décimo	deciBitcoin, dBTC
1/1.000; um milésimo	milliBitcoin, millibit
1/1.000.000; um milionésimo	microBitcoin, µBTC, bit
1/100.000.000; um centésimo milionésimo	Satoshi, sat

A tabela não mostra todas as unidades, mas essas são as que você provavelmente verá e sobre as quais mais ouvirá. Como os Bitcoins são divididos em Satoshis — 100 milhões de Satoshis em cada Bitcoin —, você pode dividir um Bitcoin em décimos: deciBitcoin, centiBitcoin, milliBitcoin, microBitcoin, e assim por diante. (Na verdade, existe até uma forma teórica de dividir um Bitcoin abaixo do nível Satoshi em *milliSatoshi*, utilizando uma rede auxiliar especial chamada Lightning Network, da qual falamos no Capítulo 4.)

Será que existe o suficiente da menor unidade de Bitcoin para todos? Bem, vamos dar uma olhada. Haverá apenas 21 milhões de Bitcoins; isso significa que haverá, no máximo, 2.100.000.000.000.000 de Satoshis em circulação.

Hoje, porém, cerca de 19 milhões de Bitcoins estão em circulação, e há algo em torno de 1.900.000.000.000.000 Satoshis.

Com cerca de 8 bilhões de pessoas vivendo no planeta, há hoje cerca de 237.500 Satoshis em circulação por pessoa (o número varia; consulte o relógio Satoshi em `https://satoshisperperson.com/` — em inglês). Neste momento, equivale a US$54.

Para colocar isso em perspectiva, cerca de US$2,5 mil estão em circulação (oferta de dinheiro "M1") por pessoa no planeta hoje (de acordo com o site do Federal Reserve dos EUA, disponível em `https://fred.stlouisfed.org/series/M1SL` — em inglês). Isso representa 250 mil centavos por pessoa, semelhante ao número de Satoshis.

LEMBRE-SE

Tudo isso significa que você não precisa de uma grande soma de dinheiro para começar com Bitcoin. Você pode comprar pedacinhos de um Bitcoin, mas tenha cuidado com as taxas. Comprar pequenas quantidades em uma exchange tradicional (veja o Capítulo 3) pode ser caro; em alguns casos, você provavelmente pagará mais em taxas do que pelo próprio Bitcoin. Há atualmente algumas exchanges que oferecem transações gratuitas*. Consulte, por exemplo, a Strike (`https://strike.me/en` — conteúdo em inglês).

Criptomoeda ou Criptoativo?

O Bitcoin é comumente descrito como uma criptomoeda. É realmente uma moeda? Nós argumentaríamos que não. Fornecemos mais detalhes sobre isso no Capítulo 3, mas, pelo menos no momento, você pode considerar o Bitcoin mais como um ativo do que uma moeda. É mais parecido com o ouro do que com notas de real ou dólar. É difícil gastar o Bitcoin, assim como é difícil gastar o ouro. Claro, você pode fazer isso, mas nem sempre é simples, e a maioria dos lugares onde você gostaria de gastar seus Bitcoins não o aceitam.

E além disso, por que você quer gastar seus Bitcoins quando ele pode dobrar ou triplicar de valor durante os próximos meses? Não, o Bitcoin não é uma moeda verdadeira, embora tenha sido originalmente destinado a ser uma (e talvez no futuro se torne uma).

O Google e o dicionário Oxford Languages descrevem *moeda* como "um sistema de dinheiro em uso geral em determinado país". Bitcoin certamente não é uma moeda na Europa ou na América do Norte ou do Sul. Talvez o único país em que ele se aproxima de ser uma moeda é El

---

*__Nota da Editora:__ Desconfie de sites ou apps que ofereçam transações gratuitas, pois eles estão ganhando dinheiro de alguma forma, seja cobrando um spread (vendendo bitcoins a você por um preço maior do que o mercado) ou vendendo seus dados. Assim, recomendamos o uso de uma exchange que deixe claro estar cobrando por seus serviços. A seguinte lista pode facilitar sua pesquisa: https://cointradermonitor.com/taxas-exchanges.

Salvador, cujo governo lançou o Bitcoin como moeda secundária. Mas, para a maioria de nós, o Bitcoin é uma *reserva de valor*, não algo que vamos usar no supermercado.

Ainda assim, no Capítulo 3 falaremos sobre como você pode comprar e vender Bitcoin — e vender Bitcoin é essencialmente o mesmo que trocá-lo (você o troca por bens ou serviços).

Se o Bitcoin Não Existe, Como Pode Ser Valioso?

No momento de redação deste capítulo, qualquer pessoa que tenha um Bitcoin pode vendê-lo por cerca de US$24 mil. Mas acabamos de lhe dizer que o *Bitcoin não existe*... que tudo o que existe é um livro-razão declarando que o Bitcoin existe e quem (qual endereço no blockchain) o possui. Como isso pode ter valor!?

Para entender isso, precisamos conhecer melhor o dinheiro e como ele funciona. Como ocorre com *qualquer* forma de dinheiro, o Bitcoin tem tudo a ver com *crença*. Se um número suficiente de pessoas acredita que uma forma de dinheiro tem valor, então ela tem valor. O dinheiro pode ser trocado por bens e serviços com outras pessoas que acreditam que ele tem valor. Mas quando as pessoas deixam de acreditar, o dinheiro não tem mais valor. E isso acontece às vezes. Houve cerca de sessenta eventos de *hiperinflação* na história da humanidade, nos quais as pessoas perderam a fé na moeda, e ela caiu precipitadamente de valor até que não valia mais nada. Mais recentemente, isso aconteceu no Zimbábue; em 2008, o país realmente abandonou sua moeda em favor do uso de moedas estrangeiras. (Ironicamente, as notas de dólares zimbabuenses então subiram de valor à medida que os colecionadores do mundo inteiro começaram a pegá-las.)

Portanto, mais uma vez, desde que as pessoas *acreditem* em uma determinada forma de dinheiro, ela tem valor. Digamos que você possua metade de um Bitcoin; em outras palavras, o blockchain do Bitcoin diz que você tem meio Bitcoin. (Lembre-se, não há Bitcoin físico real, apenas um registro de suas transações.) Você quer sacar, para convertê-lo em sua moeda local. O blockchain do Bitcoin diz que você tem o endereço no blockchain em que essa moeda está associada (explicamos como isso funciona no Capítulo 2), e, assim, você pode transferi-la para o endereço de *outra pessoa*.

CAPÍTULO 1 **Bitcoin em Resumo** 19

Atualmente, você pode encontrar alguém que vê valor em ter esse Bitcoin associado ao seu endereço no blockchain. Por quê? Porque as pessoas acreditam nessa forma de dinheiro, e, assim, os compradores potenciais sabem que quando estiverem prontos para vendê-la, haverá *outra pessoa* que acredita o suficiente para pagar por ela ou trocar bens e serviços por ela. (Além disso, eles esperam que o dinheiro suba de valor, algo que discutimos mais no Capítulo 6.)

É a crença que faz o Bitcoin funcionar. Isso pode soar um pouco marmelada ou fraco. Você pode pensar que isso não é muito no qual basear uma forma de dinheiro, mas, na verdade, é nisso que todo o dinheiro se baseia. Permita-nos lhe contar uma história.

Milton Friedman e as pedras rai

O eminente economista ganhador do Prêmio Nobel Milton Friedman escreveu um artigo nos anos 1990 sobre as *pedras rai* — uma forma de dinheiro outrora utilizada nas ilhas Yap —, comparando esse sistema ao uso do ouro pelas nações ocidentais como lastro às suas moedas.

As ilhas Yap são um grupo de quatro pequenas ilhas no meio do Oceano Pacífico, cerca de 1.300 quilômetros a leste das Filipinas. Com uma população de cerca de 12 mil habitantes, Yap não é tão famosa, exceto talvez, mais notavelmente, por uma forma incomum de dinheiro que costumava ter, conhecida como *pedras rai* (ou *fei*).

As pedras rai eram "moedas" feitas de calcário. Não era possível carregá-las porque eram grandes, às vezes muito grandes. As pedras tinham buracos no meio para que um tronco fosse enfiado de modo a serem transportadas! (Se você gostaria de ver do que estamos falando, faça uma rápida busca online de imagens das pedras rai.)

No entanto, em geral, não eram carregadas; na verdade, as pedras ficavam paradas o tempo suficiente para crescer musgo. De qualquer forma, a coisa funcionava da seguinte forma. Digamos que você queria comprar um monte de copra de coco (os grãos secos dos quais se extrai o óleo de coco, que é um grande negócio nas ilhas Yap). Você iria até o vendedor e diria algo do tipo: "Você conhece minha pedra rai no bosque à beira do rio? Bem, eu lhe dou ela em troca da copra." Supondo que o preço estivesse certo, você diria a todos que não possuía mais aquela pedra rai em particular, que ela estava agora na posse do vendedor.

Observe, a propósito, que havia um grau de raridade naquelas pedras. Você não podia simplesmente pegar um pedaço de calcário e ganhar seu próprio dinheiro. Além da quantidade de trabalho necessária para criar uma delas, havia um problema adicional: não há nenhum calcário nas ilhas Yap! Ao invés disso, o calcário tem que ser extraído em Palau e trazido de volta, uma viagem de ida e volta de cerca de 965 quilômetros. (Isso é conhecido nos círculos monetários como *prova de trabalho* ou *proof of work*, algo sobre o qual você pode aprender mais no Capítulo 7.)

Há até mesmo uma história famosa (veja, famosa para pessoas que conhecem pedras rai!) sobre uma grande pedra rai que caiu ao mar durante uma viagem de volta de Palau. Podemos imaginar a conversa.

Marinheiro 1: "Oh, não, perdemos aquela pedra enorme, que era valiosa!"

Marinheiro 2: "Oh, rapaz, vamos ter problemas! Ah, mas espere, sabemos mais ou menos onde ela está, certo?"

E assim, aquela pedra rai em particular permaneceu em circulação enquanto o proprietário pudesse dizer: "Sabe aquela pedra rai que eu possuo, aquela que afundou?"

Agora, de volta a Milton Friedman. Em seu artigo sobre essa forma de moeda, ele discutiu o que aconteceu quando as ilhas foram ocupadas pela Alemanha. (As pedras rai foram usadas até o início do século XX.) As autoridades alemãs, escreve ele, foram incapazes — não surpreendentemente — de conseguir que a população local fornecesse mão de obra (para melhorar as estradas e caminhos nas ilhas, por exemplo).

Mas os administradores alemães tiveram uma ideia. Eles enviaram alguém para pintar cruzes negras nas pedras rai, dizendo aos locais que isso significava que eles — os alemães — agora eram seus donos! Eles estavam, na verdade, multando a população local por não fornecer mão de obra.

Isso realmente funcionou, o que mostra que os yapenses — talvez como alguns leitores deste livro — não entendiam realmente o que o dinheiro era (uma crença) e como funcionava (carregava valor apenas enquanto as pessoas acreditassem nesse valor). A população local forneceu mão de obra para recuperar seu dinheiro (as cruzes foram apagadas).

Pois bem, Friedman levou a história mais longe. Ele discutiu um evento que ocorreu em 1932, longe das ilhas Yap. A França pediu ao Banco

Central de Nova York para converter em ouro alguns de seus ativos em dólares. Em vez de enviar ouro para a França, os funcionários do banco simplesmente entraram em seus cofres e moveram o ouro um pouco, colocando a quantidade apropriada de barras de ouro em gavetas específicas e marcando essas gavetas para mostrar que eram de propriedade da França. (Esse evento, na verdade, levou a um pânico bancário nos EUA, pois os jornais decretaram a perda de ouro para a França.)

Friedman comparou a marcação das pedras rai com a marcação do ouro; ele explica que os funcionários do Banco Central separaram a quantidade de ouro necessária e o marcaram para indicar que ele pertencia à França. Como explica Friedman, "Por tudo o que importa, eles poderiam ter feito isso marcando-os 'com uma cruz em tinta preta', assim como os alemães fizeram com as pedras."

Você pode ler esse artigo em `https://miltonfriedman.hoover.org/internal/media/dispatcher/215061/full` [em inglês]. A leitura é muito proveitosa, na verdade, e é uma forma de desafiar seu pensamento sobre o dinheiro e o que de fato ele é. Vejamos como Friedman encerrou seu artigo:

> O que ambos os exemplos — e numerosos outros adicionais que poderiam ser listados — ilustram é a importância do "mito", da crença inquestionável, em questões monetárias. Nosso próprio dinheiro, o dinheiro com o qual crescemos, o sistema sob o qual ele é controlado, nos parecem "reais" e "racionais". O dinheiro de outros países muitas vezes nos parece como papel ou metal sem valor, mesmo quando o poder de compra de unidades individuais é alto.

LEMBRE-SE

O dinheiro não existe de fato. É apenas uma ideia. Sim, temos moedas e notas que *representam* dinheiro, mas elas não são o dinheiro em si, e têm pouco ou nenhum valor intrínseco. Sem a crença na promessa subjacente por trás do dinheiro, a representação física não tem valor, como o povo do Zimbábue descobriu em 2008.

Dinheiro é crença

O dinheiro, portanto, não passa de uma crença. As representações físicas dele com as quais crescemos fazem todo o sentido para nós. Outras representações parecem "dinheiro de mentirinha".

Marco Polo ficou chocado ao descobrir, durante sua jornada à China, que o Grande Khan usava *alquimia* — mágica, de fato — para (como um dos títulos de seu livro detalha) *"Transformar a casca das árvores em algo como o papel e ser usado como dinheiro em todo seu país"*. É isso mesmo, certamente só a mágica poderia transformar o papel em dinheiro!

Na verdade, mesmo a maior parte de sua própria moeda fiduciária é feita de nada mais do que uma ideia. O historiador Yuval Noah Harari, em seu livro *Sapiens*, explica que o dinheiro é apenas uma ideia, um conceito humano, não uma coisa real que você pode ver ou tocar.

Na verdade, ele diz, "o valor total do dinheiro no mundo inteiro é de US$60 trilhões, dos quais apenas US$6 trilhões em dinheiro ou moedas, e 90% de todo o dinheiro nada mais é do que entradas em um servidor de computador. O dinheiro é um objeto baseado na fé, cujo valor é derivado pela narrativa compartilhada sobre seu valor."

Você pode ver isso por si mesmo. Se você fizer uma busca na internet por "fornecimento de dinheiro" e se aprofundar um pouco, encontrará diferentes medidas de fornecimento de dinheiro: M0, M1, M2, e assim por diante. M0 é dinheiro vivo — moedas e notas. M1 também inclui depósitos em contas-correntes. M2 inclui tudo isso, mas também contas de poupança, fundos mútuos, e assim por diante. Pesquise um pouco mais e verá que o que você pensa como dinheiro — as moedas e notas —, na verdade, representa apenas cerca de 10% de todo o dinheiro em circulação!

Portanto, aqui vai uma pergunta rápida para você. Qual é a diferença entre Bitcoin e reais, dólares norte-americanos, libras esterlinas ou euros? Com essas moedas fiduciárias, 90% do dinheiro é "nada mais do que entradas em um servidor de computador". Com o Bitcoin, é 100%!

LEMBRE-SE

Há outras diferenças, é claro (algumas das quais abordamos no Capítulo 2). Mas nosso objetivo aqui é mostrar que as moedas Bitcoin e fiduciárias compartilham uma característica importante: todas elas dependem da crença para funcionar. Desde que as pessoas acreditem em *qualquer* moeda, a moeda detém valor.

Isso não quer dizer que qualquer moeda em particular — incluindo o Bitcoin — manterá para sempre as crenças das pessoas. O que estamos tentando fazer aqui é explicar como algo tão efêmero quanto o Bitcoin pode ser valioso.

CAPÍTULO 1 **Bitcoin em Resumo** 23

Entendendo os Benefícios do Bitcoin

Agora que você entende como o Bitcoin *pode* ter valor — e claramente tem, pois milhões de pessoas estão dispostas a pagar por ele —, vamos dar uma olhada em alguns dos benefícios do Bitcoin, características que o distinguem como uma forma de dinheiro.

Primeiro, considere os papéis que o dinheiro desempenha:

» O dinheiro pode atuar como um **meio de troca**. Ou seja, você pode usá-lo para comprar coisas. O Bitcoin atualmente não funciona bem nessa conta, porque não é amplamente aceito, as transações são geralmente lentas e caras, e a maioria das pessoas ainda está comprando e acumulando Bitcoin para fins especulativos, para ver se o valor subirá.

» O dinheiro também pode ser uma **medida de valor** ou uma **unidade de conta**. Nós o usamos para atribuir um valor às coisas, do açúcar aos carros. O Bitcoin também não se dá bem nessa área no momento, porque seu preço é muito volátil.

» O dinheiro também pode agir como uma **reserva de valor**, uma forma de valorizar o que você economizou e armazenar com segurança. Você pode comprar Bitcoin e deixar que ele armazene sua riqueza para você, e depois recuperá-la quando precisar dela. O Bitcoin tem realmente se saído muito bem nisso em longo prazo. Certamente, há flutuações em curto prazo, mas em longo prazo, devido à valorização significativa em valor, ele tem agido muito bem como uma reserva de valor.

Agora, então, veja os diversos benefícios e características que diferenciam o Bitcoin.

Portabilidade

O dinheiro precisa ser portátil. Se você não pode movê-lo, como pode utilizá-lo? Num primeiro olhar, as pedras rai do nosso exemplo anterior deste capítulo não eram fisicamente muito portáteis, mas, na verdade, seu valor era definitivamente portátil. Os residentes de Yap comunicavam e transferiam a propriedade por meio do boca a boca. O Bitcoin também é muito portátil, como você descobrirá neste livro. Você pode

PARTE 1 **O Básico sobre o Bitcoin**

transmiti-lo por meio da internet para qualquer lugar ou qualquer pessoa do mundo quase na velocidade da luz.

Verificabilidade

Como verá no Capítulo 2, sua propriedade de Bitcoin é definitivamente verificável. Visto que uma cópia inteira do histórico de transações no blockchain do Bitcoin permanece em cada computador que executa o software do Bitcoin, os milhares de nós na rede devem verificar cada transação e bloco com base nas regras do Bitcoin. São regras que todos precisam seguir ou não podem funcionar dentro da rede. A estrutura do blockchain do Bitcoin garante que você pode, e de fato deve, provar que é dono de seus Bitcoins e ter controle total sobre eles antes de poder transferi-los (supondo que você não perca suas chaves privadas; veja o Capítulo 2).

Fungibilidade

Uma característica importante do dinheiro é que ele precisa ser *fungível*. Isto é, um real é o mesmo que outro, meu real é tão valioso quanto o seu real. Como toda boa forma de dinheiro, o Bitcoin é fungível; cada Bitcoin tem, em geral, o mesmo valor que outro Bitcoin. (Certo, isso não é 100% verdade. Algumas pessoas gostam de possuir Bitcoins que não podem ser rastreados no blockchain até um determinado proprietário. Elas estão dispostas a pagar mais pelo Bitcoin criado e transferido sem estarem sujeitas às regras bancárias do tipo Conheça Seu Cliente discutidas no Capítulo 3.)

Durabilidade

O Bitcoin não apodrecerá se for deixado ao ar livre, nem queimará caso sua casa pegue fogo. Ele é apenas informação, puro dinheiro sem o material tangível vulnerável. Enquanto o blockchain e a rede do Bitcoin durarem, seus Bitcoins permanecerão onde sempre estiveram: no blockchain. Você só precisa entender como proteger seu acesso ao endereço no blockchain associado aos seus Bitcoins, algo que discutimos no Capítulo 5.

Divisibilidade

O Bitcoin pode ser dividido em partes minúsculas — um centésimo de milionésimo —, conhecidas como Satoshis. Isso significa que você pode gastar um Bitcoin ou qualquer fração dele. Ao preço atual, a menor fração de um Bitcoin vale cerca de R$0,001241.

Acesso aberto

A rede Bitcoin, como as pedras rai do passado, é uma rede de acesso aberto que não pode ser censurada. Embora o Bitcoin possa não ser para todos, é para qualquer pessoa que opte por usá-lo; ninguém pode limitar o acesso de outros à rede.

Acordo final

As redes monetárias do passado alcançavam um bom acordo; mesmo no caso da pedra rai afundada, o livro-razão foi atualizado e o acordo ocorreu — embora via boca a boca. Com o Bitcoin, as transações podem ser matematicamente irreversíveis dentro de seis confirmações (explicadas no Capítulo 3), o que leva cerca de uma hora. Em comparação com outros métodos, a rede Bitcoin fornece acordos finais de forma bastante rápida que não podem ser desfeitos.

Sem fronteiras, sem nacionalidade

O Bitcoin é internacional. Qualquer cidadão de qualquer país que tenha acesso aberto à internet pode possuir e comercializar Bitcoins. Mesmo que um país tente proibir o Bitcoin, a criptomoeda continuará em outro lugar, e os cidadãos conhecedores provavelmente conseguirão contornar as restrições e esconder seus rastros. Uma transação de Bitcoin pode até mesmo ser transferida via rádio amador, redes locais em malha e satélites.

Pseudônimo

Ao contrário da crença popular, o Bitcoin não é anônimo. Mas é *pseudônimo*. O blockchain em si não tem nomes de contas, por exemplo. Seus Bitcoins não estão etiquetados com seu nome ou qualquer informação de identificação. (Você aprende como o blockchain funciona no Capítulo 2.) Mas o blockchain é aberto à visualização pelo público. Qualquer pessoa pode entrar, pesquisar e rastrear transações de um endereço para outro. Isso significa que, se houver informações identificando sua "entrada" no blockchain — por exemplo, quando você compra Bitcoin de uma exchange seguindo as normas bancárias KYC (Know Your Customer — Conheça Seu Cliente) —, suas transações podem ser rastreadas.

Resistente ao monopólio

O Bitcoin reside no blockchain peer-to-peer, que é executado por dezenas de milhares de pessoas. Não há pessoa ou grupo que pode tomar o controle.

À prova de desvalorização

Desvalorizar significa "reduzir (algo) em qualidade ou valor; degradar". No contexto da moeda, significava originalmente diminuir o valor do metal usado na cunhagem. Hoje, a desvalorização da moeda tipicamente se refere a quando o governo imprime mais dinheiro, fazendo, assim, com que cada nota ou moeda valha menos.

Há uma tendência implícita de libertarismo na comunidade Bitcoin. Um dos grandes benefícios do Bitcoin perseguido por seus verdadeiros crentes é que ele *não* está sob o controle de nenhum governo em particular. É dinheiro para o povo, pelo povo.

Isso significa que nenhum governo — ou outra forma de órgão governamental — pode "imprimir" mais Bitcoin. De fato, a matemática que define como ele funciona "cristalizou" um fluxo regular de Bitcoins entrando em circulação (6,25 Bitcoins a cada 10 minutos atualmente); a cada 4 anos, essa taxa cai pela metade, até que, por fim, o fluxo de novos Bitcoins será zero. O Bitcoin não pode ser "desvalorizado" por inundar o mercado com mais Bitcoins.

28   PARTE 1 **O Básico sobre o Bitcoin**

NESTE CAPÍTULO

» **Entendendo a rede do Bitcoin**

» **Descobrindo a criptografia de chave pública**

» **Enviando mensagens para o livro-razão do Bitcoin**

» **Compreendendo como a criptografia prova que você tem Bitcoins**

Capítulo **2**

A Tecnologia do Bitcoin Explicada

Como o Bitcoin funciona é um mistério para a maior parte do mundo. *Não deixe que isso seja assim com você!* Se vai se envolver com o Bitcoin — talvez investir nele —, então realmente deve saber com o que está trabalhando.

É importante entender as especificidades de como o Bitcoin funciona como "dinheiro" — assim como outros aspectos dessa criptomoeda. Primeiro, é sempre bom parecer inteligente quando alguém lhe pergunta: *"Então, o que é Bitcoin, afinal?"* (É embaraçoso *demais* admitir que você acabou de investir em algo e não tem ideia do que é!) Porém, o mais importante: se você não entende como o Bitcoin funciona, é difícil mantê-lo seguro. Milhares de pessoas tiveram seus Bitcoins roubados, ou simplesmente perderam o acesso a eles, principalmente porque, de fato, não entendem como funciona. (É triste *demais* saber onde seu Bitcoin está, mas não poder acessá-lo!)

Portanto, neste capítulo, explicamos exatamente isso. Como o Bitcoin realmente funciona em um nível elevado. E no Capítulo 5, explicamos as particularidades de como proteger seu Bitcoin. Mas por enquanto, vamos começar com uma explicação de alto nível sobre o básico dessa criptomoeda: o que acontece quando você compra, vende e armazena Bitcoin.

Antes de começarmos, porém, esteja preparado. Falaremos de coisas complicadas das quais você não precisa se lembrar para comprar e vender Bitcoin. Tentamos simplificar o máximo possível e acreditamos que é necessário entender alguns pontos importantes e que, por si só, são valiosos para ajudá-lo a manter seu Bitcoin seguro. Queremos que você compreenda, no mínimo, as informações de base que explicam estas questões cruciais:

» O Bitcoin fica armazenado no blockchain, e *não* em sua carteira de criptomoedas.

» A carteira de Bitcoin armazena informações sobre seus endereços no blockchain.

» A carteira armazena as chaves privada e pública que lhe permitem controlar seu endereço (e, assim, seu Bitcoin).

Entendendo que o Bitcoin Não Existe!

A primeira coisa a entender é que *não existe Bitcoin*! Como uma "coisa física", é claro. Não há objeto tangível, não há "coisa"; não há moedas, não há cédulas ou notas. No entanto, mais do que isso, se você vasculhar o código-fonte de programação que faz o Bitcoin funcionar, nem mesmo verá uma "representação digital" do Bitcoin. Isso porque ele é simplesmente uma informação sobre transações.

E tudo bem com isso. Tampouco há representação física ou digital da maior parte de seu dinheiro cotidiano, quer você use reais, dólares, libras, euros, ienes ou qualquer outra moeda. Como disse o historiador Yuval Harari, "90% de todo o dinheiro não é nada mais do que entradas em um servidor de computador". Você pode confirmar isso por si mesmo; faça uma pesquisa na internet para obter informações sobre diferentes números de fornecimento de dinheiro — M0, M1, M2 etc. — e descobrirá que apenas cerca de 10% do valor de uma moeda principal é representado por dinheiro real, físico (M0), por cédulas e moedas. A grande maioria do dinheiro nada mais é do que entradas em um servidor de computador — entradas no que podemos chamar de um *livro-razão*.

Descobrindo o Livro-razão do Bitcoin

Passe um tempo ao redor do povo do Bitcoin e começará a ouvir falar sobre o *livro-razão* [ou *ledger*] do Bitcoin. Portanto, recuemos um momento. O que significa razão em contabilidade? O dicionário online Aulete Digital define razão como "livro onde se lança o resumo da escrituração dos créditos e dos débitos". A Wikipédia define um livro- -razão como "principal agrupamento de registros contabilísticos de uma empresa".

Portanto, um livro-razão é um registro das transações. Você já viu livros-razão. Seu extrato bancário, em papel ou na tela de seu computador, é uma forma de livro-razão. Seu talão de cheques é uma forma de livro-razão (alguém ainda usa talão de cheques?). Se você usa Quicken ou Mint ou alguma outra forma de programa de contabilidade, você já viu livros-razão.

Veja, há também um livro-razão do Bitcoin, e dentro dele há um registro das transações em Bitcoin. Não há Bitcoin real, mas há um registro de Bitcoin entrando e saindo de sua conta, que é praticamente o que você vê em seu extrato bancário, também um registro de transações de moeda entrando e saindo de sua conta. Porém, em geral, não é um registro de transações reais e *físicas* de dinheiro. De fato, nos Estados Unidos, apenas 25% das transações são em dinheiro (a maioria abaixo de US$25), e mais da metade das transações são feitas "por plástico" (cartões de crédito e débito). O restante são vários métodos de pagamento eletrônico (e alguns poucos cheques).

Uma perguntinha rápida para você: qual é a diferença entre o dólar norte-americano e o Bitcoin? Com o dólar, 90% de todo o dinheiro nada mais é do que entradas em um servidor de computador. Com o Bitcoin, é 100%!

Pois bem, o livro-razão do Bitcoin é muitas vezes descrito como *imutável*. A palavra imutável significa "incapaz de mudar ou não suscetível a mudanças", e é claro que o livro-razão do Bitcoin *pode* mudar; centenas de milhares de transações são adicionadas a ele todos os dias. Mas o que *imutável* significa neste contexto é que, quando uma transação foi registrada no livro-razão, já era; não pode ser alterada. O livro-razão não pode ser "hackeado" e modificado, por exemplo. (Você descobrirá o motivo em alguns instantes.)

Portanto, como o livro-razão é imutável, significa que tudo o que estiver registrado nele é verdade. Se ele diz que você possui, digamos, meio Bitcoin, então o fato é que *você possui meio Bitcoin!*

E onde fica o "livro-razão do Bitcoin"?

Bem, há outra diferença muito importante entre o dinheiro cotidiano e o Bitcoin. As transações não são meras entradas em um servidor de computador. Em vez disso, são entradas em um livro-razão duplicado e distribuído espalhado por uma rede de milhares de servidores.

O Bitcoin é às vezes conhecido como um sistema "sem confiança"; não porque não podemos confiar nele, mas porque a confiança em uma única pessoa ou empresa não é necessária. De certa forma, a confiança já está *embutida* no sistema. É "sem confiança" porque você não precisa confiar em nenhum indivíduo em particular ou em nenhuma organização específica. Isso se deve à maneira como a matemática por trás do Bitcoin funciona (mantendo os participantes honestos, de fato): ela garante que muitos servidores estejam envolvidos e que o *próprio sistema* seja confiável.

Portanto, temos as transações do Bitcoin armazenadas no livro-razão do Bitcoin. Onde e como esse livro-razão é armazenado? Para entender isso, temos que dar mais um passo atrás e entender um pouco sobre os blockchains.

O Bitcoin usa um livro-razão do blockchain

O livro-razão do Bitcoin — o registro das transações de Bitcoin — fica salvo no blockchain do Bitcoin. O que é um blockchain, você pergunta? Um *blockchain* [cadeia de blocos] é um tipo muito especial de banco de dados. Portanto, mais uma vez, precisamos recuar — muito rapidamente desta vez — para perguntar: o que é um banco de dados?

Muito simplesmente, um *banco de dados* é um armazenamento eletrônico de informações, que é guardado em um formato estruturado em um computador. Se você abrir um arquivo de processamento de palavras e digitar um monte de nomes e endereços em um documento e salvá-lo, isso não é realmente um banco de dados; é apenas uma miscelânea de informações. Mas se abrir um documento de planilha e salvar os nomes e endereços — primeiro nome na primeira coluna, sobrenome na segunda coluna, endereço na terceira, e assim por diante —, então estará criando uma forma de banco de dados simples em que as informações são armazenadas em um formato organizado e estruturado.

Os blockchains são uma forma de banco de dados; mais especificamente, são bancos de dados especializados, sofisticados, com características especiais que os tornam imutáveis e impossíveis de serem hackeados.

A primeira característica significativa é que (e uma vez dito isto, talvez não seja uma surpresa) o blockchain, ou a cadeia de blocos, usa blocos de dados que estão, é... encadeados juntos de uma maneira que torna impossível mudar qualquer dado — uma transação específica, por exemplo — sem mudar toda a cadeia de blocos (explicaremos como isso funciona em um momento).

Outra característica importante é que o banco de dados do blockchain é duplicado e distribuído. Vamos analisar essas duas questões uma a uma, começando com a duplicação e a distribuição.

Analisando a Rede Distribuída e Peer-to-Peer do Bitcoin

Sem a internet, não há Bitcoin. O Bitcoin é uma tecnologia da internet, assim como o e-mail e a World Wide Web. E todas essas três tecnologias requerem *redes*. (Você pode considerar a internet como um sistema rodoviário, e as diferentes redes como diferentes tipos de tráfego — carros, caminhões, ônibus — passando por elas.)

O livro-razão do Bitcoin fica armazenado em "nós" do Bitcoin no que é conhecido como rede peer-to-peer: milhares de computadores espalhados por todo o mundo. Cada um desses nós contém uma cópia completa ou uma parte do blockchain, e, assim, de fato, existem milhares de cópias do livro-razão. Por causa disso, se quisesse invadir o livro-razão e mudar uma transação, você teria que convencer todos esses computadores a concordar. Por *peer-to-peer* [*entre pares* ou *ponto a ponto*] queremos dizer que cada um desses nós é "igual"; não existe um servidor central (ou grupo central de servidores) que gerencia o processo, como há, por exemplo, com as transações de um banco ou de uma rede de cartões de crédito. Ao contrário, o processo é gerenciado de acordo com um conjunto de regras pelas quais toda a comunidade se submete (mais uma vez, as regras estão embutidas na matemática que opera o sistema).

Os nós fazem todo o sistema Bitcoin funcionar; eles adicionam transações — incluindo as suas, quando você compra e vende Bitcoins — ao blockchain. Alguns desses nós também são nós de *mineração*, a propósito, aqueles que fazem parte do processo que traz novos Bitcoins à existência (na forma do que é conhecido como transação de *coinbase* no blockchain, uma transação na qual o novo Bitcoin é adicionado ao livro-razão).

No entanto, tendo dito que a rede Bitcoin é *peer-to-peer*, ela também funciona de algumas maneiras como uma rede *cliente-servidor*. Considere, por exemplo, o sistema de e-mail. Existem computadores em todo o mundo que podem gerenciar e-mails (os chamamos de *servidores de e-mail*). E também há o que chamamos de *clientes de e-mail* (os *servidores* prestam serviços aos *clientes*). Um cliente de e-mail é um programa como o Microsoft Outlook, que envia e-mails para um servidor — ou o programa online que você vê quando entra no Gmail ou no Yahoo! Mail;

34 PARTE 1 **O Básico sobre o Bitcoin**

isso é um cliente também. Esses programas se comunicam com os *servidores*. Assim, por exemplo, quando você envia um e-mail de sua conta Gmail para sua avó, essa mensagem primeiro vai de sua conta para um dos servidores de e-mail do sistema Gmail, que depois envia o e-mail através da internet para o servidor que gerencia o e-mail da sua avó. A avó, então, usa seu programa cliente — Outlook, Gmail, Yahoo! Mail, ou qualquer outro — para receber o e-mail daquele servidor.

A rede Bitcoin é muito semelhante. Por exemplo, é um sistema *peer-to-peer* de *nós* que se comunicam entre si, cada um armazenando uma cópia de parte (ou da totalidade) do livro-razão do blockchain. Mas a maioria dos donos de Bitcoin não gerencia um desses nós. Em vez disso, eles têm *carteiras*. Veja bem, há tipos diferentes de carteiras, incluindo as conhecidas como *carteiras frias* ou *cold wallets*, que não estão conectadas à internet (veja mais informações no Capítulo 4). E embora algumas dessas carteiras fiquem offline na maioria das vezes, mas online quando necessário, outras nunca estão conectadas à internet (como carteiras de papel, de metal e as denominadas "brain wallets").

Entretanto, há também as *hot wallets* ou *carteiras quentes*, que são essencialmente programas de software de carteira conectados à internet (e o programa pode estar rodando em um computador pessoal, tablet, smartphone ou mesmo em um computador dedicado, conhecido como *carteira de hardware*). Essas hot wallets podem ser consideradas como programas clientes, e os nós Bitcoin, como servidores.

Você, o proprietário do Bitcoin ou o comprador/vendedor, comunica-se com os servidores que validam as transações usando seu programa cliente Bitcoin (sua carteira). (As carteiras, a propósito, são também uma forma de nó — um dispositivo conectado à rede —, mas normalmente, quando alguém fala sobre um nó Bitcoin, está se referindo a mais do que uma simples carteira.) Digamos que você queira vender Bitcoin ou comprar algo com Bitcoin (que é essencialmente a mesma coisa, certo? Você dá um pouco de Bitcoin para alguém e em troca recebe algo de volta). Você usa sua carteira para enviar uma mensagem à rede Bitcoin, pedindo aos nós para adicionar sua transação ao blockchain, mostrando uma transferência de seu endereço no blockchain para o endereço de outra pessoa (não se preocupe, nós chegaremos aos endereços em um instante).

CAPÍTULO 2 **A Tecnologia do Bitcoin Explicada** 35

Está acompanhando até aqui? Há uma rede de computadores — a rede Bitcoin — em que todos se falam entre si para gerenciar o processamento das transações Bitcoin. Existem nós que adicionam transações ao livro-razão do blockchain, alguns dos quais também são de mineração, e carteiras são usadas por indivíduos para gerenciar os Bitcoins, atuando como clientes enviando mensagens para os nós do servidor para movimentar o Bitcoin no livro-razão.

Quantos servidores existem? É difícil dizer. Os servidores vêm e vão, e, de fato, é possível executar um servidor de forma particular, de modo que não pode ser visto na rede. O número de nós ativos flutua muito, especialmente com base no preço do Bitcoin; conforme o preço sobe, mais nós entram online, porque a mineração se torna mais lucrativa (lembre-se, alguns nós, mas não todos, também estão minerando o Bitcoin).

Assim, as estimativas para o número de nós ativos variam muito, e o número que você acaba obtendo também depende do que está tentando medir exatamente. Algumas pesquisas estão procurando todos os nós, tanto os *nós completos* [*full nodes*] quanto nós de *escuta* [*listening nodes*], enquanto outras estão procurando apenas um desses dois tipos.

PAPO DE ESPECIALISTA

Os nós completos — ou, mais propriamente, *nós de validação completa* — são aqueles envolvidos no processo de validação e adição de transações ao livro-razão (alguns deles também são de mineração). Um subconjunto desses nós de validação completa também são *nós de escuta* (também conhecidos como *supernós*), que são nós completos conectáveis publicamente, não atrás de um firewall ou de uma porta trancada.

Quando fizemos uma rápida pesquisa sobre o assunto no Google, encontramos fontes que dizem haver entre 13 mil a 100 mil nós, mas isso realmente não importa. Basta estar ciente de que existem milhares de servidores Bitcoin que contêm uma cópia parcial ou completa do livro-razão. E, a propósito, esses nós estão em dezenas de países diferentes — certamente mais de 100. Como resultado, nenhum governo, por si só, pode parar o Bitcoin, caso decida fazê-lo.

Usando os Blocos de Negócio do Blockchain do Bitcoin

Portanto, agora você sabe sobre a rede Bitcoin — milhares de nós com uma cópia do livro-razão, juntamente com carteiras de proprietários comuns de Bitcoin (como você) que enviam transações para a rede. Vamos analisar agora o livro-razão real.

Você descobriu há pouco por que um *blockchain*, ou cadeia de blocos, tem esse nome: porque os blocos de dados são encadeados juntos. O que isso significa, no entanto? *Como* eles são encadeados? Permita--nos explicar. (A propósito, nosso foco aqui é o blockchain do Bitcoin; os blockchains podem ser usados para muitos propósitos diferentes e podem ter características distintas, mas normalmente seguem a mesma estrutura geral.)

Em primeiro lugar, começamos com blocos de dados. No caso do blockchain do Bitcoin, cada bloco de dados contém informações sobre as transações. Explicaremos os *endereços* em um momento, mas basta dizer que uma transação é o registro de transferência de um endereço para outro no blockchain.

As carteiras enviam transações para a rede, e os nós as adicionam a uma lista de transações que precisam ser adicionadas ao blockchain. A cada dez minutos, mais ou menos, essas transações são reunidas em um bloco de dados e adicionadas ao blockchain. Mas lembre-se, esses blocos não estão meramente conectados uns aos outros; eles estão *encadeados uns aos outros*. De certa forma, eles são *trancados juntos*, e isso é feito usando uma manobra complicada de matemática chamada *hash*.

Fazendo o hash dos blocos

Todos esses blocos de dados contendo um registro de transações são, como você descobriu, armazenados em vários computadores — milhares deles, em dezenas de países. Isso é uma coisa poderosa por si só; como você pode invadir todos esses computadores? Mas há mais: o encadeamento dos blocos dos quais os blockchains obtêm seu nome complica ainda mais qualquer tentativa de hackeamento. Vejamos como isso funciona.

A rede Bitcoin utiliza um *hash* para identificar cada bloco de transações. O bloco passa por um algoritmo especial de hash, um pouco de matemática complexa que tem características muito úteis.

» Ao fazer o hash de um bloco de informações, os dados são transformados em uma sequência muito grande de caracteres.

» Essa sequência de caracteres é única e só corresponde a esses dados específicos que passaram pelo hash. É como uma impressão digital, identificando de forma singular um determinado bloco de dados.

» Toda vez que fizer o hash dos dados, sempre obterá o mesmo número único de hash.

» Se você mudasse um único caractere na lista de transações, o hash não corresponderia mais. Ou seja, se fizesse o hash nos dados modificados *novamente*, você obteria um hash completamente diferente.

Como é que a matemática desse hash faz tudo isso? *Você não precisa saber!* Afinal, nós não sabemos, então por que você deveria saber? Apenas aceite que a matemática faz tudo isso (sério) e deixe o *como* para lá (da mesma forma que você aceita como seu smartphone funciona; ou você realmente sabe como ele funciona?).

Então, é assim que o processo geral funciona:

1. **Um nó organiza um bloco de transações.**

2. **O hash — a longa linha de caracteres que age como uma "impressão digital" — copiado do *bloco anterior* também é adicionado ao bloco de transações.**

3. **O nó então *faz o hash* do bloco, incluindo o hash do bloco anterior. Ou seja, ele passa a combinação para o algoritmo de hash, que o lê e depois cria a "impressão digital" com o hash.**

Veja um exemplo real retirado do blockchain do Bitcoin:

```
00000000000000000012b707bf6d172f0de94cfb31111
3c5d26dfe92764acc95
```

4. **O hash é acrescentado ao bloco de transações.**

5. **O bloco de transações é acrescentado ao blockchain.**

Assim, à medida que o processo avança e mais transações são adicionadas, temos uma série de blocos de dados, cada um contendo dois hashes: o hash identificando o bloco anterior, e o novo hash identificando o bloco atual (incluindo as transações atuais *e* o hash do bloco anterior).

É assim que os blocos são encadeados juntos no blockchain (veja a Figura 2-1). Cada bloco contém o hash do bloco anterior — na verdade, uma cópia da impressão digital única do bloco anterior. Cada bloco também identifica sua posição no blockchain; o hash do bloco anterior identifica a ordem em que o bloco atual se encontra.

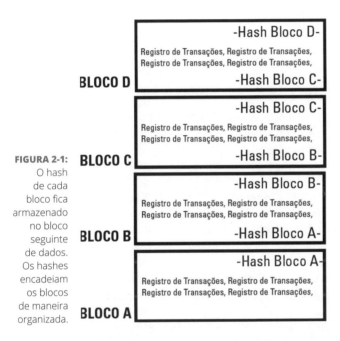

FIGURA 2-1: O hash de cada bloco fica armazenado no bloco seguinte de dados. Os hashes encadeiam os blocos de maneira organizada.

O blockchain do Bitcoin é "imutável"

Lembra-se de quando dissemos anteriormente que o blockchain do Bitcoin é *imutável*, ou seja, uma vez criado, não pode ser alterado? São os hashes que o tornam imutável. Se o blockchain diz que você possui tantos Bitcoins, então você possui tantos Bitcoins, e não pode haver discordância... e ninguém pode entrar no blockchain e hackeá-lo ou de alguma forma alterá-lo ou modificá-lo.

CAPÍTULO 2 **A Tecnologia do Bitcoin Explicada** 39

Imagine o que aconteceria se alguém entrasse em um bloco (por exemplo, Bloco A) e mudasse alguns dados — digamos que a pessoa alterou a informação de que, em vez de ter enviado um Bitcoin a alguém, você enviou nove.

Bem, o hash no Bloco A não corresponderia mais aos seus dados. Lembre-se, o hash é uma impressão digital que identifica os dados, então, se você mudar os dados, o hash não corresponde mais.

Certo, então o hacker poderia refazer o hash dos dados do bloco A e então salvar o hash "corrigido". Mas espere, agora o próximo bloco (Bloco B) não coincidiria, porque o Bloco B está carregando o hash original do Bloco A e o hacker só mudou isso. Assim, o hacker precisa alterar o hash do Bloco A armazenado no Bloco B.

Mas agora o hash do Bloco B não corresponde aos dados do Bloco B, porque esse hash foi criado a partir de uma combinação dos dados de transação do Bloco B e do hash do Bloco A!

Portanto, seria necessário refazer o hash do Bloco B e atualizar o hash. Mas espere! Isso significa que o hash do Bloco B armazenado no Bloco C agora não corresponde!...

Vê onde vamos parar? Isso afetaria todo o blockchain. A cadeia de blocos inteira se quebraria no bloco "hackeado", apenas por ter havido a modificação de um único caractere naquele bloco. Para corrigir o problema, todo o blockchain teria que ser recalculado. A partir do bloco hackeado, seria necessário "reminerar os blocos", como dizem no mundo do Bitcoin. O que pode parecer um simples hack e uma "ediçãozinha" no banco de dados se tornou agora uma grande dor de cabeça computacional que não pode ser facilmente completada.

Portanto, essa função de hash, combinada com o fato de que milhares de outros nós devem estar em sincronia com cópias idênticas da cadeia de blocos, torna o blockchain virtualmente imutável; ele simplesmente não pode ser hackeado.

Ninguém pode mudá-lo ou destruí-lo. Os hackers não podem entrar na rede de nós peer-to-peer e criar transações para roubar criptomoedas, os governos não podem fechá-lo (a China, por exemplo, poderia tentar fechar o Bitcoin dentro de suas fronteiras, como já o fez recentemente, mas o blockchain continuaria a existir em muitos outros países, e até mesmo na China, para pessoas que conseguissem passar pelo "Grande Firewall" chinês), um grupo terrorista não pode destruí-lo, uma nação não pode atacar outra e destruir seu blockchain, e assim por diante. Visto que muitas cópias do blockchain do Bitcoin prevalecem em tantos países, e enquanto houver pessoas suficientes que queiram continuar trabalhando com o blockchain, ele é praticamente imutável e indestrutível.

Descobrindo Como o Livro-razão Funciona

Então, o que temos até agora? Você descobriu que o Bitcoin é armazenado como um histórico de transações em um livro-razão e que o livro-razão é armazenado em uma cadeia de blocos (blockchain) distribuídos, "imutáveis", com blocos de transações encadeados, espalhados por dezenas de países e dezenas de milhares de nós. Agora é hora de analisarmos o livro-razão e ver como ele funciona. A primeira coisa a saber é o *endereço*.

Seu endereço: Onde seu dinheiro fica armazenado no livro-razão

Cada Bitcoin ou fração de um Bitcoin é "armazenado" no livro-razão (ledger) associado a um "endereço" particular. Um endereço é uma sequência única de letras e números. Veja o exemplo de um endereço real que acabei de pegar do blockchain do Bitcoin usando o explorador disponível em `www.blockchain.com`:

```
1L7hHWfJL1dd7ZhQFgRv8ke1PTKAHoc9Tq
```

Trilhões de diferentes combinações de endereços são possíveis, portanto, esse endereço é fundamentalmente único. Todos seus Bitcoins estão associados a um ou mais endereços. Não há nada no blockchain que o identifique especificamente, e é por isso que o Bitcoin é chamado de *pseudônimo*, pois é parcialmente anônimo. Nada no blockchain diz quem possui o quê. No entanto, o blockchain também é aberto e público. Qualquer pessoa pode olhar o blockchain e ver, dentro do livro-razão, como o Bitcoin está sendo transferido de um endereço para outro. Assim, se souber quem é proprietário de um determinado endereço (como as exchanges sabem, por exemplo; você aprenderá mais sobre isso no Capítulo 3), poderá ver o que essa pessoa fez com seu Bitcoin. É por isso que não é completamente anônimo.

Agora, de onde vêm os endereços? Eles vêm de *carteiras*, que são programas de software que geram endereços matematicamente a partir de uma chave pública, que por sua vez foi gerada a partir de uma chave privada. De fato, as carteiras contêm pelo menos uma chave privada, uma chave pública associada e um endereço de blockchain associado. O que nos leva a outro assunto que você precisará aprender (só um pouquinho).

O que é o "cripto" em criptomoedas?

O *cripto* em criptomoeda se refere à *criptografia*. E o que exatamente é criptografia?

De acordo com o Dicionário Michaelis de Língua Portuguesa, criptografia é "a arte ou processo de escrever em caracteres secretos ou em cifras". A explicação da Wikipédia é mais complicada e digital: "A prática e o estudo de técnicas para a comunicação segura... a criptografia refere-se à construção e análise de protocolos que impedem terceiros, ou o público, de lerem mensagens privadas."

A história da criptografia remonta a pelo menos 4 mil anos. As pessoas sempre precisaram enviar mensagens secretas de vez em quando, e a criptografia é exatamente sobre isso.

BLOCKCHAINS CRIPTOGRAFADOS

É possível criar blockchains criptografados e criptografar dados dentro de um blockchain. Por exemplo, é possível criar blockchains criptografados que obscurecem os dados da transação, como o blockchain Zcash, e alguns blockchains utilizados para outros fins que não sejam criptomoedas podem ser criptografados. Em geral, porém, os blockchains de criptomoedas não são criptografados — o do Bitcoin não é —, para que qualquer pessoa possa ler as transações armazenadas dentro deles.

A criptografia de hoje, com a ajuda de computadores, é muito mais complicada do que as antigas cifras do mundo clássico, e é utilizada de forma mais ampla. Na verdade, a criptografia é parte integrante da internet; sem ela, a internet simplesmente não funcionaria da maneira que precisamos que funcione.

Quase sempre que você usa seu navegador, está empregando criptografia. Sabe aquele iconezinho de cadeado, mostrado na Figura 2-2, na barra de localização do seu navegador?

FIGURA 2-2: O ícone de cadeado em seu navegador significa que os dados enviados ao servidor online serão codificados com criptografia.

O ícone do cadeado significa que a página está protegida. Quando você envia informações de seu navegador para o servidor online (e recebe informações de volta), essas informações são *criptografadas* — codificadas —, de modo que, se forem interceptadas nas centenas ou nos milhares de quilômetros de transmissão da internet entre os dois, não podem ser lidas. Quando o número de seu cartão de crédito é transmitido para um site de comércio eletrônico, por exemplo, ele é codificado pelo seu navegador, enviado para o servidor online, e depois descodificado pelo servidor receptor.

Ah, então, o blockchain está criptografado, certo? Bem, não. As criptomoedas usam a criptografia, mas não para codificar os dados no blockchain. O blockchain do Bitcoin é de texto simples que é aberto, público e auditável. A Figura 2-3 mostra o exemplo de um explorador de blockchain projetado para Bitcoin. Com esse explorador, qualquer pessoa pode investigar o blockchain e ver todas as transações que ocorreram desde o bloco gênesis (o primeiro bloco de Bitcoin criado).

CAPÍTULO 2 **A Tecnologia do Bitcoin Explicada** 43

COMO CRIPTOGRAFAR E-MAILS?

A criptografia de e-mail já existe há décadas, mas o fato é que nunca foi adotada pelo público em geral. Ainda assim, você pode criptografar e-mails da maioria dos sistemas, como Outlook, Gmail e Yahoo! Mail, e sistemas como ProtonMail podem criptografá-los por padrão. Caso esteja interessado, você pode se aprofundar lendo as páginas de Ajuda.

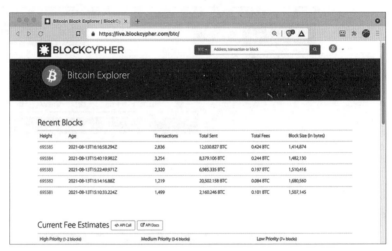

FIGURA 2-3: Exemplo de um explorador de blockchain, disponível [em inglês] em `https://live.blockcypher.com/btc/`.

Não, a criptografia nas criptomoedas não é usada para criptografar os dados no blockchain, mas para assinar mensagens que você envia para o blockchain. Essas mensagens são as que acionam as transações e atualizações no livro-razão do blockchain. Explicaremos esse processo de assinatura em um momento, mas para entender isso, é preciso entender um pouco sobre as chaves mágicas.

A mágica criptográfica da chave pública

A criptografia de chave pública é um pequeno truque inteligente criado usando criptografia digital. Esse tipo de criptografia é todo realizado por meio de uma matemática extremamente complicada — do tipo que até mesmo a maioria das pessoas com diplomas avançados em matemática não entende e que envolve nomes como *números de Carmichael* e *códigos de Goppa*, o tipo de matemática que certamente não entendemos, e você também não (bem, a maioria de vocês, caros leitores). Mas isso é bom; a gravidade também não é bem compreendida, mas todos nós a usamos diariamente. Portanto, esqueça-se de *como* essa coisa incrível funciona e considere, em vez disso, o que ela está de fato realizando. Peter gosta de chamar isso de *matemágica*; claro, é matemática, mas é incrível e quase ninguém a entende, então pode muito bem ser mágica! Funciona da seguinte maneira.

Primeiro, imagine um cofre, com dois buracos de fechadura e duas chaves associadas. Vamos chamar uma de chave pública, e outra de chave privada. Agora imagine que você coloca algo no cofre e o tranca usando a chave pública. Uma vez fechada e trancada a porta, a chave pública não tem mais acesso ao cofre; ela não pode ser usada para destrancar o cofre e extrair o item. A chave privada, entretanto, funcionará. Na verdade, uma vez que o cofre esteja fechado, a única maneira de abri-lo é usar a chave privada.

Isso já é bastante estranho, mas fica ainda mais estranho. Esse cofre matemático mágico realmente funciona nos dois sentidos. Você também pode fechá-lo com a chave *privada*, mas depois de trancá-lo, você não pode usar a chave privada para abri-lo. Somente a chave pública abrirá um cofre fechado com uma chave privada.

Ah, e essas duas chaves são associadas de forma mágica. Elas funcionam apenas uma com a outra, e nenhuma outra chave. A chave privada X funcionará somente com a chave pública X, e vice-versa. Você não pode trancar o cofre com a chave pública X e depois abrir o cofre com a chave privada W ou a chave privada K, por exemplo.

Certo, o mesmo princípio, mas agora pense em mensagens eletrônicas. Você pode bloquear uma mensagem eletrônica com uma chave pública — ou seja, você pode usar uma chave para codificar, ou criptografar, a mensagem. Essa mensagem pode ser um e-mail ou uma informação sendo enviada de seu navegador para um servidor online.

Depois que a mensagem bloqueada (criptografada) é recebida na outra ponta (pelo destinatário do e-mail ou pelo servidor online), somente a chave privada pode desbloqueá-la; a chave pública é inútil neste ponto. E novamente, a chave privada deve ser a chave "matemagicamente" associada (tudo bem, vai, matematicamente associada), e nenhuma outra.

A criptografia é uma ferramenta útil. Significa que Peter pode lhe dar uma chave pública, e você pode escrever uma mensagem para ele e criptografá-la usando a chave pública; uma vez criptografada, ninguém no mundo pode lê-la a menos que tenha a chave privada. Portanto, se Peter protege cuidadosamente suas chaves, ele é a única pessoa no mundo que pode lê-la.

Os nomes dessas chaves não são arbitrários. A chave privada deve ser verdadeiramente privada — somente você, e ninguém mais no mundo, deve ter acesso a ela. A chave pública pode ser verdadeiramente pública. Você pode entregá-la. Por exemplo, se você quiser que as pessoas lhe enviem mensagens criptografadas por e-mail, você pode publicar sua chave pública — em seu site, no rodapé dos seus e-mails, no seu cartão de visita etc. — para que qualquer pessoa que queira lhe enviar uma mensagem possa criptografá-la com sua chave pública sabendo que você é a única pessoa no mundo que pode lê-la (porque você mantém a chave privada em segredo).

Esse é basicamente o processo que seu navegador usa quando você envia as informações de seu cartão de crédito online; o navegador usa a chave pública do servidor online para codificar os dados de modo que somente o navegador, com a chave privada associada, possa decodificar e ler as informações do cartão de crédito. (Certo, isso é uma simplificação. A comunicação entre navegador e servidor é mais complicada do que essa descrição, envolvendo chaves de sessão temporária e assim por diante, mas o princípio básico ainda se aplica).

Mensagens para o blockchain

Isso é criptografia de chave pública, então. Mas se o blockchain não é criptografado, o que ela tem a ver com Bitcoin? Bem, você usa criptografia de chave pública quando envia transações para o blockchain. Quando quer enviar Bitcoin para outra pessoa, envia uma mensagem criptografada para o blockchain dizendo: "Envie x.xx do meu Bitcoin para este endereço."

Mas espere. Acabamos de lhe dizer que o blockchain não está criptografado, e agora estamos lhe dizendo que uma mensagem para o blockchain está criptografada! Então por que se importar se a mensagem que vai para o blockchain está criptografada quando você vai simplesmente descriptografá-la de qualquer maneira?

Bem, lembre-se de que nós lhe dissemos que esse mecanismo de travamento e desbloqueio funciona nos dois sentidos. Você pode trancar com a chave pública e desbloquear com a chave privada ou trancar com a chave privada e desbloquear com a chave pública. De qualquer forma, os dados são codificados. A diferença está em quem tem a capacidade de descodificá-los. Se você codificar algo com a chave pública, a única pessoa no mundo que pode descodificar é a pessoa com a chave privada. Mas se você codificar com a chave privada, a única pessoa no mundo que pode abri-la é... todo mundo! Qualquer pessoa pode chegar até a chave pública. Ela é pública, lembre-se!

Sendo assim, qual é o propósito de criptografar uma mensagem com a chave privada? Não por motivos de segurança, é óbvio, porque qualquer pessoa pode descriptografá-la. A finalidade é *assinar* a mensagem (transação) e provar a propriedade da chave pública associada.

Assinando mensagens com a chave privada

Voltemos por um momento ao conceito do e-mail criptografado para ajudá-lo a entender. Digamos que Peter publica sua chave pública em seu site, e-mails e cartões de visita. Certo dia, você recebe uma mensagem que parece ter vindo de Peter. Mas como você pode ter certeza de que é dele? Bem, ele criptografou a mensagem usando sua chave privada. Então você pega sua chave pública (que está disponível publicamente) e a usa para descriptografar a mensagem. Se a mensagem for realmente de Peter, sua chave pública a descriptografará, e você poderá lê-la. Se não for, a decifração não funcionará, porque veio de outra pessoa.

Assim, ao criptografar a mensagem com a chave privada, Peter de fato *assinou a mensagem*, provando que ela veio dele. O destinatário sabe que a mensagem foi criada pela pessoa que tem a chave privada associada à chave pública que abriu a mensagem e a tornou legível.

Muito bem, de volta ao Bitcoin. Lembre-se de que essas três coisas estão associadas matemagicamente uma à outra. Seu endereço no blockchain foi criado por seu software de carteira, que tem uma chave privada que foi usada para criar uma chave pública, e que depois usou a chave pública para criar um endereço. Tudo feito com a magia da matemática.

CAPÍTULO 2 **A Tecnologia do Bitcoin Explicada** 47

> ## MENSAGEM PARA O BLOCKCHAIN
>
> Como você envia uma mensagem para o blockchain? É isso que seu software de carteira faz. Na verdade, o software de carteira é menos como uma carteira — sua carteira não contém Bitcoin — e mais como um programa de e-mail. Seu programa de e-mail envia mensagens através da rede de e-mail. Sua carteira envia mensagens (sobre transações) através da rede Bitcoin. Falaremos mais sobre carteiras em breve.

Assim, a chave privada é associada, por meio da chave pública, com o endereço. Lembre-se também de que todos esses elementos são únicos e operam uns com os outros. O endereço é associado a apenas uma chave privada e uma chave pública, cada uma das quais é associada de forma única entre si.

Enviando uma mensagem de transação ao livro-razão do Bitcoin

Assim, veja como a criptografia é usada quando você quer enviar uma transação para o blockchain para transferir um saldo de Bitcoin dentro do livro-razão para outra pessoa. Digamos que você possui o endereço `1L7hHWfJL1dd7ZhQFgRv8ke1PTKAHoc9Tq`. A propósito, esse é um endereço real no ledger do Bitcoin; quando verificamos, tinha um balanço de 0,10701382 Bitcoin.

DICA

Você pode verificar esse endereço em um explorador de blockchain. (Use este link para acessá-lo: `https://blockstream.info/address/1L7hHWfJL1dd7ZhQFgRv8ke1PTKAHoc9Tq`.) Quando fizer isso, é claro, o balanço associado com o endereço pode estar diferente.

Digamos que essa quantia de Bitcoin é sua e que você quer enviar, talvez, 0,05 Bitcoin para um amigo, para uma exchange ou para uma loja de quem está comprando produtos ou serviços.

Você envia uma mensagem para o blockchain dizendo, basicamente, "Sou dono do endereço `1L7hHWfJL1dd7ZhQFgRv8ke1PTKAHoc9Tq`, e quero enviar 0,05 Bitcoin para o endereço `1NdaT7URGyG67L9nkP-2TuBZjY V6yL7XepS`."

QUEM TIVER A CHAVE PRIVADA É DONO DO DINHEIRO

Certo, então talvez mais pessoas tenham acesso à chave. Mas no que depende da tecnologia, isso não importa. Qualquer pessoa que tiver acesso à chave privada tem o direito criptográfico de controlar o dinheiro atribuído ao endereço no blockchain associado à chave. Você pode ouvir a expressão "quem tiver a chave privada é dono do dinheiro" ou "não é sua chave privada, não é seu Bitcoin". A pessoa pode não ter adquirido a chave privada de forma legítima ou legal, mas, ainda assim, pode controlá-la. Portanto, proteja suas chaves privadas!

Se você simplesmente enviasse uma mensagem de texto simples (não criptografada) para o blockchain, haveria um enorme problema de verificação e validade. Como o nó Bitcoin que recebe essa mensagem saberia que você é de fato o dono desse endereço e do dinheiro associado a ele? Você poderia estar apenas falsificando essas informações e as inventando, certo?

O que nós fazemos é usar a carteira para assinar a mensagem usando a chave privada associada ao endereço. Em outras palavras, utilizamos a chave privada para criptografar a mensagem. Então pegamos a chave pública, a adicionamos à mensagem criptografada e a enviamos por toda a rede Bitcoin.

Desvendando a mensagem

Assim, o nó — um computador contendo uma cópia do blockchain do Bitcoin — recebe a mensagem. Ele pega a chave pública que foi anexada à mensagem criptografada e descriptografa a mensagem. O nó "aprende" algo: "Esta mensagem deve ter sido criptografada — assinada — pela chave privada associada à chave pública." É claro que isso não é dizer muito. É praticamente uma tautologia! Por definição, se a chave pública pode decifrar uma mensagem, a mensagem deve ter sido criptografada com a chave privada correspondente. Ah, garoto!

Mas lembre-se, a chave pública deve estar matematicamente associada com o endereço `1L7hHWfJL1dd7ZhQFgRv8ke1PTKAHoc9Tq`. Então

CAPÍTULO 2 **A Tecnologia do Bitcoin Explicada** 49

agora o nó pode examinar o endereço especificado na mensagem, juntamente com a chave pública enviada com a mensagem, perguntando, com efeito, "A chave pública está associada ao endereço?" Se a resposta for sim, então o nó também sabe que a chave privada na posse da pessoa que envia a mensagem está associada ao endereço (todas as três estão unicamente associadas uma à outra).

Desta forma, o que o nó diz a si mesmo? Ele diz, de fato: "Esta mensagem, enviando dinheiro do endereço `1L7hHWfJL1dd7ZhQFgRv8ke1P-TKAHoc9Tq`, foi enviada pela chave privada que foi usada para criar esse mesmo endereço, então o endereço deve ter sido enviado pela pessoa que o possui e, portanto, possui o dinheiro associado com o endereço."

DICA

Sabemos que esse conceito pode ser confuso e difícil de "entrar na caixola". Portanto, aqui está outra maneira de pensar sobre isso: a única pessoa que poderia ter enviado uma mensagem criptografada com instruções de transação para esse endereço, juntamente com a chave pública que originalmente criou o endereço, é a pessoa que controla a chave privada associada — ou seja, o proprietário do endereço e o dinheiro associado a ele. Assim, está sendo verificada a propriedade e validada a transação.

Então esse é o cripto em criptomoeda! Você pode controlar o dinheiro no livro-razão do blockchain do Bitcoin de forma anônima por meio da criptografia, usando pares de chaves públicas e privadas e endereços associados, ao assinar mensagens de forma criptográfica.

LEMBRE-SE

A chave pública está associada à chave privada. Na verdade, ela é criada a partir da chave privada. O endereço está associado à chave pública; de fato, ele é criado a partir da chave pública. Portanto, esses três estão matematicamente, e de forma única, associados um ao outro.

Mas você precisará de uma carteira

PAPO DE ESPECIALISTA

Como mencionamos anteriormente, é a carteira que envia mensagens para o blockchain. No entanto, é mais do que isso. A *carteira* é onde tudo começa, no que diz respeito aos seus Bitcoins. Quando você cria um arquivo de carteira, o software de carteira cria uma chave privada. Essa chave privada é usada para criar uma chave pública, e a chave pública é usada para criar um endereço. O endereço nunca antes existiu no blockchain e ainda não existe lá.

Depois de ter um endereço, você tem uma maneira de armazenar o Bitcoin. Você pode passar seu endereço para alguém de quem está comprando Bitcoin ou para uma exchange, por exemplo, e eles podem enviar Bitcoin para esse endereço — em outras palavras, eles enviam uma mensagem para o blockchain dizendo: "Envie *x* quantidade de Bitcoin do endereço x para o endereço *y*." Agora o endereço existe no blockchain e tem Bitcoin associado a ele.

Um *programa de carteira* é um programa de mensagens que armazena suas chaves e seus endereços em um arquivo de carteira. O programa de carteira faz as seguintes coisas básicas:

» Recupera dados do blockchain sobre suas transações e balanço.

» Armazena suas chaves privadas e públicas.

» Envia mensagens para o blockchain transferindo a cripto de seu endereço para outro endereço, como quando você compra algo e paga em Bitcoin.

» Usa suas chaves públicas para criar endereços que você pode passar para outras pessoas quando elas precisam lhe enviar Bitcoins.

Há muito mais para aprender sobre as carteiras; você pode verificar isso tudo no Capítulo 4.

LEMBRE-SE

Aqui temos um resuminho rápido e uma imagem (veja a Figura 2-4) para reiterar a função da carteira e para ajudá-lo a juntar tudo o que aprendeu:

1. **O Bitcoin é armazenado no blockchain.**

2. **Seu Bitcoin está associado com um endereço no blockchain.**

3. **Esse endereço está matematicamente associado com uma chave pública.**

4. **A chave pública está matematicamente associada com uma chave privada.**

5. **Essas chaves ficam armazenadas em sua carteira.**

CAPÍTULO 2 **A Tecnologia do Bitcoin Explicada** 51

FIGURA 2-4: O Bitcoin está associado a um endereço no blockchain; o endereço deriva de uma chave pública, que está associada com uma chave privada... que é mantida segura em uma carteira.

Usando Bitcoin

2

NESTA PARTE...

Faça suas primeiras compras de Bitcoin.

Entenda como funcionam as exchanges.

Configure e gerencie sua carteira de Bitcoin.

Aprenda os segredos para manter seu Bitcoin seguro.

Invista em Bitcoin e em outras criptomoedas.

> **NESTE CAPÍTULO**
>
> » Entendendo como colocar suas mãos no Bitcoin
>
> » Analisando os diferentes marketplaces e exchanges
>
> » Usando um caixa eletrônico de Bitcoin
>
> » Comprando em uma exchange
>
> » Fazendo coisas com sua moeda
>
> » Enviando e recebendo Bitcoin

Capítulo **3**

Comprando, Vendendo e Usando Bitcoin

O Capítulo 2 lhe mostrou como essa coisa de Bitcoin funciona; esperamos agora que você tenha uma boa ideia de como o Bitcoin, meramente um registro em um livro-razão de transações, pode conter valor. Aquele capítulo também mostra como a matemática avançada e a criptografia o identificam como o proprietário de seus Bitcoins e como as chaves privadas são importantes. Neste capítulo, você começará a entender como comprar e vender Bitcoin.

CUIDADO

Sugerimos que você não compre muito Bitcoin até entender realmente o que está fazendo por causa dos riscos envolvidos: o risco de seu Bitcoin ser roubado, de "perder" seu Bitcoin, ou até mesmo de comprar Bitcoins falsos. Explicaremos esses riscos ao longo do livro, portanto, nossa recomendação é a de que, no momento, você não faça mais do que pequenas transações "de teste" até ter uma melhor compreensão do que está acontecendo. Em particular, certifique-se de ler o Capítulo 5 para descobrir como manter seus Bitcoins seguros antes de realizar transações maiores.

Descobrindo o Preço do Bitcoin

Antes de começarmos, uma nota rápida sobre os preços por moeda — ou seja, a *taxa de câmbio* entre Bitcoin e dólares (ou real). *Onde* você compra seu Bitcoin afeta o preço que pagará; e, de fato, os preços podem variar drasticamente, como verá neste capítulo. Então, como saber quanto *deveria* pagar? É claro que você vai querer pagar o mínimo possível, embora, se o preço for muito baixo, algo suspeito está acontecendo; talvez esteja prestes a ser enganado de alguma forma, e há muitos golpes no mercado de criptomoedas. Falaremos um pouco mais adiante neste capítulo sobre como comparar preços e encontrar as melhores tarifas. Mas alguns sites de referência podem lhe dar uma ideia da média do preço que pode esperar.

Primeiro, temos o Google. Acesse o site de buscas e digite **1btc** no campo de pesquisa; o Google lhe mostra o preço atual, obtido na Coinbase, em dólares, *a menos* que ele reconheça que seu computador está em um local diferente. Caso esteja na Alemanha, por exemplo, verá o preço em euros [e em reais no Brasil]. (Falaremos sobre a Coinbase posteriormente neste capítulo, na seção "Exchanges de Bitcoin".)

DICA

Você pode escolher uma conversão de moeda diferente na caixa de seleção e até mesmo especificar em sua busca o que você deseja. Por exemplo, *1btc em libras esterlinas* lhe dá o preço nessa moeda.

Essas buscas também funcionam no Bing.com, mas o Bing recebe os preços de uma empresa chamada Refinitiv, um serviço de notícias financeiras. O preço do Bitcoin pela Refinitiv é mais baixo do que o obtido na Coinbase pelo Google, porque está mais próximo do "preço por atacado"; assim, o Bing.com pode ser um lugar melhor para verificar os preços. A Coinbase é uma exchange, então ela alimenta o Google com o preço pelo qual está vendendo Bitcoin atualmente. E como mostramos neste capítulo, ela não tem o melhor preço.

Naturalmente, as exchanges de Bitcoin, onde você pode comprar a criptomoeda, também têm suas próprias taxas de câmbio publicadas. Assim, vejamos o preço de um Bitcoin em quatro fontes diferentes de preços (todas no mesmo momento), começando pelo mais baixo. (Você precisa criar uma conta na BlockFi.com para ver os preços por lá.)

Bing.com/Refinitiv	US$46.422,19
BlockFi.com	US$46.435,73
CoinMarketCap.com	US$46.488,10
Google.com/Coinbase	US$46.529,20

A razão pela qual incluímos a BlockFi.com nesta lista é porque, como abordamos na seção "Como encontrar a melhor taxa de câmbio", mais adiante neste capítulo, ela tem um preço bastante bom, em comparação com outras exchanges. O preço do Bing.com da Refinitiv é ainda melhor (ligeiramente). Esse talvez esteja mais próximo do preço de atacado do que do preço de varejo. Isso não significa que você possa comprar a esse preço, mas pelo menos lhe dá uma referência sólida.

LEMBRE-SE

As diferenças nesses preços são mínimas; o preço do Google é apenas 0,23% mais alto do que o preço do Bing. Ah, e mais uma coisa: pode ser cobrada uma taxa para comprar Bitcoin (normalmente é), então é preciso considerar isso ao comparar fontes; não se trata apenas da taxa de câmbio.

Suas Opções para Adquirir Bitcoin

Há inúmeras maneiras de colocar suas mãos metafóricas no Bitcoin. Começamos oferecendo uma lista rápida com algumas opções, e depois lhe mostramos as maneiras mais rápidas e fáceis para um novato do Bitcoin começar.

DICA

Talvez você até consiga sair e comprar um pouco de Bitcoin no supermercado, na loja de bebidas ou na farmácia. Esses não são locais onde você deve fazer investimentos significativos, mas são maneiras muito boas de dar os primeiros passos enquanto segue as instruções deste capítulo.

Veja algumas opções para obter Bitcoin:

» Comprar em um caixa eletrônico de Bitcoin.

» Comprar em uma loja de varejo.

» Comprar de outra pessoa (negociação de pessoa para pessoa).

» Comprar em uma exchange.

» Ganhar Bitcoin com transações nos cartões de débito e crédito.

» Trabalhar por Bitcoin.

» Minerar Bitcoin.

» Encontrar Bitcoin em todos os lugares.

Nas seções a seguir, falaremos com mais profundidade sobre as três primeiras opções dessa lista, começando com o método que muitas pessoas na América do Norte usam de forma muito rápida e fácil: comprar Bitcoin em um caixa eletrônico.

Caixa eletrônico de Bitcoin

A maneira mais rápida e fácil de obter um pouco de Bitcoin é em um caixa eletrônico [ou ATM] de Bitcoin. Se você mora em uma grande cidade nos Estados Unidos, provavelmente existe um desses em algum lugar próximo; o mesmo é verdade em muitos outros países. [Encontre o mais próximo de você em `https://www.coincloud.com.br/encontre-um-atm`]

Queremos deixar claro desde já que comprar nos caixas eletrônicos de Bitcoin certamente *não* é a melhor maneira — ou a mais econômica — de comprar Bitcoin. Mas como uma experiência de aprendizado rápido, pensamos que pode valer a pena. E uma vez que tenha uma carteira criada por uma empresa de caixa eletrônico, você pode passar para outras formas de compra — como em uma exchange — e depois fazer a transferência de fundos entre as carteiras para se familiarizar com o uso do Bitcoin.

Comprando Bitcoin na Coinme

Para ajudá-lo a ter uma ideia de como pode comprar, apresentamos a seguir uma rápida olhada em uma rede de caixas eletrônicos de Bitcoin. Neste exemplo, usamos a Coinme, que é a maior rede de caixas eletrônicos de Bitcoin da América do Norte, graças à sua parceria com a Coinstar. Na verdade, ela afirma ser a "maior rede de caixas eletrônicos de Bitcoin do mundo". Há quiosques da Coinstar em supermercados, nos quais é possível converter grandes quantidades de moedas em dinheiro ou em cartões-presente (não em Bitcoin, ironicamente! Você só pode usar cédulas para comprar Bitcoin). A empresa tem 60 mil quiosques em todo o mundo, embora no momento de redação deste capítulo, a venda de Bitcoin esteja sendo feita apenas em seus quiosques nos Estados Unidos (em muitos, embora não em todos eles).

Vamos usar essa rede porque é grande e, bem, há um quiosque a menos de um quilômetro da casa do coautor Peter Kent.

Peter comprou 20 dólares de Bitcoin — espere, não, US$19,20 depois de pagar a comissão de 4% — em um quiosque Coinme/Coinstar. Depois da compra (logo mostraremos como isso funciona), ele verificou os preços em relação à CoinMarketCap.com, ao Google/Coinbase e à ATM Coiners, um concorrente da ATM, e descobriu o seguinte:

Coinme/Coinstar	1 BTC = $54.182,50
CoinMarketCap.com	1 BTC = $50.592,81
Google/Coinbase	1 BTC = $50.592,60
ATM Coiners	1 BTC = $50.552,77

Isso significa que seriam necessários US$54.182,50 para comprar um Bitcoin inteiro na Coinme (sem considerar a taxa de 4%), mas apenas US$50.573,99 na Coinbase (sem considerar a taxa). Ou US$50.552,77 na ATM Coiners, uma rede menor de caixas eletrônicos de Bitcoin, embora não saibamos quais taxas eles cobram. (O preço do Bitcoin flutua rapidamente, é claro, mas todos esses quatro preços são exatamente do mesmo momento, praticamente do mesmo segundo.)

Curiosamente, uma vez que você possui Bitcoin e ele é controlado por uma carteira da Coinme, de repente a Coinme lhe mostra o *verdadeiro* preço do Bitcoin. Peter instalou uma carteira Coinme em seu telefone, e havia um indicador de preço, mostrando um preço notavelmente próximo ao mostrado pelo Google. Também mostrou a alta do dia: US$50.997,43, apesar de terem vendido o Bitcoin por US$54.182,50 menos de três horas antes!

BITCOIN PARCIAL?

Sim, você pode comprar uma fração de um Bitcoin. Como explicamos no Capítulo 2, assim como os reais são compostos por centavos e as libras são compostas por pences, o Bitcoin é composto por Satoshis. A grande diferença é que há muito mais Satoshis em um Bitcoin do que centavos em um real. Cem milhões, de fato.

Assim, quando Peter comprou US$19,20 de Bitcoin na Coinme ao preço de US$54.182,50 por BTC, ele recebeu 0,0035424 BTC. Hum, US$19,20 dividido por US$54.182,50 é, na verdade, 0,0003543579569, e não 0,0035424, mas foi isso que a Coinme lhe deu. De qualquer forma, ele recebeu 0,0035424, que representa 354.240 Satoshis, ou *sats*, como dizem no mundo Bitcoin.

Mas espere, ainda não terminamos. E essa taxa? A Coinme também cobra uma taxa de transação de 4%. Ou seja, vai tirar 4 centavos de cada dólar que você colocar na máquina, antes que esse dinheiro seja usado para comprar Bitcoin. Comprar um Bitcoin inteiro não custaria apenas US$54.182,50, mas US$56.440,10 — ou seja, quase 12% a mais do que o preço da Coinbase! (Há uma observação escondida nas letrinhas do site da Coinme.com informando que eles cobram tanto a "taxa de transação" de 4% como uma "taxa de conveniência em dinheiro" adicional, que eles incorporam no preço do Bitcoin, por um total que dizem ser de 11%. Está mais para 12%, em comparação com a Coinbase.)

CUIDADO

Comprar na Coinme não é a maneira mais barata de obter Bitcoin. Mas veja, considerando a flutuação violenta no preço do Bitcoin, você pode ganhar muito dinheiro ou potencialmente perdê-lo todo, então, o que isso importa!?

LEMBRE-SE

Muito francamente, como já lhe dissemos, os caixas eletrônicos de Bitcoin não são uma ótima maneira de comprar Bitcoin, devido às taxas mais altas e à pior taxa de câmbio, em comparação com outros vendedores. Talvez queira usá-los para dar seus primeiros passos, caso haja um perto de onde você mora. Obtenha um pouco de Bitcoin, veja uma carteira em ação e sempre será possível transferir sua criptomoeda para outra carteira mais tarde (nós lhe mostraremos como). Realmente achamos que os caixas eletrônicos de Bitcoin são uma boa maneira de começar: compre o equivalente a US$20 — ou US$10 ou menos — e considere essa pequena quantia que você perderá em taxas como o preço do aprendizado.

QR O QUÊ?

A propósito, uma nota rápida para aqueles de vocês que nunca usaram um QR code, ou código QR (sabemos que há muitos de vocês). As câmeras em smartphones são, em geral, configuradas para ler esses códigos automaticamente. Muitas vezes, é só apontar a câmera para o quadrado — conhecido como um "código de barras matricial" — e, em uma fração de segundo, a câmera reconhece o código de barras, lê o URL (o endereço online) incorporado no código e pergunta se você quer abrir o URL no navegador de seu smartphone. Como discutiremos mais adiante neste capítulo, a maioria das carteiras de Bitcoin também tem códigos QR e leitores de código QR, que você usa quando envia Bitcoin para a carteira. Neste caso, quando a câmera no dispositivo de envio vê o código QR, ela pega o endereço do blockchain fornecido pela carteira do destinatário e o insere diretamente no campo destinatário da carteira.

No entanto, às vezes as câmeras de smartphone não reconhecem os códigos QR de forma automática. Deve haver alguma configuração para ativar esse recurso. Esse tem sido um problema com muitos iPhones; pode ser necessário ativar a leitura de QR codes nos ajustes da câmera.

Por fim, uma pequena curiosidade para você, algo que seus amigos não sabem: QR significa *quick response*, ou resposta rápida.

Portanto, se você não se importa com o preço exagerado do Bitcoin com uma "taxa de conveniência em dinheiro", a comissão de 4%, a matemática estranha aparentemente programada nas máquinas da Coinme e só quer obter logo um pouco de Bitcoin, nós lhe mostraremos como nos passos a seguir.

CUIDADO

Você pode usar uma rede diferente de caixa eletrônico de Bitcoin se quiser e se estiver disponível, que pode ou não ser mais barata. Já vimos taxas de 10%, e, segundo informações, chegam a 25% em algumas redes, portanto, tenha cuidado!

Em qualquer caso, veja este passo a passo da Coinme para ter uma ideia do processo, e depois leia a nota no fim das etapas sobre as outras redes de caixa eletrônico de Bitcoin.

1. Encontre um caixa eletrônico.

Você pode usar um localizador, como o encontrado em `https://www.coinstar.com/findakiosk` ou `https://CoinMe.com/locations` [conteúdo em inglês].

CAPÍTULO 3 **Comprando, Vendendo e Usando Bitcoin** 61

2. Dirija-se ao caixa eletrônico (é óbvio, né?).

Aqui está o processo que Peter usou no quiosque da Coinme/Coinstar.

3. Leia um monte de letrinhas miúdas e concorde com diversas condições.

Entenda que, uma vez que seu dinheiro está na máquina, você não pode pegá-lo de volta, não é uma transação anônima (isso é um grande mal-entendido entre os novatos do Bitcoin), a transferência é permanente, e assim por diante.

4. Forneça um número de telefone.

Precisa ser um telefone que possa receber mensagens de texto. (Você não receberá uma agora, porém, mais tarde no processo, será preciso digitar seu número de telefone novamente, e receberá uma mensagem de texto em resposta.)

A tela seguinte mostra a taxa de câmbio; no caso de Peter, a informação era a de que um dólar receberia 0,00001845 BTC; como temos certeza que você descobriu rapidamente, são 1.845 sats.

5. Insira quanto dinheiro quiser (apenas cédulas, de pelo menos US$1).

Peter inseriu US$20, principalmente porque era tudo que tinha no bolso.

6. Clique no botão Comprar.

Alguns momentos depois, sai um "voucher". Além das informações básicas, o comprovante contém algumas informações realmente importantes.

- **Um código de resgate:** O processo não está concluído, pois ainda é preciso abrir uma conta na Coinme. Você precisará desse código de resgate para transferir o registro do Bitcoin comprado para a nova carteira que a Coinme lhe dará.

- **Um número PIN:** Por algum motivo obscuro.

- **Um URL para o site de configuração de conta:** `https://coinme/redeem` [em inglês]. (Atente-se ao fato de que a Coinme — e, assim, o site da exchange — pode não funcionar fora dos EUA; talvez você possa tentar outro serviço de caixa eletrônico de Bitcoin em seu país.) [No Brasil, até a data de publicação deste livro, o único serviço desse tipo disponível é oferecido pela Coincloud: `www.coincloud.com.br` — nota da editora.]

Neste ponto, você pode completar o processo em frente ao quiosque, usando um smartphone, ou voltar para casa para usar um notebook, que é o que Peter optou por fazer.

7. **Acesse http://coinme/redeem e crie uma conta.**

   É o usual, você já fez isso milhares de vezes: digite um endereço de e-mail e uma senha, clique em alguns botões de aprovação e depois clique no botão Criar Conta.

   Salve as informações de login em um programa de gerenciamento de senhas! Você tem um, não tem? Realmente deveria! Saiba mais sobre a proteção de suas informações no Capítulo 5.

8. **Insira um número de telefone.**

   A Coinme confirma o número enviando um código por SMS; insira o código na página da Coinme.

9. **Siga as instruções para acessar `https://account.coinme.com/login` em seu celular.**

   A Coinme fornece um QR code que você pode fotografar em seu telefone para levá-lo à página de login, ou você pode digitar o link no navegador de seu smartphone, ou pedir que a Coinme lhe envie o link. (Há um processo alternativo caso não tenha um smartphone.)

10. **Acesse a página em seu celular.**

11. **Faça o processo de identificação.**

    Qualquer empresa respeitável que compre e venda Bitcoin segue leis e regulamentos obrigatórios. Para a Coinme, esse processo envolve copiar a frente e o verso de sua carteira de habilitação, tirar uma fotografia e confirmar as informações digitalizadas a partir do documento. (Veja Figura 3-1. E você pensou que o Bitcoin era anônimo, não é?)

FIGURA 3-1: Será necessário provar quem você é.

Acostume-se a esse processo se pretende navegar um pouco nas águas do Bitcoin. Todas as empresas que vendem Bitcoin e que estão tentando se manter dentro da lei têm esses processos. Você fornecerá uma foto de sua carteira de habilitação, frente e verso — por meio de sua câmera de smartphone, da webcam de seu notebook, ou escaneando e carregando as imagens — e, em geral, precisará tirar uma selfie também. Talvez até precise fornecer uma "prova de vida", gravando um vídeo movimentando um pouco sua cabeça!

Agora você tem sua nova carteira da Coinme (como mostra a Figura 3-2). Essa é uma **carteira custodial,** que está sob a custódia da Coinme. Em outras palavras, é a Coinme que gerencia a carteira para você, e tudo de que você precisa se lembrar são as informações de login.

FIGURA 3-2: A carteira da Coinme.

64   PARTE 2 **Usando Bitcoin**

Essa carteira ainda não teve nenhuma transação de Bitcoin. Mas Peter comprou US$19,20 (bem, US$19,20 na avaliação da Coinme/Coinstar, que é mais parecido com US$17 na avaliação de Bitcoin no mundo real.)

12. **Pegue o voucher do quiosque, insira o código de resgate e o número PIN e clique no grande botão verde Resgate (Redeem).**

    Por que um código de resgate *e* um número PIN? Hum, pensaremos nisso e depois voltaremos com a resposta.

    A Coinme coloca em seu livro-razão parte dos Bitcoins que possui, 0,0035424 BTC (354.240 Satoshis), atribuindo-a a você. Os mais puristas diriam que você não é realmente dono do Bitcoin, e de fato você não é, pelo menos não de forma direta. Essencialmente, agora você tem uma nota promissória da Coinme para essa quantia de Bitcoin.

13. **Clique em PÁGINA INICIAL (HOME) para voltar à carteira.**

    A compra feita no quiosque foi alocada a essa carteira.

A carteira da Coinme é bastante básica; obviamente, ela foi projetada para ser muito simples para usuários não experientes. (Como já explicamos, os caixas eletrônicos não são uma maneira ideal de comprar Bitcoin.) O que a carteira não mostra é o *status* da transação; isso é relevante porque as transações de Bitcoin não acontecem imediatamente.

Entendendo sua carteira custodial da Coinme

Os puristas do Bitcoin lhe dirão que você nunca deve permitir que ninguém mais controle suas carteiras, mas, A: ei, são apenas US$20; B: realisticamente, grandes quantidades de Bitcoin são armazenadas em carteiras de custódia, então você não está de forma alguma sozinho; e C: a menos que as carteiras de custódia se tornem seguras e fáceis de usar, não há realmente um futuro brilhante para o Bitcoin. Nem todos podem ser especialistas em Bitcoin, mas nem todos precisam ser.

LEMBRE-SE

As carteiras *não contêm Bitcoin!* Elas contêm seu endereço no blockchain e as chaves privadas e públicas que controlam esse endereço. O Bitcoin em si — no mínimo, o registro da transação — está no blockchain associado ao seu endereço. Pelo menos é assim que as carteiras normalmente funcionam: cada carteira controla um ou mais endereços, seus endereços. Neste caso, entretanto, seu Bitcoin está sendo mantido pela Coinme, em combinação com todos os Bitcoins dos outros clientes. Portanto, você não possui *diretamente* o Bitcoin; ao contrário, a Coinme é proprietária do Bitcoin e, de fato, você tem uma nota promissória da exchange pela quantidade de Bitcoin que você comprou. (Posteriormente, mostraremos como "resgatar sua nota promissória" ao enviar o Bitcoin da Coinme para outra carteira que esteja sob seu controle direto.)

Observe a longa e estranha sequência de letras e números no canto inferior esquerdo da janela da carteira Coinme (sob as palavras *Bitcoin Receive Address* na Figura 3-2). Esse é um endereço para o qual você pode enviar Bitcoin a partir de outra carteira, um endereço no blockchain que é gerenciado por essa carteira da Coinme. Clique em COPY, e o endereço é copiado para a área de transferência de seu computador. Você pode estar se perguntando de onde veio esse endereço e como ele chegou a ser seu. O software da carteira pode criar endereços conforme a necessidade. Quando um novo endereço é necessário, o software simplesmente o cria com base na chave privada.

Isso pode parecer perigoso — há milhões de carteiras, e se elas inventam endereços aleatoriamente, duplicações podem acontecer, certo? Bem, se os endereços de Bitcoin fossem apenas números de, digamos, zero a um milhão, então, sim, as duplicatas ocorreriam de vez em quando. Mas há 1.461.501.637.330.902.918.203.684.832.716.283.019.655.932.542.976 combinações possíveis de endereços de Bitcoin. Isso é suficiente para que todos no planeta tenham 196.385.600.286.334.710.857.791.565.804.391.698.421 endereços cada!

Há tantas combinações possíveis desses endereços de 34 caracteres, que mesmo *milhões* de carteiras, criando novos endereços ao acaso, simplesmente não criarão o mesmo endereço duas vezes. Certo, sim, é *teoricamente possível* (tal evento é conhecido como uma *colisão*). Mas com tantas combinações possíveis, e sendo a chance tão baixa, é mais ou menos impossível que isso aconteça — talvez uma ou duas vezes na vida do universo. (Pesquise isso no Google se não acredita em nós!)

Assim, esse é seu novo endereço no blockchain. Na verdade, vamos dar uma espiada no blockchain e verificar. A Figura 3-3 mostra esse endereço no *explorador de blockchain* em `https://www.blockchain.com/explorer` [site em inglês]. Esse explorador lhe permite ver o blockchain para saber o que está acontecendo. Nesse caso, você pode observar que o endereço 3BgtadMBFAQBq wNJoVqWwsSHzCX5uEvVck tem um saldo de 0 Bitcoin. Na verdade, ele nunca recebeu nenhum Bitcoin. Lembre-se, não é lá que o Bitcoin que você comprou no caixa eletrônico é mantido. Ele é enviado para um endereço da Coinme, e é simplesmente um endereço que pertence ao Peter e ao qual ele — ou qualquer outra pessoa — pode enviar Bitcoin.

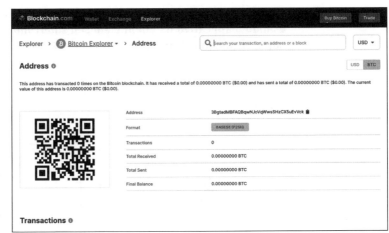

FIGURA 3-3:
O novo endereço mostrado no explorador de blockchain disponível em blockchain.com.

Notou o código QR? Esse é o endereço codificado no formato QR. Se alguém quiser enviar dinheiro ao Peter, pode escanear o código a partir de sua carteira no smartphone e fazer isso. Lembre-se de que os endereços *não* são privados *nem* secretos. Peter pode enviar o endereço para alguém, e a pessoa lhe envia dinheiro. Ou *você* pode digitá-lo diretamente e enviar dinheiro! Vá em frente, experimente! (Certifique-se de digitar todos os caracteres corretamente, por favor.)

```
3BgtadMBFAQBqwNJoVqWwsSHzCX5uEvVck
```

DICA

Não estamos sugerindo que você envie Bitcoin para sua carteira Coinme, pelo menos não além de apenas brincar enquanto aprende. Esta é uma carteira supersimples, administrada por um serviço de terceiros que não é o melhor lugar para comprar Bitcoin (e provavelmente também não é o melhor lugar para armazená-lo).

Caso envie Bitcoin para sua conta na Coinme a partir de outra carteira, não entre em pânico se o saldo não aparecer imediatamente na carteira de destino. Até que haja seis "confirmações" de que a transação foi aceita no blockchain, ela não é considerada como concluída, e, portanto, a carteira Coinme não a mostrará. Isso pode levar uma hora ou mais.

Enviando Bitcoin de sua carteira Coinme

Posteriormente, quando tiver outra carteira preparada, você provavelmente vai querer transferir o controle de seu Bitcoin de sua carteira Coinme para essa outra carteira. (Veja a seção "Se não são suas chaves, não são suas moedas: O perigo das exchanges", mais adiante neste capítulo.) Veja como isso é feito:

CAPÍTULO 3 **Comprando, Vendendo e Usando Bitcoin** 67

1. **Clique no botão Enviar (Send) na carteira ou, caso esteja usando o aplicativo da Coinme em seu smartphone, toque no botão Transação (Transact) e, depois, em Enviar (Send).**

   No computador, você verá uma tela semelhante ao que é mostrado à esquerda na Figura 3-4. No telefone, você verá o que é mostrado à direita.

FIGURA 3-4: Enviando Bitcoin do site da Coinme e do aplicativo no smartphone.

   O site pede um endereço (address) de Bitcoin. O aplicativo no smartphone pede um endereço de carteira (Wallet Address), que é a mesma coisa. Ambos estão pedindo o endereço do blockchain para o qual você deseja enviar Bitcoin.

2. **Forneça essa informação escaneando um QR code a partir da carteira que controle o endereço para o qual está enviando.**

   A maioria das carteiras fornece um. De fato, se você está seguindo o passo a passo e criou uma conta Coinme, poderá ver o código QR para receber transações na Coinme clicando no pequeno quadrado à esquerda do endereço *Bitcoin Receive Address*. O código QR aparecerá.

Neste caso, estamos enviando dinheiro *a partir* da carteira Coinme, então precisamos do endereço da *outra* carteira, aquela que administra o endereço para o qual estamos enviando Bitcoin.

Se estiver usando o aplicativo para smartphone, toque no pequeno ícone QR no canto superior direito e escaneie o código QR da outra carteira a partir de outro telefone ou do monitor de seu computador.

Se estiver usando o site em seu notebook ou desktop e tiver uma webcam, clique no ícone grande da câmera para escanear com a webcam.

Se você tiver ambos os programas abertos no mesmo dispositivo — a carteira Coinme e a carteira que controla o endereço para o qual você está enviando —, o código QR não é útil. Neste caso, copie o endereço da carteira de destino e cole-o no campo Bitcoin Address/Wallet Address.

3. **Insira a quantia de Bitcoin (calculado em dólares) que quer enviar para o outro endereço.**

Você não pode enviar todo o Bitcoin, porque há taxas a serem pagas. Se quiser enviar tudo, é preciso permitir o pagamento dessas taxas (o site mostra o valor das taxas, enquanto o aplicativo no smartphone lhe diz qual é o seu "saldo disponível" após a taxa). Você pode ver na Figura 3-4 o formulário preenchido tanto no site como no aplicativo.

4. **Clique no botão Enviar (Send), e lá se foi o Bitcoin. Você verá uma mensagem de confirmação.**

O software da carteira envia uma mensagem para a rede Bitcoin. O primeiro nó a pega e a envia adiante na rede para que também seja capturada por outros nós. Esse é um processo complicado envolvendo a mineração de Bitcoin, mas, essencialmente, a transação é agrupada em um bloco de dados contendo um monte de outras transações — quanto tempo isso leva depende de quanta taxa você pagou — e adicionada ao blockchain.

Algumas observações para ter em mente ao enviar Bitcoin:

> » **A maioria dos softwares de carteira permite que você escolha quais taxas quer pagar.** Quanto mais você paga, mais rápido a transação é acrescentada ao blockchain. A carteira Coinme é muito básica, portanto, ela escolhe a taxa para você. (Veja mais detalhes sobre as carteiras no Capítulo 4.)

CAPÍTULO 3 **Comprando, Vendendo e Usando Bitcoin** 69

CUIDADO

» **Tenha certeza de que o endereço de destino está absolutamente correto!** Copie e cole o endereço ou use o código QR. Caso realmente precise digitar, verifique, de novo, e mais uma vez!

Se você errar um caractere, o Bitcoin será enviado para um endereço diferente e será totalmente irrecuperável. Na verdade, o que acontecerá é que um novo endereço será criado no blockchain, sem chave privada correspondente. Isso é como deixar cair uma barra de ouro no mar; ela desaparecerá nas profundezas. A única diferença é que há chances de um mergulhador encontrar a barra de ouro um dia. No caso do Bitcoin, ele desaparece para todo o sempre.

PAPO DE ESPECIALISTA

» **A maioria das carteiras fornece um endereço diferente cada vez que você solicita o endereço ou o código QR, de modo que as carteiras podem acabar controlando muitos endereços diferentes no blockokchain.** Isso não é totalmente necessário, mas muitas pessoas acreditam que você deve usar um endereço diferente para cada transação, por razões de privacidade.

Como Satoshi Nakamoto disse em seu whitepaper do Bitcoin, "um novo endereço deve ser usado para cada transação para evitar que ele esteja ligado a um proprietário comum. O risco é que, se o proprietário de uma chave for revelado, a vinculação poderia revelar outras transações que pertencem ao mesmo proprietário".

Mais redes de caixa eletrônico de Bitcoin

Existem outras redes de caixa eletrônico de Bitcoin, algumas das quais podem ter melhores preços. Algumas também permitem a compra de Bitcoin usando cartões de débito (a Coinme não permite), embora não acreditemos que nenhuma rede permita o uso de cartões de crédito. Mas, antes de comprar — na verdade, de preferência antes de comparecer no caixa eletrônico —, você deve fazer estas três perguntas:

» **Qual é o preço?** Algumas redes de fato mostram o preço do Bitcoin em seus sites, então você pode pelo menos compará-lo em relação aos preços mostrados no Google, no Bing e no CoinMarketCap.com.

» **Você precisa de uma carteira?** O processo descrito anteriormente para a Coinme fornece uma *carteira custodial*. Alguns caixas eletrônicos pedem que você crie primeiro uma carteira própria, e depois, ao comprar Bitcoin no caixa eletrônico, a criptomoeda é enviada para o endereço no blockchain gerenciado por sua carteira. De fato, os puristas do Bitcoin diriam que é muito melhor que você administre sua própria carteira, então eles considerariam essas redes de caixas eletrônicos melhores do que a Coinme. (Por outro lado, eles quase certamente não compram Bitcoin nos caixas eletrônicos!)

» **Quais são as taxas de transação?** Nem sempre é possível descobrir isso facilmente, porque algumas taxas estão escondidas. Antes de fazer uma compra muito grande em um caixa eletrônico, faça sua lição de casa (descubra a questão da carteira, o preço e as taxas) e depois compre uma pequena quantia e faça as contas para ver quais são os custos reais. Você não deve fazer compras grandes em um caixa eletrônico de Bitcoin, porque é possível obter mais BTC pela mesma quantia de reais em outro lugar.

Ainda assim, talvez você goste de gastar mais do que o necessário. Veja a seguir algumas outras redes de caixa eletrônico de Bitcoin que você pode conferir. [As redes são dos EUA, e os sites estão em inglês.]

» ATM Coiners: `https://atmcoiners.com/`.

» Bitcoin Depot: `https://Bitcoindepot.com/`.

» Coinflip: `https://coinflip.tech/`.

» DigitalMint: `https://www.digitalmint.io/`.

» LibertyX: `https://libertyx.com/`.

» XBTeller: `https://www.xbteller.com/`.

Você pode obter mais informações sobre caixas eletrônicos de Bitcoin em sites como Coin ATM Radar (`https://coinatmradar.com/` — em inglês] ou fazendo uma pesquisa no Google. Nos EUA, eles estão se proliferando como coelhos. É possível encontrá-los em postos de gasolina, lojas de bebidas, supermercados e até em lojas de conveniência. Em outras palavras, não exatamente em centros financeiros.

Bitcoin no varejo

Certo, agora sobre a segunda maneira fácil (e não aconselhável) de comprar Bitcoin: venda livre em um local de "varejo" de Bitcoin. Há muitos lugares em que você pode comprar Bitcoin de uma pessoa real, mas alguns deles estão simplesmente usando o local de varejo como um lugar para você entregar dinheiro. Ou seja, você cria uma conta online, depois leva o dinheiro necessário a um dos locais de varejo e o entrega.

A LibertyX, por exemplo, afirma ter 20 mil "lojas confiáveis" nas quais você pode comprar Bitcoin pagando em dinheiro. (A empresa também tem caixas eletrônicos.) Eles fizeram parceria com duas redes de farmácias dos EUA: CVS Pharmacy e Rite Aid. Você pode acessar `www.LibertyX.com`, encontrar locais perto de você em um mapa, filtrar para remover as compras por cartão de débito (que são feitas nos caixas eletrônicos) e selecionar os locais que aceitam dinheiro. Uma vez escolhida a localização, você precisa abrir uma conta na LibertyX, instalar o aplicativo em seu smartphone, escanear sua carteira de motorista frente e verso e tirar uma selfie. (Pode levar até dois dias úteis, em teoria — mais, na prática —, para que as informações sejam aprovadas antes que você possa comprar Bitcoin.)

Além disso, antes de poder comprar na LibertyX, você precisa ter uma carteira configurada. Ao contrário da transação no caixa eletrônico da Coinme descrita na seção anterior, a LibertyX não fornece uma carteira para essas transações em dinheiro, e, por isso, você mesmo tem que fornecer uma.

A Coinme tem um sistema similar (não requer sua própria carteira; como nos caixas eletrônicos, a Coinme fornece uma carteira de custódia). Você cria uma conta online, usa seu smartphone para configurar uma transação e depois leva seu dinheiro para uma unidade da MoneyGram (um serviço de transferência de dinheiro com centenas de milhares de escritórios em duzentos países e territórios). Você dá ao funcionário do balcão seu dinheiro e a identificação da transação, e o Bitcoin é transferido para sua carteira.

Azteco é outra opção (`www.Azte.co`). Ela vende "vouchers" que você pode levar para uma loja junto com seu dinheiro e receber Bitcoin em troca, que é enviado diretamente para sua própria carteira. É muito popular na Europa, mas não na América do Norte, embora eles tenham localizações em algumas grandes cidades.

Há muitos outros lugares, comércios locais, como lojas de penhores e casas de câmbio, que compram e vendem Bitcoin. Basta ter muito cuidado. Esses tipos de transações não são para novatos. Você realmente deve entender como todo o processo do Bitcoin funciona e como usar uma carteira (certifique-se de ler e entender os Capítulos 4 e 5) antes de arriscar tais compras.

Negociação entre pessoas físicas

Obviamente, é possível para pessoas físicas comprar e vender Bitcoin. Porém, é preciso entender duas coisas:

» Você precisa ter uma carteira.

» As transações pessoais são muito arriscadas!

Os golpes abundam, portanto, tenha cuidado. Vejamos um truque comum. O vendedor lhe dá uma carteira de alguma forma — talvez uma carteira de hardware — com o Bitcoin já nela. Se o vendedor tinha controle sobre a carteira ao entregá-la a você, provavelmente ainda o terá depois. Lembre-se, a carteira contém as chaves privadas que controlam o endereço no blockchain. Só porque agora você tem as chaves privadas, não significa que o vendedor não as tenha mais — ele pode ter guardado uma cópia da carteira, ou mesmo das próprias chaves privadas (ou a "semente" usada para criar as chaves; veja o Capítulo 4). Quando você chega em casa, o Bitcoin pode ter sido retirado da carteira, e sua criptomoeda já não existe!

Você também pode encontrar vendedores no site de classificados Craigslist. Alguns são proprietários de comércios, como lojas de penhores. Outros são pessoas físicas. Mais uma vez, tais transações podem ser muito arriscadas, especialmente porque o vendedor provavelmente preferirá que você apareça pessoalmente com dinheiro para pagar a transação. Recomendamos que, se uma troca física de mercadorias ou moeda para Bitcoin for necessária, você selecione um local público seguro e neutro, idealmente à luz do dia. Melhor ainda, algumas delegacias de polícia oferecem até mesmo espaços seguros para a troca de mercadorias, para transações da Craigslist, por exemplo. Acesse `http://www.safetradestations.com/safetrade-station -list.html` [em inglês] para obter uma lista de delegacias de polícia nos EUA que oferecem espaços para transações seguras. Caso não encontre algo nessa lista, entre em contato com a delegacia mais próxima para se informar.

Porém, mais uma vez, há muitos golpes, e você não deve fazer esses tipos de transações até que realmente entenda bem o Bitcoin.

LocalBitcoins.com

LocalBitcoins.com é uma empresa finlandesa estabelecida há muito tempo que reúne compradores e vendedores. Os vendedores aceitam uma ampla gama de métodos de pagamento: Apple Pay, Zelle, transferências Walmart2Walmart, PayPal, depósitos em dinheiro em contas bancárias, e assim por diante. A empresa detém o Bitcoin em custódia. Ou seja, o vendedor envia o Bitcoin para a LocalBitcoins.com, você paga, e então, uma vez que o pagamento tenha sido comprovado, a LocalBitcoins.com transfere o Bitcoin para você.

Entretanto, embora até recentemente a LocalBitcoins.com operasse em todos os EUA (e em muitos outros países; é um dos maiores marketplaces de Bitcoin em alguns países africanos), no segundo trimestre de 2021, deixou de operar em muitas localidades dos EUA, exceto Flórida, Connecticut, Utah, Arkansas, Nevada, Nebraska, Mississippi, Iowa, Distrito de Columbia, Dakota do Norte, Minnesota, Kentucky e Vermont.

Diversas empresas na arena do Bitcoin são apenas semilegais, operando em uma "área cinzenta". Alguns vendedores da LocalBitcoins.com foram processados por operar MSBs (empresas de serviços financeiros) sem licença — um deles vendeu US$25 milhões de Bitcoin por meio do site.

Um estudo (feito por uma empresa chamada CipherTrace) mostrou que uma grande proporção de Bitcoin ilícito estava sendo vendida por meio do site LocalBitcoins.com. Cerca de 12% de todo o Bitcoin que circulava pelo site, acreditava a CipherTrace, provinha de atividade criminosa.

Bisq

A Bisq (`https://bisq.network/`) é uma exchange singular descentralizada de negociação entre pessoas físicas. Ela fornece um aplicativo que facilita o comércio de Bitcoin para moeda local (fiduciária) diretamente entre pessoas físicas sem precisar se encontrar pessoalmente, verificar a identidade ou de um terceiro de confiança para manter o Bitcoin em custódia. A rede Bisq é uma plataforma de comércio de Bitcoin que remove o terceiro de confiança da equação e é projetada e operada de forma muito parecida com a própria rede Bitcoin.

CUIDADO

A Bisq é um sistema avançado, assim, apenas os usuários que se sentem confortáveis para operar um nó de Bitcoin devem tentar usá-lo.

Vendedores confiáveis

Talvez uma das melhores maneiras de comprar Bitcoin seja de um amigo ou parente de confiança, alguém que você sabe que não está querendo roubá-lo. Você precisará entender como usar uma carteira, é claro, porque precisará de um endereço no blockchain do Bitcoin para o qual seu amigo possa enviar a criptomoeda.

Exchanges de Bitcoin

Esta seção fala sobre os lugares que provavelmente serão mais utilizados pelos investidores: as principais exchanges de Bitcoin. Há diversas, mas começaremos analisando a Coinbase. Não estamos dizendo que todos deveriam usá-la, mas é um bom lugar para começar, porque é a exchange mais popular nos EUA. Desde o início de 2021, é uma empresa de capital aberto negociada na Nasdaq (o símbolo do ticker é COIN). Em uma arena de mais de mil exchanges, algumas das quais são menos que respeitáveis, a ideia de que a Coinbase recebe o tipo de supervisão a que as empresas de capital aberto nos EUA estão sujeitas pode ser reconfortante.

Ela está no mercado há cerca de uma década e tem literalmente milhões de contas, de mais de cem países. As participações da Coinbase também estão pelo menos parcialmente seguradas (algo raro no espaço das criptomoedas!). Entretanto, sua apólice não cobre o acesso não autorizado à sua conta. (Portanto, proteja sua senha! Veja o Capítulo 5.) Mais um motivo para usar a Coinbase: no momento em que cria sua conta, você recebe US$5 em Bitcoin para experimentar. Então, vamos brincar com a Coinbase, e depois voltaremos a nos reunir e conversar um pouco mais sobre os diferentes tipos de exchanges.

Comprando na Coinbase

Esta seção lhe mostra como abrir sua conta na Coinbase e comprar um pouco de Bitcoin.

DICA

Quando visitar sites de criptomoedas, certifique-se de digitar os nomes de domínio com cuidado e verifique se não há erros novamente. Grandes empresas, como a Coinbase, policiam seus nomes de domínio, registrando versões alternativas que estão próximas ao seu nome de domínio primário — erros ortográficos, por exemplo — e processando os "invasores de terras cibernéticas" [cybersquatters], pessoas que registraram nomes de domínio usando erros ortográficos e termos similares. Por exemplo, em 2018, a Coinbase apresentou uma queixa contra uma empresa em Hong Kong que havia registrado o nome de domínio coinbae.com e estava encaminhando pessoas que haviam usado acidentalmente esse nome de domínio para bitcoin.com e binance.com. Portanto, é pouco provável que você acabe no lugar errado ao tentar chegar à Coinbase.com, mas tenha cuidado. Há muitos golpes no espaço das criptomoedas.

1. **Acesse Coinbase.com/pt e, quando a página carregar, clique no botão Começar.**

   Caso esteja nos EUA, pode ver uma mensagem promocional como "Ganhe US$5 em Bitcoin ao abrir sua conta".

2. **Siga os procedimentos de identificação: nome, e-mail e criação de senha, marque a caixinha de seleção e clique em Criar Conta Gratuita.**

3. **No e-mail de confirmação, clique no link recebido; outra página abrirá.**

4. **Insira seu número de telefone e clique em enviar; você receberá um SMS com um código de confirmação.**

5. **Digite o código na caixa de texto que aparece e clique em Confirmar.**

6. **Na página seguinte, selecione sua nacionalidade.**

7. **Preencha a confirmação de identidade: sua data de nascimento, seu endereço, CPF, e assim por diante.**

   Em seguida, você precisará responder algumas perguntas: a quantia de criptomoeda que pretende negociar por ano e o setor no qual trabalha.

8. **Responda e clique em Enviar.**

   E você está dentro, mas ainda não terminou. Antes de receber seus US$5 em Bitcoin (considerando que a promoção ainda esteja válida), você precisa terminar a validação de sua identidade.

9. **Clique no botão Verificação de Identidade, ou semelhante.**

   Aparecerá uma tela pedindo para verificar sua identidade.

10. **Selecione qual documento com foto usará.**

76   PARTE 2 **Usando Bitcoin**

Dependendo do tipo de dispositivo que você estiver usando, poderá usar a webcam de seu notebook ou a câmera do telefone, ou pode escanear documentos e subir o arquivo.

11. **Transfira dinheiro para sua conta ao clicar em Adicionar Forma de Pagamento, escolha o método de transferência e siga as instruções.**

    Você pode escolher uma transferência direta de sua conta bancária (surpreendentemente fácil de configurar para a maioria dos bancos), PayPal, cartões de débito (apenas para pequenas quantias) e TEDs (para grandes quantias).

Após a confirmação de sua identidade e de ter transferido dinheiro para sua conta, você pode comprar Bitcoin seguindo estes passos:

1. **Clique no botão Comprar Bitcoin.**

    A caixa de transações aparecerá, como na Figura 3-5.

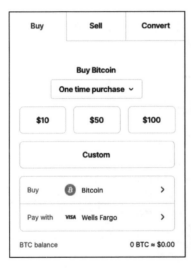

FIGURA 3-5: Vamos comprar!

2. **Selecione o valor $10, $50 ou $100, ou clique em Customizar para especificar uma quantia (mínimo de $1,99 por algum motivo).**

3. **Clique em Apenas uma Compra (One time purchase) e confira as opções para configurar compras programadas, caso queira.**

CAPÍTULO 3 **Comprando, Vendendo e Usando Bitcoin** 77

As escolhas são todos os dias, uma vez por semana, duas vezes por mês ou uma vez por mês (você sempre pode cancelar essas compras programadas mais tarde). O pequeno botão à direita do campo de valor, com as duas setas para cima e para baixo, serve para alternar o valor entre reais (ou dólares) e Bitcoin (à direita na Figura 3-5).

As duas caixas na parte inferior mostram o que você comprará (Bitcoin) e como pagará.

4. **Clique na caixa Bitcoin para ver uma lista de criptomoedas negociadas na Coinbase.**

5. **Quando tudo estiver ajustado conforme sua preferência, clique em Prévia de Compra, e a Coinbase mostrará uma confirmação com suas escolhas (Figura 3-6).**

   Observe que a taxa está saindo da soma inserida no Passo 2 — neste exemplo, US$5. A Coinbase subtrai uma taxa de US$0,99, e Peter consegue comprar US$4,01 de Bitcoin. (As transações maiores têm taxas muito mais baixas proporcionais à compra.)

   Você verá a confirmação da transação, e pronto!

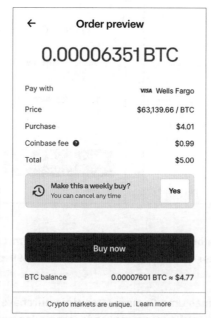

FIGURA 3-6: Você está pronto para comprar. Clique no botão Compre Agora (Buy Now) para finalizar.

78 PARTE 2 **Usando Bitcoin**

O que acabou de acontecer? Bem, você comprou Bitcoin da Coinbase, isto é, você tem uma carteira de custódia dentro de sua conta Coinbase, e a Coinbase separou, em seu próprio livro-razão, o Bitcoin comprado. Você não tem um endereço no blockchain do Bitcoin, pois tudo isso é interno na Coinbase. Você só tem direito legal a uma pequena parte das centenas de milhões de dólares de Bitcoin da Coinbase.

Você pode encontrar sua transação na página Ativos (às vezes chamada Portfólio) do aplicativo web. No aplicativo para smartphone, você toca em Ativos, depois em Bitcoin na lista de moedas, e depois em Carteira BTC.

Enviando Bitcoin para outra carteira

Em algum momento, talvez você mesmo prefira administrar seu Bitcoin, em vez de deixar que terceiros (neste caso, a Coinbase) cuidem dele para você. Talvez queira enviar seu Bitcoin para outra carteira. Ou talvez queira usar parte para comprar alguma coisa. Nesta seção, mostramos como enviar Bitcoin da Coinbase para algum lugar ou para outra pessoa. Na verdade, se você criou uma conta na Coinme no início deste capítulo, talvez queira brincar com o envio de uma pequena quantia para a carteira Coinme.

Abra o aplicativo da Coinbase no computador e siga estes passos:

1. **Clique no botão Enviar/Receber na parte superior (no smartphone, toque no botão com duas setas horizontais na parte inferior do aplicativo, selecione Enviar, e na tela que aparece, toque em carteira Bitcoin).**

Se você tem outras carteiras por ter comprado diferentes criptomoedas, elas estarão listadas aqui.

A Figura 3-7 mostra a caixa Enviar na aplicação web. (O aplicativo smartphone divide algumas dessas entradas em etapas: a quantia sendo enviada primeiro, depois para onde o dinheiro está sendo enviado, e assim por diante.) Estas etapas seguem o processo do aplicativo web.

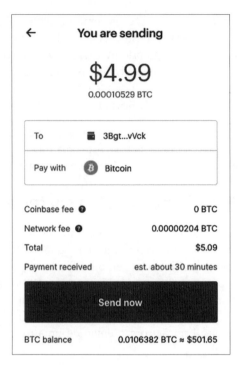

FIGURA 3-7: Enviando dinheiro da Coinbase para outro lugar.

2. **No campo Para, insira um número de celular, um e-mail ou um endereço de carteira.**

   A Coinbase tem dezenas de milhões de contas, e alguém que você conhece pode ter uma conta lá. Se precisar enviar Bitcoin para outro titular de conta na Coinbase, em vez de enviar a transação para o blockchain, você pode digitar o número de telefone ou endereço de e-mail do destinatário usado para sua conta e a exchange transferirá o Bitcoin diretamente para a carteira dessa pessoa na própria Coinbase. Se souber que o destinatário tem uma carteira na Coinbase, use esse método — é mais rápido do que enviar uma transação para o blockchain, e é gratuito. (Enviar uma transação para o blockchain não é.)

   Peter está enviando para um endereço no blockchain controlado por outra carteira usando o endereço de sua carteira Coinme (consulte a Figura 3-2).

3. **Ignore o campo Mensagem, a menos que esteja enviando para outra pessoa com conta na Coinbase e queira acrescentar uma mensagem. A caixa Pagar Com deve estar selecionada para Bitcoin.**

4. Clique em Continuar, e aparecerá um resumo da transação.

Observe que a Coinbase não cobra taxa por essa transação de retirada, mas uma taxa de rede é aplicada. A transação custará 0,00000204 BTC (204 Satoshi), um pouco mais de US$0,09 no momento da transação (observe o arredondamento em andamento; estamos sendo cobrados US$5,09 e enviando US$4,99 de Bitcoin). Observe também que a Coinbase está estimando 30 minutos para que a transação seja concluída.

5. Clique em Enviar Agora.

Você pode ver um aviso sobre os perigos de enviar Bitcoin às pessoas e receberá um código de verificação da Coinbase em seu celular.

6. Insira o código, e o Bitcoin será transferido.

Para ver a transação no aplicativo web, vá para a tela Portfólio (talvez precise clicar em Ativos, na coluna de navegação, à esquerda) e role para baixo até ver Transações Recentes. Clique na transação mais recente e verá a tela na Figura 3-8. No aplicativo do smartphone, toque em Ativos, role para baixo e toque em Bitcoin, depois, Carteira BTC (BTC Wallet), e, por fim, toque em sua transação pendente para ver informações semelhantes ao que é mostrado na Figura 3-8:

» A quantia enviada, em Bitcoin e em real ou dólar, incluindo a taxa de rede.

» O endereço de blockchain ao qual está enviando Bitcoin.

» O número de confirmações. Analisamos isso antes; sua transação precisa ser adicionada a todos os nós posteriormente, mas quando sua adição for confirmada por seis nós, é considerada irreversível. Pode demorar algum tempo para ver todas essas confirmações.

» A porção da quantia enviada que será usada para pagar as taxas.

» Um link para Ver a Transação. (Voltaremos a isso, mas veja uma pista: no aplicativo do smartphone, há um botão chamado abrir no Explorador de Blockchain.)

» Uma linha mostrando a data e a hora da transação, e um status. Neste caso, o status é Pendente, porque ainda não obtivemos nossas seis confirmações.

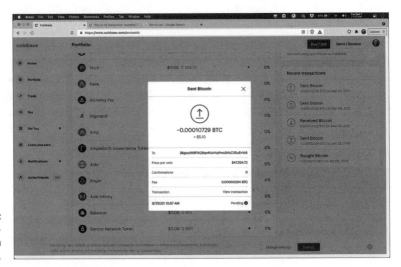

FIGURA 3-8: Sua transação, ainda pendente.

Clique no link Ver Transação (ou toque no botão Ver no Blockchain Explorer do smartphone). Uma página da internet se abre, mostrando a transação no explorador de blockchain da Blockchain.com (veja a Figura 3-9).

FIGURA 3-9: Sua transação no explorador de blockchain.

E agora apostamos que você está dizendo: "Nossa, que p*%%$ é essa? Estamos enviando uma graninha de um endereço para outro no blockchain, né?" Veja, não é bem assim.

À esquerda, você vê o hash do bloco:

```
a4ff5b80776bfd41b1574cc727652bcf0619240472c514c8e
    0e70a865dfc7ea2
```

Apresentamos o hash no Capítulo 2. É um tipo de impressão digital que identifica de forma singular o bloco de transações. Veja um endereço:

```
35ULAM4KDUdGX6XEiwRt3KSTU5nK1zFKNA
```

O Bitcoin está vindo daqui; é um dos endereços da Coinbase no blockchain. Pode ser interessante pesquisar nos exploradores de blockchain e ver o que você pode encontrar. Clique nesse endereço para ver uma página que mostra seu histórico. Ele costumava conter 1,18062336 BTC ($55.865,47), e, na verdade, essa é a soma exata "gasta" na transação atual, como mostra a direita do endereço na Figura 3-9.

À esquerda, na Figura 3-9, estão as transações de entrada. À direita, estão as de saída, os vários endereços para os quais o Bitcoin está sendo enviado. Isso é obviamente mais do que uma transação insignificante de US$5 (é mais de 11 mil vezes isso).

Na verdade, se observar atentamente os endereços à direita, você nem mesmo verá o endereço do Passo 2 das etapas anteriores (3BgtadMB-FAQBqwNJoVqWwsSHzCX5uEvVck). Para vê-lo, clique várias vezes no link "Carregar mais saídas" até que a lista se expanda para incluir essa transação. (Clique no endereço para ver informações sobre ele.)

Então está acontecendo o seguinte: quando você configura uma carteira na Coinbase e compra Bitcoin, sua criptomoeda não está associada ao seu próprio endereço no blockchain. Ao contrário, você possui uma pequena parte do enorme estoque de Bitcoin da Coinbase, e a exchange mantém um registro de quanto dela é sua.

Quando você Envia criptomoeda em uma transação, a Coinbase agrupa sua transação com um monte de outras, encontra um de seus endereços que tem a quantia dos endereços e um pouco a mais e envia uma mensagem para o blockchain com todas as diferentes transações. Para o dinheiro restante, parte da transação retorna o troco. Ou seja, o dinheiro

CAPÍTULO 3 **Comprando, Vendendo e Usando Bitcoin** 83

que sobra depois de todas essas transações do titular da conta é enviado para outro endereço de propriedade da Coinbase, que é conhecido como, não surpreendentemente, um *endereço de troco*.

Você poderá usar esse processo para enviar seu Bitcoin do estoque combinado de titulares de contas da Coinbase para seu próprio endereço de Bitcoin quando entender mais sobre carteiras.

Enviando Bitcoin para a carteira na Coinbase

Você também pode enviar Bitcoin de outras carteiras para a Coinbase. Mostramos como fazer isso com a Coinme no início deste capítulo, e é muito semelhante para Coinbase.

Abra o aplicativo da Coinbase e siga estes passos:

1. **No aplicativo web, clique no botão Enviar/Receber na parte superior e depois clique em Receber. No aplicativo no smartphone, toque nas duas setas na parte inferior e, em seguida, toque em Receber.**

    A pessoa que lhe envia o Bitcoin pode escanear o código QR diretamente em seu software de carteira. Clicando no botão Copiar no aplicativo no smartphone (no aplicativo web, é um pequeno ícone mostrando dois retângulos sobrepostos), você pode copiar o endereço e depois enviá-lo por e-mail ou SMS, ou copiá-lo diretamente para outro programa. O aplicativo no smartphone também tem um botão Compartilhar Endereço, permitindo que você use o endereço em outro aplicativo para enviá-lo diretamente por e-mail, SMS ou como preferir.

CUIDADO

    Não digite o endereço! Uma letrinha digitada errada e dê adeus para sempre ao seu Bitcoin.

2. **Clique em Compartilhar Endereço e aguarde seu Bitcoin.**

    Agora você tem um endereço no blockchain do Bitcoin, certo? Bem, calma aí. Hum, não, esse é um endereço sob o controle da Coinbase. São as chaves particulares da Coinbase; quem tem as chaves, é dono do dinheiro! Legalmente, você possui o Bitcoin — ou pelo menos uma parte do Bitcoin que a Coinbase possui, igual à quantia enviada para o endereço —, mas ele está sob a custódia da Coinbase.

Se você usar o explorador de blockchain mais tarde, provavelmente descobrirá que "seu" endereço já está vazio. A Coinbase agrupa o Bitcoin de vários endereços de titulares de contas individuais — centenas de cada vez — e os combina em um pacote maior em um único endereço. Em poucos minutos após seu recibo de cinco dólares, o endereço de Peter estava vazio, e o dinheiro acabou sendo combinado com mais de 400 outras transações em um endereço que possui cerca de US$350 mil em Bitcoin.

Como encontrar a melhor taxa de exchange

Ao dar seus primeiros passos com o Bitcoin, a facilidade de uso é realmente importante. No entanto, à medida que você aprende mais, naturalmente talvez queira centrar sua atenção em conseguir o melhor preço para comprar sua criptomoeda. Afinal de contas, onde você compra pode ter um efeito enorme na quantidade de Bitcoin que recebe pelo seu dinheiro. Você já viu como a compra em um caixa eletrônico pode ser cara, por exemplo, mas mesmo entre as principais e respeitáveis exchanges, você receberá mais Bitcoin por seu dinheiro em algumas do que em outras, embora a diferença muitas vezes não seja enorme. Algumas das exchanges menores, com uma reputação mais baixa, são caras, mas algumas podem oferecer um bom negócio.

O coautor Tyler Bain gosta das seguintes: River.com, SwanBitcoin.com, Kraken.com, Coinbase.com, Strike.me e Cash.app. Como você sabe qual exchange proporciona o melhor negócio? Ainda não encontramos um serviço que as classifique por relação custo-benefício. É muito fácil encontrar listas de exchanges, talvez até classificando-as, mostrando o quanto cobram em taxas. E a BitcoinAverage tem uma lista muito útil, em inglês (`https://Bitcoinaverage.com/en/currency-markets/btc-to-usd`), comparando as taxas de câmbio entre inúmeras exchanges [**Nota da Editora:** No Brasil, é possível comparar os preços em várias exchanges pelo site Coin Trader Monitor (`https://cointradermonitor.com/preco-bitcoin-brasil`)]. Mas não é possível encontrar o melhor negócio analisando apenas as taxas ou as taxas de câmbio. Quanto Bitcoin você recebe por seus reais é uma função de duas coisas:

» Quanto é cobrado em taxas.

» A taxa de câmbio entre real/dólar e Bitcoin.

CAPÍTULO 3 **Comprando, Vendendo e Usando Bitcoin**   85

A Coinme cobra uma taxa de 4% (você verá que as exchanges têm taxas muito mais baixas), mas ela também ajusta sua taxa de câmbio para pegar outros 7% ou 8%. Ou seja, ela vende Bitcoin a um preço inflacionado. As exchanges de Bitcoin também têm taxas de câmbio variáveis, sendo algumas mais favoráveis para você do que outras.

Como mencionado, não podemos apenas analisar as taxas e ignorar a taxa de câmbio (afinal, a *maior* parte dos ganhos da Coinme vem da taxa de câmbio, não das taxas). A única maneira de ter certeza sobre qual exchange tem o melhor preço é comparar cuidadosamente. Observe a taxa de câmbio e todas as taxas com base no tamanho da transação que você fará. As taxas podem variar dependendo do valor da operação, sendo que há uma porcentagem maior de cobrança para as operações menores. Por exemplo, pode haver uma cobrança de US2,50 para uma negociação de US$100 — 2,5%, claro —, enquanto sobre uma negociação de US$500, pode ser cobrada uma taxa de $7,50 (1,5%). Em alguns casos, *como* você paga as taxas também afeta o quanto você paga. Por exemplo, a exchange Binance tem sua própria criptomoeda, a Binance Coin (BNB). Se você pagar suas taxas em BNB, terá uma taxa mais baixa.

Testamos uma transação em quatro grandes exchanges disponíveis para clientes dos EUA: Coinbase, Gemini, BlockFi e Binance. Verificamos os preços exatamente na mesma hora e depois calculamos as taxas para uma operação de US$500. (Presumimos que teríamos US$500 para gastar, subtraímos as taxas desse valor e depois convertemos o restante em Bitcoin.) Depois, descobrimos quantos Satoshis receberíamos por nossos US$500, montamos a Tabela 3-1 da melhor para a pior e calculamos as diferentes porcentagens para que você possa vê-las em relação com o melhor preço.

TABELA 3-1   ## Comparação de Compra no Valor de US$500

Exchange	1 BTC = Dólares	Taxas	Satoshis	% em relação à melhor
BlockFi	$52.467,78	$0	952.966	100%
Binance.US	$52.470,51	$3,75	945.769	99,25%
Gemini	$52.477,51	$7,45	938.593	98,49%
Coinbase	$52.509,28	$7,34	938.234	98,45%

A diferença não é enorme, cerca de 1,5% de cima para baixo. Em outras palavras, a Coinbase, em uma compra de US$500, lhe forneceria 1,55%

menos Bitcoin do que a BlockFi (pelo menos naquela hora e naquele dia em particular; as coisas mudam). Uma maneira de ver isso é considerar que, se presumirmos que a BlockFi, a melhor da tabela, nos vendeu US$500 de Bitcoin, então a Coinbase nos vendeu apenas US$492,25 de Bitcoin por US$500.

Mesmo assim, o preço não é tudo. A facilidade de uso é importante, e a Coinbase tem uma vantagem especial e incomum: o Bitcoin está, pelo menos parcialmente, segurado. (Note que, se alguém roubar sua senha da Coinbase, seu Bitcoin não estará coberto! Em outras palavras, o seguro cobre parcialmente o fato de a Coinbase ser hackeada, mas não o fato de *você* ser hackeado.)

LEMBRE-SE

Ao comparar as taxas de câmbio mostrando quanto dinheiro custa para comprar um Bitcoin, você está, naturalmente, procurando os números mais baixos. Números menores em reais ou dólares significam mais Bitcoins (ou Satoshis) por real/dólar. Uma taxa de câmbio de US$52.267,78 significa que cada dólar vale 1.913 sats; uma taxa de câmbio de US$52.509,28 representa 1.904 sats.

Diferentes tipos de exchanges

Nas seções anteriores, descrevemos a Coinbase e a Coinme (que, na verdade, são uma forma de exchange). Há basicamente duas categorias de exchanges (com muitas permutações possíveis).

» **Corretoras:** Nestas exchanges, são elas que possuem o Bitcoin e que vendem ou compram de você. Em geral, elas têm a custódia do Bitcoin, e você tem uma participação. A Coinbase é uma exchange corretora.

» **Plataformas de negociações:** Estas exchanges conectam compradores com vendedores. Elas facilitam a transação, geralmente mantendo os fundos em caução enquanto a transação é concluída. Binance, Bitstamp e ShapeShift são plataformas de negociação.

A maioria das corretoras lhe fornece uma carteira. Algumas das plataformas de negociação esperam que você tenha sua própria carteira (ShapeShift, por exemplo), enquanto outras (como Bitstamp) fornecem uma carteira, embora, é claro, elas também permitem que você transfira para sua própria carteira.

As exchanges corretoras ganham dinheiro por meio de uma combinação de taxas e do "spread" entre os preços de compra e venda. Assim como as casas de câmbio nos aeroportos internacionais, o preço para comprar Bitcoin com elas é mais alto do que o preço para vender a elas. Por exemplo, acabamos de verificar a Coinbase, e se comprarmos um Bitcoin lá, isso nos custará US$46.594,61. Mas se vendermos um Bitcoin para a Coinbase, ganharemos US$46.072,93. Assim, se ela comprar de nós e vender para você, ganhará cerca de 1,1%, antes das taxas. (Ela cobra taxas tanto para comprar como para vender.)

Quanto às plataformas de negociação, o preço é estabelecido por você e pela outra parte, e a plataforma ganha dinheiro ficando com uma parte da transação: a taxa.

É possível encontrar exchanges* e plataformas de negociação mais avançadas do que a Coinbase, projetadas para traders sérios e profissionais. Confira alguns dos sistemas bem conhecidos e respeitáveis.

- » Kraken: `www.kraken.com`.
- » Poloniex: `www.poloniex.com`.
- » Gemini: `www.gemini.com`.
- » BitMEX: `www.bitmex.com`.
- » Bitstamp: `www.bitstamp.net`.
- » Binance: `www.binance.com`.
- » FTX: `www.ftx.us`.
- » ShapeShift: `www.shapeshift.com`.

A Coinbase também oferece uma dessas plataformas mais complexas de negociações, que permite aos usuários colocar ordens a mercado ou com limites: a Coinbase Pro (`https://pro.coinbase.com/`).

---

*__Nota da Editora:__ É possível utilizar praticamente qualquer exchange internacional em sua versão em português, e com documentos de identidade brasileiros. Contudo, para exchanges criadas e sediadas no Brasil, sugerimos que o leitor pesquise sobre Mercado Bitcoin e Foxbit. Ainda é possível adquirir suas criptos por meio de empresas que não atuam diretamente como exchanges, como Nubank e Mercado Pago.

Se não são suas chaves, não são suas moedas: O perigo das exchanges

Antes de prosseguirmos, uma rápida palavra sobre por que os puristas do Bitcoin acreditam que você *não deve* deixar seu Bitcoin sendo controlado por uma exchange e por que você deve administrar sua própria carteira.

Em fevereiro de 2014, a principal exchange do mundo, uma empresa japonesa chamada Mt. Gox, declarou falência, alegando que de alguma forma havia perdido 850 mil Bitcoins — hoje com um valor em torno de US$42 *bilhões* (naquela época, cerca de US$450 milhões, ainda uma bela quantia)! Com o passar do tempo, foi revelado que alguém vinha desviando Bitcoins havia alguns anos. Quase 25% do Bitcoin acabou sendo recuperado, porém, até hoje, mais de 75% ainda não foi.

A Mt. Gox não é a única. Bitfinex (120 mil BTC roubados), Zaif (5.966 BTC), Altsbit (6.929 BTC, assim como um monte de outras criptomoedas) e *dezenas* de outras exchanges foram hackeadas, algumas perdendo Bitcoin, algumas perdendo outras criptomoedas, e outras algumas perdendo ambas.

QuadrigaCX é uma exchange canadense que perdeu 26,5 mil BTC, mas não foi hackeada. Entretanto, quando o proprietário morreu em circunstâncias estranhas (levando as chaves privadas da exchange consigo), os correntistas perderam o acesso aos seus Bitcoins e descobriram que, de qualquer forma, grande parte da criptomoeda havia sido transferida para fora da exchange alguns meses antes de sua morte. (Agora a grande pergunta é: *ele está realmente morto?*) A ShapeShift perdeu centenas de milhares de dólares em Bitcoin devido a "desvios internos".

"Como isso pode acontecer?", ouvimos você perguntar. "Se a criptomoeda tem uma criptografia danada, como pode ser hackeada? O blockchain não é inviolável?"

Sim, ele é. Mas as exchanges não são. Desde que as chaves privadas que controlam os endereços estejam seguras, os endereços — e o Bitcoin atribuído a esses endereços — também estarão seguros.

Mas as chaves privadas precisam ser mantidas em algum lugar, elas têm que ser gerenciadas por software, e o software deve estar sob o controle de alguém. Portanto, se você invadir os sistemas que controlam as chaves privadas, isso lhe dará controle sobre os endereços e o Bitcoin também. *Se não são suas chaves, não são suas moedas!*

CAPÍTULO 3 **Comprando, Vendendo e Usando Bitcoin** 89

Veja bem, as exchanges estão certamente melhorando (embora uma dúzia tenha sido invadida em 2019, e pelo menos uma em 2020). E algumas, é claro, são melhores do que outras. É provável que a Coinbase, por exemplo, invista muito em proteção. Algumas exchanges armazenam grandes quantidades de Bitcoins em "carteiras frias", que não podem ser invadidas porque estão "offline". A Coinbase alega que entre 98% e 99% de todas suas criptos ficam armazenadas em tais carteiras. E uma parte do restante está segurada.

Mas, ainda assim, é por isso que, segundo os puristas do Bitcoin, você precisa ter suas próprias carteiras e gerenciar suas próprias chaves privadas. Gerenciar suas próprias chaves pode reduzir o risco de hackeamento e roubo — mas não o elimina. E aumenta drasticamente o risco de *perda* — de perder suas chaves, e, assim, perder o acesso ao endereço no blockchain e ao seu Bitcoin.

A Coinbase afirma que, "no caso de um evento de segurança coberto, faremos o possível para ressarci-lo. Entretanto, as perdas totais podem exceder as recuperações do seguro, de modo que seus fundos ainda podem ser perdidos". Essa é uma situação interessante. Embora você não possua o Bitcoin diretamente na Coinbase — você possui uma parte das posses totais da exchange —, no caso de um grande hackeamento, você perderia "seu" Bitcoin.

O Capítulo 5 pode ajudá-lo a assumir o controle total e administrar seus próprios endereços no blockchain, administrando sua própria carteira. Não estamos dizendo que você *precisa* fazer isso; é uma escolha que você tem que fazer. Em alguns casos, deixar seu Bitcoin em uma exchange bem gerenciada e segurada pode realmente ser mais seguro do que gerenciar sua própria carteira, e os problemas inerentes a isso.

"Bitcoin Back" em Cartões de Débito e Crédito

Você já viu cartões de crédito que lhe pagam bônus em milhas aéreas ou em cashback. Bem, e quanto ao Bitcoin? Toda vez que compra gasolina ou sai para jantar, você pode ganhar alguns Satoshis. Na verdade, isso está se tornando popular com as exchanges, algumas das quais têm seus próprios cartões de crédito. Considere as quatro grandes exchanges que mencionamos nas seções anteriores. A Gemini terá um cartão de crédito em breve, dando até 3% Bitcoin de volta nas compras; a BlockFi já tem um cartão de crédito Visa, dando 1,5% de volta; a Binance tem um cartão Visa que supostamente dá até 8% de volta em certas transações; e a Coinbase tem um cartão de débito pagando até 4% de volta quando usado na Apple Pay e no Google Pay.

Alguns desses cartões também permitem que você *gaste* seu Bitcoin. Ao comprar algo em reais ou dólares, o dinheiro é retirado de sua conta em Bitcoin e convertido. Numerosas outras empresas fornecem recompensas de gastos. Veja, por exemplo, CoinCorner.com, FoldApp.com, Lolli.com e Stekking.com.

Ganhando Seu Bitcoin

Uma das tendências mais recentes no mercado de Bitcoin é que há pessoas exigindo receber seus salários em Bitcoin, em vez de sua moeda local. Desde trabalhadores comuns, trabalhadores qualificados e comerciantes até celebridades e atletas profissionais, todos estão entrando no jogo. Foi amplamente divulgado, no fim de 2020, que Russell Okung, um atacante do time Carolina Panthers de futebol americano, estava recebendo parte de seu salário — metade de seus US$13 milhões anuais! — em Bitcoin. Procure no Google ou Twitter a hashtag #paymeinBitcoin [me pague em Bitcoin] e encontrará muita atividade nessa área.

De fato, várias empresas estão oferecendo o serviço de administrar o pagamento dos funcionários em Bitcoin. Se quiser ser pago em Bitcoin, verifique com uma dessas empresas.

- » **Bitwage:** https://www.bitwage.com/
- » **Strike:** https://strike.me/

Seu empregador deve enviar seus pagamentos a uma empresa como essas, que então o converte e envia em Bitcoin para você. Há também empresas que afirmam ajudar as pessoas a trabalhar em projetos freelance por Bitcoin, tais como estas.

- » **FreelanceForCoins:** https://freelanceforcoins.com/
- » **WorkingForBitcoins:** https://workingforBitcoins.com/

CAPÍTULO 3 **Comprando, Vendendo e Usando Bitcoin** 91

No entanto, é pouco provável que essas empresas de freelance durem; é um caso do rabo abanando o cão. Outros sites têm um estoque muito maior de empregos freelance listados, e se houver demanda suficiente para pagamento em Bitcoin, essas empresas — como a Upwork — farão isso, colocando essas duas fora do negócio.

CUIDADO

Devemos mencionar um pequeno problema com tudo isso: pagar aos funcionários em Bitcoin pode ser ilegal. Certamente, exigir que os funcionários aceitem Bitcoin como pagamento não é legal. Mas mesmo que os funcionários *queiram* ser pagos em Bitcoin, pode ainda não ser legal, por exemplo, sob a Lei de Normas Trabalhistas Justas nos EUA, que especifica que os salários devem ser pagos "em dinheiro ou instrumento negociável no valor nominal". (E não, Bitcoin não se encaixa na definição de "instrumento negociável" e obviamente não é em dinheiro.) Além disso, alguns estados dos EUA exigem que os salários sejam pagos "em moeda norte-americana", embora haja exceções. Na Geórgia, por exemplo, você não precisa pagar seus funcionários da indústria de terebintina com moeda norte-americana! (A aguarrás é evidentemente uma coisa importante no estado da Geórgia.) Mais útil ainda, o Texas permite que os funcionários optem por receber o pagamento em outra forma após fazerem uma declaração por escrito.

Os empregadores só devem pagar os empregados em Bitcoin se os empregados concordarem por escrito (reconhecendo que sabem sobre os riscos), e provavelmente é uma boa ideia para os empregadores pagar o salário mínimo base em moeda local. Caso seu pagamento seja submetido a uma empresa intermediária, como Bitwage ou Strike, provavelmente contornará essas questões legais.

Minerando Bitcoin

Você provavelmente já ouviu falar das minas de Bitcoin. Sim, o Bitcoin é *minerado*, não no subterrâneo, mas dentro de computadores. A mineração de Bitcoin é muito complicada e definitivamente não é para o novato. Você realmente precisa entender o que está fazendo e saber muito sobre informática. Para minerar, você precisa de conhecimentos avançados de informática e da vontade de investir somas significativas em equipamentos e eletricidade. Caso queira se tornar um mestre da mineração, consulte o Capítulo 7.

Encontrando Bitcoin em Todos os Lugares

Nós nos aprofundamos em alguns mecanismos pelos quais você pode comprar Bitcoin: os caixas eletrônicos e as principais exchanges. Porém, há mais. O Bitcoin, ao que parece, está aparecendo em todos os lugares. Você pode comprá-lo pelo aplicativo de investimento Robinhood, pelo aplicativo PayPal ou pelo aplicativo Venmo. (Esses aplicativos vendem Bitcoin nos Estados Unidos e não necessariamente em seu país.)

Sua conta na corretora pode permitir que você compre fundos de Bitcoin (uma participação em um fundo que investe em Bitcoin; você não compra o Bitcoin em si) ou futuros de Bitcoin. Muito em breve, você provavelmente poderá comprá-lo em seu banco. O Bitcoin está sendo amplamente aceito na indústria financeira, e é por isso que muitas pessoas estão confiantes de que ele sobreviverá, prosperará e subirá de valor.

LEMBRE-SE

Com a maioria desses mecanismos, e com a maioria das "carteiras" fornecidas por tais fontes, você não possui diretamente nenhum Bitcoin. Em vez disso, você é dono do direito sobre uma porção das propriedades de Bitcoin dessa empresa. Você não tem seu próprio endereço no blockchain. Os endereços das carteiras pertencem à empresa.

Caso confie em que a organização com a qual está trabalhando fará um bom trabalho, e se o preço do Bitcoin subir, você será beneficiado. As exchanges de Bitcoin estão fazendo seu melhor para proteger seu Bitcoin, e as grandes empresas provavelmente ressarcirão seus clientes no caso de pequenas invasões (como a ShapeShift fez em 2016). Ainda assim, os hackeamentos continuam, em particular com as exchanges menores e menos protegidas.

Vendendo Seu Bitcoin

Vender seu Bitcoin pela exchange em que você o comprou geralmente é fácil. É basicamente uma questão de clicar no botão ou na aba VENDER/SELL e seguir as instruções.

Mas Bitcoin é dinheiro, e, claro, o dinheiro pode ser usado para comprar coisas. Mostramos a você como comprar Bitcoin e também como comprar com ele. Mostraremos agora como *enviar* Bitcoin para outra pessoa, pela Coinme e pela Coinbase. Isso é essencialmente o que você faz quando compra algo com Bitcoin. Geralmente, o processo é assim:

1. **Para o processo de pagamento, o software do vendedor gera um endereço; esse endereço "pertence" à sua transação, e somente a ela.**

2. **Você envia Bitcoin para esse endereço.**

3. **Quando o software do vendedor vê o Bitcoin chegar a esse endereço, sabe que o pagamento chegou e pode concluir a transação.**

Não há tantos lugares onde podemos comprar coisas com Bitcoin. Amazon, Starbucks e Walmart não o aceitam. Já foi possível comprar carros da Tesla com Bitcoin, no entanto, não dá mais. Muitas lojas que entraram na onda do "compre com Bitcoin" saíram não muito tempo depois. Há até mesmo a bela história da Conferência Norte-Americana de Bitcoin em Miami, durante o mês de janeiro de 2018. Com ingressos de US$1.000 cada, a conferência aceitou pagamentos em criptomoedas... mas só por um tempo. Foi preciso parar "devido ao congestionamento da rede e ao processamento manual". Quando é muito incômodo para uma conferência de Bitcoin aceitar pagamentos em Bitcoin, você sabe que os problemas são reais!

A lista a seguir destaca três grandes problemas com a aceitação do Bitcoin para transações cotidianas.

» **Volatilidade:** O valor do Bitcoin pode subir e descer muito rapidamente, às vezes em minutos. Os vendedores não gostam de ver o valor dos pagamentos cair de repente durante a venda ou logo após ela.

» **Taxas:** O comprador precisa pagar taxas aos mineradores para que a transação seja concluída. Embora essas taxas sejam mínimas para grandes transações, são uma porcentagem significativa nas transações pequenas.

» **Tempo:** Pode levar tempo para processar transações de Bitcoin, tornando-as completamente impraticáveis em muitas situações de varejo. Se você puder comprar seu café na Starbucks com um cartão de crédito ou débito em cerca de três segundos, não vai querer ficar parado enquanto seu café esfria esperando por seis confirmações de Bitcoin! (Entretanto, consulte o Capítulo 4 para ver uma discussão sobre a Lightning Network, que acelera as transações de Bitcoin e está crescendo drasticamente.)

LEMBRE-SE

A criptomoeda Bitcoin não é uma moeda real, pelo menos ainda não. Uma *moeda*, de acordo com o Google e o Dicionário Oxford de Inglês, é "um sistema de dinheiro de uso geral em um determinado país". Nós argumentaríamos que o Bitcoin é um sistema de dinheiro ("bens, propriedades e recursos possuídos por alguém ou algo; riqueza"), mas não é de forma alguma "de uso geral" em qualquer país, muito menos nos Estados Unidos.

Comprar coisas com seu Bitcoin não faz muito sentido no momento, assim como comprar coisas com seu ouro também não faz sentido. Atualmente, o Bitcoin é um ativo especulativo, e parece haver apenas duas opções: ou ele sobrevive e floresce, caso em que seu preço aumentará à medida que ganha aceitação por uma faixa mais ampla do público, ou não. E assim:

1. **Se você acredita que o valor do Bitcoin aumentará no futuro próximo, faz sentido possuir um pouco.**

2. **Se faz sentido possuir Bitcoin — pois você acredita que seu valor aumentará —, então por que você o usaria para comprar coisas?**

3. **Se você não acredita que o valor do Bitcoin aumentará no futuro próximo, não faz sentido possuí-lo.**

4. **Se você não acredita que o valor do Bitcoin aumentará no futuro próximo, então por que você o possuiria para comprar outras coisas com ele quando há inúmeras outras opções de pagamento?**

A maioria das pessoas que possui Bitcoin o vê como uma forma de ganhar dinheiro. Compre-o, segure-o (*hodl*, como dizem no mundo Bitcoin; veja o Capítulo 4), e o preço subirá. Por essa razão, a maioria das pessoas que possui Bitcoin não quer usá-lo para comprar coisas. Elas já têm muitas maneiras de fazer isso (dinheiro, cartões de crédito e débito, ACH, cheques, PayPal, Zelle, Venmo, e assim por diante).

Lembramo-nos da pizza mais cara do mundo. Em 2010, quando o Bitcoin não valia quase nada, Laszlo Hanyecz encontrou uma pizzaria disposta a receber pagamentos em Bitcoin. Ele comprou duas pizzas do Papa John's — o sabor específico está perdido para a história, ao que parece — e pagou 10 mil Bitcoins! No momento de redação deste capítulo, de acordo com o Google, essas pizzas custaram US$468.368.000! Em seu preço máximo até agora (e muitos acreditam que irá muito mais alto), aquela compra de pizza valeu US$640 milhões. (Gostaríamos de

CAPÍTULO 3 **Comprando, Vendendo e Usando Bitcoin** 95

saber o que aconteceu com essas 10 mil moedas e se o Sr. Hanyecz gostou de sua pizza!)

Certamente, há entusiastas do Bitcoin que aguardam ansiosamente o dia em que o Bitcoin assumirá o controle e todos estarão usando-o para tudo. Mas mesmo a maioria dessas pessoas ainda compra sua cerveja e suas compras com dinheiro ou cartões de crédito. Os verdadeiros adeptos estão estocando Bitcoin, e não o usando para compras diárias.

NESTE CAPÍTULO

» **Entendendo as carteiras e o que elas fazem**

» **Os diferentes tipos de carteiras, daquelas de metal às "brain wallets"**

» **Onde encontrar uma carteira**

» **Trabalhando com a BlueWallet**

» **Usando a Lightning Network**

Capítulo **4**

Controlando Sua Carteira (e Fazendo "Hodl" de Bitcoin)

Mostramos como comprar e vender Bitcoin usando as carteiras de outras pessoas — as *carteiras de custódia* das exchanges — no Capítulo 3. Aqui, mostraremos como administrar sua própria carteira. Antes de iniciarmos, porém, começaremos falando sobre o que *é* realmente uma carteira (porque isso não está totalmente claro nem mesmo para a maioria dos proprietários do Bitcoin).

HODL?

Certo, é um pouco de jargão do Bitcoin, uma piada interna das criptomoedas. Em vez de "fazer hold" [manter, ou seja, comprar e não vender] de seu Bitcoin, no linguajar do Bitcoin, você faz "*hodl*". Tudo começou com uma mensagem publicada nos fóruns de discussão de Bitcoin (https://bitcointalk.org/) em 2013, por um membro do fórum chamado GameKyuubi, explicando (alegadamente enquanto bêbado) que ele não conseguia descobrir os altos e baixos do Bitcoin, e assim, pretendia simplesmente manter (fazer hold, mas ele digitou errado essa palavra e publicou "hodl") seu Bitcoin por um longo prazo. O longo prazo tem sido bom para GameKyuubi, se é que de fato ele o manteve em longo prazo. Ele criou um termo amplamente utilizado na comunidade Bitcoin, e sua criptomoeda passou de uma taxa de câmbio de US$716 por Bitcoin para US$438, e depois, ao longo dos anos, a um pico (até o momento da redação deste capítulo) de quase US$64 mil.

Os puristas do Bitcoin acreditam que, a menos que administre sua própria carteira, você não é verdadeiramente dono de seu Bitcoin. *Legalmente*, você possui o Bitcoin que compra em uma exchange, por exemplo, mesmo que seja mantido por ela e que você use uma carteira de custódia fornecida pela exchange. Isso não ajudou todas as pessoas que tiveram seu Bitcoin roubado das exchanges! Para realmente entender o Bitcoin e ter controle total sobre sua criptomoeda, você precisa entender as carteiras. É preciso fazer *hodl* (ou seja, fazer hold ou manter) de seu Bitcoin por conta própria. (Veja mais informações sobre hodl no box "Hodl?")

O que É uma Carteira?

Fisicamente, uma carteira pode ser uma série de coisas. Pode ser um software rodando em um computador com Windows, em uma máquina Mac ou Linux ou em qualquer outro tipo de computador. Pode ser um software rodando em um servidor online ou em um smartphone ou tablet. Mas também pode ser um pequeno dispositivo semelhante a um pen drive. Pode até ser um pedaço de papel, um pedaço de metal, ou até mesmo um cérebro! O que, então, define uma carteira?

98   PARTE 2 **Usando Bitcoin**

As carteiras armazenam as chaves privadas

Portanto, vejamos o básico sobre as carteiras (sem isto, não são carteiras): no mínimo, uma carteira contém uma ou mais *chaves privadas* (ou pelo menos uma forma de chegar até suas chaves. Uma carteira pode conter uma *semente* de carteira, que lhe permite reconstruir uma carteira e chegar até as chaves privadas, como explicaremos neste capítulo).

Seu Bitcoin está associado a um endereço (talvez vários endereços) no livro-razão do blockchain do Bitcoin. Esse endereço está associado matematicamente a uma chave pública (veja o Capítulo 5). E essa chave pública está associada matematicamente a uma chave privada.

O endereço é totalmente público, é claro; qualquer pessoa pode vê-lo. Lembra-se do explorador de blockchain do Capítulo 3? Você pode pesquisar o blockchain e ver os endereços de qualquer pessoa. (Não é possível dizer a quem pertence cada endereço, mas você pode ver quanto Bitcoin está associado a cada um.)

Mas a chave pública associada também é totalmente pública. Não importa quem a tem ou a vê. Na verdade, como explicado no Capítulo 5, a chave pública é usada para assinar as mensagens que vão para o blockchain, para provar a propriedade do endereço.

Portanto, a coisa mais importante que uma carteira faz é armazenar suas chaves privadas (ou sementes). Como você aprenderá lendo este capítulo, isso é *tudo* o que algumas carteiras fazem: armazenar chaves privadas. Isso é essencial — perca a chave privada e você perdeu seus Bitcoins. Perca sua chave pública ou endereço e tudo bem; você sempre poderá recriá-las se tiver a chave privada.

DICA

Embora as carteiras armazenem chaves privadas, é possível que você nunca as veja. Algumas carteiras, como a BlueWallet (que veremos mais adiante neste capítulo), as escondem de você. Outras, como a Electrum, fornecem uma maneira de encontrá-las.

As carteiras criam e armazenam chaves e endereços

Algumas carteiras podem ser usadas para *criar* chaves privadas, chaves públicas e endereços, e para armazenar tudo isso. Estamos falando agora de carteiras de software [software wallets], é claro.

CAPÍTULO 4 **Controlando Sua Carteira...**   99

O software de carteiras usa matemática complexa para criar suas chaves privadas — você verá isso em ação mais adiante neste capítulo — e, a partir das chaves privadas, cria chaves públicas, e, então, cria endereços a partir das chaves públicas. Novamente, todas as três estão matematicamente associadas.

Mesmo que tenha outras formas de carteira, você precisa de uma carteira de software para começar; é aí que você obterá sua chave privada para dar os primeiros passos.

As carteiras se comunicam com a rede Bitcoin

As carteiras de software são projetadas para ajudá-lo a se comunicar com a rede Bitcoin, para que você possa ajustar o ledger [livro-razão] do Bitcoin mantido no blockchain. Você faz isso usando seu software de carteira para enviar mensagens ao blockchain pedindo que a rede transfira Bitcoin de seu endereço para o de outra pessoa. Se vender parte de seu Bitcoin, por exemplo, você enviará uma mensagem para a rede dizendo: "Envie um pouco do meu Bitcoin em meu endereço para o endereço desta outra pessoa."

As carteiras fornecem uma maneira de lembrar seu endereço para que outra pessoa possa enviar Bitcoin para lá, como ao comprar Bitcoin. Você não precisa realmente de uma carteira para *receber* Bitcoin, é claro. É seu endereço que recebe a criptomoeda, não a carteira. Portanto, você pode simplesmente armazenar seu endereço, ou o código QR, fora da carteira e dizer às pessoas para onde enviar o dinheiro.

As carteiras em geral criam novos endereços, de modo que, cada vez que você recebe Bitcoin, ele vá para um endereço diferente. (Embora não seja essencial, essa pode ser uma boa prática de privacidade. Veja o Capítulo 5, onde discutimos questões de segurança.)

Carteiras quentes ou frias

Há duas classificações importantes de carteiras: quente e fria. A distinção é simples. Uma *carteira quente* é uma carteira de software de algum tipo que opera em um dispositivo de computação — notebook, smartphone, ou o que quer que seja — que está conectado à internet.

Uma *carteira fria* é qualquer tipo de carteira — software, papel, metal, qualquer coisa que contenha chaves privadas — que *não* esteja conectada à internet. Se você tem um smartphone com software de carteira rodando nele e seu dispositivo está conectado a um wi-fi, que, por sua vez, está conectado à internet, ela é uma carteira quente.

Uma *carteira de papel* ou *paper wallet* é um pedaço de papel com uma semente ou chave privada escrita nela. É uma carteira fria porque (obviamente) não está conectada à internet (e nunca estará).

Algumas pessoas até usam computadores antigos para não fazer nada além de executar software de carteira Bitcoin. Ou têm carteiras de hardware dedicadas que operam em conjunto com software de carteira rodando em um dispositivo de computação que está conectado à internet. A própria carteira de hardware armazena as chaves privadas, mas nunca está conectada à internet.

Por que essa distinção? A questão é o grau de segurança que você deseja. Uma carteira quente pode ser invadida. Por enquanto, entenda que carteiras frias não podem ser hackeadas, porque ninguém pode chegar até elas por meio da internet. (Se você usar senhas fracas, talvez uma carteira de hardware fria ainda possa ser "hackeada" por alguém que se apodere do dispositivo, mas pelo menos não pode ser hackeada de longe.)

Empresas com grandes quantidades de Bitcoin costumam manter a maior parte dele offline, em carteiras frias. A Coinbase, por exemplo, tem algo que ela chama de *cofre*: carteiras frias armazenando a maior parte do Bitcoin (e provavelmente em algum tipo de cofre real, também).

Explorando a Carteira de Hardware

Portanto, qualquer tipo de carteira pode ser uma carteira fria, e algumas podem, ocasionalmente, ser carteiras quentes. Mas há outro tipo de categorização de carteiras: o "hardware" em que a carteira está. Esses são os diferentes tipos de carteiras de que você pode ouvir falar (e que cobrimos nesta seção): cerebral, papel, metal, hardware, online, nós completos dedicados e software.

Carteiras cerebrais

A *brain wallet* ou *carteira cerebral* é mais teórica do que real ou mesmo prática. Uma carteira cerebral é um cérebro (seu cérebro humano real) que armazena (memoriza) uma chave privada, uma semente ou frase mnemônica. (*Sementes* — uma lista única de uma dúzia ou de algumas dezenas de palavras curtas — são usadas para *criar* chaves privadas, portanto, se você salvar a semente, você sempre poderá recriar a chave privada. Esse conceito fica mais claro ao vê-lo em ação; veja a seção "Criando e protegendo sua primeira carteira", mais adiante neste capítulo, para mais informações.)

Francamente, as carteiras cerebrais são uma péssima ideia. Caso tenha a melhor memória do mundo — se consegue guardar esse tipo de coisa em seu "cofre cerebral" e é capaz de recuperá-la meses ou anos depois —, então talvez seja prático. Mas o que acontece se você for atropelado pelo proverbial ônibus? Se você é a única pessoa que conhece a chave privada ou a semente, o Bitcoin morre com você! Lá se vai a transmissão de uma herança.

Isso também é um problema se você, e somente você, tiver as senhas para suas carteiras de software. No Capítulo 5, falamos sobre como contornar o problema de senhas, sementes e chaves privadas perdidas após a morte de alguém. É importante que as informações necessárias possam ser passadas a alguém caso você seja atropelado por aquele ônibus, mas as mantenha seguras até se afastar desse fardo mortal.

Carteiras de papel

Uma *carteira de papel* ou *paper wallet* é, você adivinhou, um pedaço de papel com a chave privada — ou talvez apenas a *semente* — escrita.

Aqui está o problema com as carteiras de papel. O papel é vulnerável. Pode ser perdido, pode queimar, pode ser arruinado pela água, pode ser facilmente roubado. É possível eliminar os problemas de vulnerabilidade física usando várias carteiras de papel, é claro, mas assim você aumenta o risco de roubo. Francamente, elas não são uma grande ideia.

Carteiras de metal

Uma forma de contornar a vulnerabilidade física de uma carteira de papel é substituir o papel por metal! Ele não queimará nem será destruído quando os canos estourarem e sua casa inundar. Mas ainda tem o problema de precisar de duplicatas, o que aumenta a probabilidade de roubo.

Há empresas que vendem kits de carteiras metálicas, geralmente projetados para salvar a semente (veja a Figura 4-1), que vêm com uma seleção de caracteres que você pode usar para encadear as palavras mnemônicas. Ainda assim, não é uma grande ideia. Muitas vezes, são caras — algumas não tanto, talvez —, e uma não é suficiente, é claro.

FIGURA 4-1: Kit de carteira de metal da Cryptotag (www.cryptotag.io).

Veja algumas opções [sites em inglês]:

- Billfodl: https://billfodl.com/products/the-billfodl.
- Blockplate: https://www.blockplate.com.
- Coldbit Steel: https://coldbit.com/product/coldbit-steel.
- Cryptotag: https://www.cryptotag.io.
- Cryptsteel Capsule: https://cryptosteel.com/.
- CypherWheel: https://cyphersafe.io/product/cypherwheel/.
- Key Stack: https://cryptokeystack.com.
- Seedplate: https://bitcoinseedbackup.com.

CAPÍTULO 4 **Controlando Sua Carteira...** 103

Carteiras de hardware

Uma *carteira de hardware* ou *hardware wallet* é um dispositivo computacional pequeno e dedicado que executa o software de carteira. Você pode criar sua própria carteira de hardware adquirindo um dispositivo dedicado — um notebook ou desktop, um smartphone ou um tablet —, instalando software de carteira nele e usando o dispositivo somente como uma carteira. Mantenha-o desligado a maior parte do tempo, e será uma carteira fria também. (É comum ouvirmos o termo *lacuna de ar* ou *air gap* para descrever essas coisas, porque há uma lacuna — nada além de ar — entre o dispositivo e a internet.)

Várias empresas também fazem carteiras de hardware dedicadas. Algumas delas, mais recentes, são projetadas com duas partes: uma se conecta à internet para enviar uma mensagem de transação para a rede Bitcoin, e a outra armazena a chave privada. A parte que armazena a chave privada nunca está conectada à internet e, portanto, não pode ser hackeada facilmente. O dispositivo Ellipal, mostrado na Figura 4-2, funciona dessa forma.

FIGURA 4-2: Uma carteira de hardware da Ellipal.

Não descrevemos esses dispositivos neste livro, mas fornecemos informações suficientes para que você tenha uma boa compreensão do que as carteiras são e como funcionam. Portanto, se você decidir que quer uma dessas carteiras de hardware, as instruções do fornecedor serão suficientes para que dê seus primeiros passos.

CUIDADO

Tenha cuidado onde você compra sua carteira. Alguns golpistas compraram carteiras de hardware, as abriram, substituíram as instruções por suas próprias, as reembalaram e depois as venderam em sites como eBay e Craigslist. Compradores inexperientes e não tão conhecedores seguiram então as instruções, que direcionam o usuário a inserir uma "semente" particular que cria a chave privada do vendedor no dispositivo. Então, quando o comprador do dispositivo envia Bitcoin para o endereço associado com a chave, o vendedor rapidamente limpa todo o Bitcoin de lá! (Tudo isso fará sentido quando você entender o que é a semente, algo que ocorrerá em breve.)

Veja algumas carteiras de hardware populares [sites em inglês]:

- BitBox02: https://shiftcrypto.ch/bitbox02.
- Coldcard: https://coldcardwallet.com.
- CoolWallet: https://coolwallet.io.
- Ellipal: https://www.ellipal.com.
- KeepKey: https://shapeshift.io/keepkey.
- Ledger: https://shop.ledger.com/products/ledger-nano-s.
- Trezor: https://shop.trezor.io/product/trezor-model-t.

Carteiras online

No Capítulo 3, mostramos a você como criar uma forma de carteira da web, mas é uma carteira de custódia fornecida por uma exchange, nesse caso, a Coinbase. Estamos falando aqui de sites onde você pode criar uma conta e obter uma carteira que é acessível por meio de seu navegador de internet.

CUIDADO

Essa é uma ideia terrível. Você *realmente* tem que confiar no site. Os proprietários do site não precisam ser apenas legítimos — e alguns sites de carteiras foram criados para enganar os proprietários de Bitcoin —, mas também extremamente capazes, fornecendo software de carteiras que o proteja contra funcionários desonestos do site e hackers externos. Um perigo adicional é que o site pode falir, levando suas chaves privadas com ele. Recomendamos que você fique longe deles.

CAPÍTULO 4 **Controlando Sua Carteira...** 105

Nós completos dedicados

Os *nós completos dedicados* são pares na rede Bitcoin executando seus próprios nós. Um nó pode ser um notebook rodando o software principal do Bitcoin (`https://bitcoin.org`) ou um minicomputador simples e barato, como o Raspberry Pi, executando o Raspiblitz (`https://raspiblitz.com/`).

Mas isso não é coisa de iniciantes, por isso, definitivamente não deve ser seu primeiro passo no mundo das carteiras de Bitcoin. No entanto, caso queira aprender mais, veja alguns recursos.

Hardware de nós completos dedicados

Algumas empresas vendem hardware dedicado especificamente projetado para executar software de nó do Bitcoin de forma imediata. Aqui estão algumas opções [sites em inglês].

» Lightning in a Box: `https://lightninginabox.co/shop`.

» myNode One: `http://mynodebtc.com/products/one`.

» Nodl: `https://www.nodl.it`.

» The Bitcoin Machine: `https://thebitcoinmachines.com`.

» Embassy: `https://start9labs.com`.

Software de nó completo

E aqui estão alguns recursos de software que talvez queira conferir [sites em inglês].

» Bcoin: `https://github.com/bcoin-org/bcoin/releases`.

» BitcoinCore: `https://bitcoin.org/en/download`.

» Blockcore: `https://github.com/block-core/blockcore/releases`.

» Libbitcoin: `https://github.com/libbitcoin/libbitcoin-node/releases`.

» RaspiBolt: `https://stadicus.github.io/RaspiBolt`.

» Samourai Dojo: `https://samouraiwallet.com/dojo`.

» Umbrel: `https://getumbrel.com`.

Carteiras de software

Uma *carteira de software* ou *software wallet* é simplesmente um programa de computador — normalmente executado em um PC com Windows ou Linux, um Mac, um dispositivo iOS ou Android — que salva suas chaves e endereços e permite que você se comunique com a rede Bitcoin. Mesmo que você tenha uma carteira de hardware, há uma carteira de software rodando nela.

Encontrando uma Carteira

Durante o restante deste capítulo, nos concentramos nas carteiras de software. Se você gosta da ideia dos outros tipos de carteiras, poderá fazer uma pequena pesquisa para saber mais sobre elas. Mas, independentemente do tipo de carteira que usar, lembre-se do seguinte:

» **Em algum momento, você deverá ter uma carteira quente de software.** Esse é o dispositivo que você utilizará para comunicar suas transações à rede Bitcoin.

» **Você deve ter alguma maneira de salvar informações importantes — chave privada ou semente — em diversos locais.** Caso salve essas informações cruciais em apenas um local, poderão ser destruídas por incêndio, inundação, falha do computador, e assim por diante. Muitos proprietários de Bitcoin perderam suas criptomoedas porque armazenaram tais informações essenciais em apenas um único local e perderam o acesso a ele. Caso tivessem apenas mais um local, eles poderiam ter recuperado seus Bitcoins. (Duas localizações extras seria melhor.)

» **Você deve ter alguma forma de salvar informações importantes para que outros não possam roubá-las.** Muitos proprietários de Bitcoin perderam suas criptomoedas porque armazenaram essas informações essenciais de forma insegura — em carteiras de papel, por exemplo — e as informações foram roubadas por alguém que se deparou com elas.

LEMBRE-SE

Outra questão técnica rápida. Estamos analisando duas coisas: primeiro, o *software* de carteira; e segundo, a carteira real, que é um arquivo aberto e gerenciado pelo programa de software. As pessoas (até mesmo nós) em geral usam o termo *carteira* para significar o software, mas a carteira real é o arquivo que contém suas informações — chaves privadas, chaves públicas, endereços, e assim por diante. O software de carteira que usaremos permite criar várias carteiras individuais, e os dados em cada uma são armazenados em um arquivo separado.

Então, onde você obtém uma carteira? Como ocorre com todas as outras coisas relacionadas ao Bitcoin, não é uma resposta simples. Estamos recomendando a carteira BlueWallet — e usando-a aqui como exemplo —, que é muito conhecida, popular e amplamente utilizada. Portanto, você pode começar por aí. Mas muitos programas de carteira estão disponíveis, com diferentes características e usabilidade. Você pode ter um amigo que recomenda algo diferente, por exemplo.

DICA

Tenha o cuidado de garantir que o software que você utiliza seja seguro e amplamente avaliado e auditado pela comunidade Bitcoin. Tem havido muitos golpes, como softwares de carteira de Bitcoin com "portas dos fundos" ou "backdoors" que permitem ao editor do software acessar suas chaves privadas. Sugerimos que você escolha um software que tenha sido recomendado por uma fonte respeitável. Não por seu amigo Zé, porque ele é apenas um indivíduo que pode ter sido enganado para escolher algo inseguro. Use somente software que seja muito conhecido, popular e amplamente utilizado.

Uma boa fonte é Bitcoin.org. Esse é o site original do Bitcoin criado por Satoshi Nakamoto, e há recomendações de uma variedade de programas de carteira. Há inclusive um assistente que lhe faz várias perguntas e lista os programas de carteira* que correspondem às suas respostas (`https://bitcoin.org/pt_BR/escolha-sua-carteira`). Talvez também queira dar uma olhada nestes sites em inglês `https://bitcoin-only.com/wallets` e `https://www.lopp.net/bitcoin-information/recommended-wallets.html`.

A seguir, veja algumas coisas nas quais precisa ficar de olho, bem como alguns recursos que pode achar úteis.

» **Sistema operacional:** O software de carteira está mais disponível para dispositivos Android, iOS, Windows, macOS e Linux. Nem todos os programas estão disponíveis para todos os sistemas operacionais, assim, decida primeiro qual sistema operacional você usará.

***Nota da Editora:** Caso o leitor deseje conteúdo adicional para ajudar a comparar diversos tipos de carteira, sugerimos acessar https://br.cointelegraph.com/news/what-is-the-best-cryptocurrency-digital-wallet-to-store-bitcoin-ethereum-and-altcoins.

» **Sistemas operacionais múltiplos:** Talvez você queira executar o software de carteira tanto em um dispositivo móvel quanto em seu notebook ou desktop, então seria melhor ter um programa que roda em ambos os seus sistemas. (Você pode usar diferentes softwares de carteira em dispositivos diferentes, mas, para simplificar, é mais provável que você queira usar o mesmo software.)

» **Carteiras HD:** Não deixe de obter um programa de carteira HD — hierarchical deterministic ou determinístico hierárquico. Esses programas usam "sementes". A maioria dos programas de carteira atualmente cria carteiras HD.

Uma *carteira determinística hierárquica* é o tipo de carteira que você realmente deveria usar, pois acrescenta uma camada de segurança. Se ele tiver uma *semente* — uma lista de palavras —, então é uma carteira HD. E essa semente pode ajudá-lo a reconstruir sua carteira caso tenha problemas. Você pode até mesmo inserir a semente em um software de carteira diferente em um dispositivo diferente e recuperar suas transações e acesso ao seu Bitcoin. Se o dispositivo no qual você instalou sua carteira for destruído, perdido ou roubado, desde que você tenha sua semente salva em algum lugar, nada estará perdido! Você pode recuperar tudo. (Tente fazer isso com o dinheiro debaixo de seu colchão quando sua casa queimar! Dissemos que esta coisa de criptomoedas era mágica, não?)

» **Carteiras multisig:** Alguns programas têm uma função que permite criar *carteiras de assinatura múltipla*, ou *multisig*, que não podem ser usadas para enviar transações para a rede Bitcoin a menos que duas ou mais pessoas, usando dois ou mais programas de carteiras, concordem. Ou seja, deve haver várias assinaturas para completar a transação. Consulte a seção "Entendendo as carteiras de assinaturas múltiplas", mais adiante neste capítulo, para saber mais sobre elas.

» **2FA:** Um programa de carteira com 2 fatores de autenticação requer que você forneça um código que o software lhe envie (via SMS ou que você receba de um programa de autenticação) após o login. Nem todos os programas de carteira têm isso, pois requer um servidor 2FA, e os programas que o têm — como o Electrum — podem cobrar uma taxa para usar o servidor.

» **Carteiras core:** Essas carteiras são nós completos no blockchain; elas contêm o blockchain inteiro, ou grande parte dele — uma enorme quantidade de dados —, mas têm uma conexão direta com a rede Bitcoin e validam as transações. Não as recomendamos para iniciantes e não as cobrimos neste livro.

Configurando uma Carteira de Bitcoin

Nesta seção, mostraremos como configurar e trabalhar com uma carteira muito popular, a BlueWallet, que está disponível em vários formatos. Você pode executá-la em seu smartphone ou tablet Android, em seu iPhone ou outro dispositivo iOS, ou em um computador com Mac, Windows ou Linux. Assim, você pode escolher.

No exemplo, utilizamos o aplicativo Mac, mas as várias versões funcionam de maneira muito parecida. O layout da tela para cada uma é ligeiramente diferente, mas suas opções são similares.

Criando e protegendo sua primeira carteira

Você pode ter várias carteiras. Pode começar com uma para testes e depois criar outra para seus investimentos pessoais em Bitcoin, outra para Bitcoin que você investiu para seus filhos, e assim por diante.

Para criar uma carteira usando a BlueWallet, siga estes passos:

1. Acesse `https://bluewallet.io/` [site em inglês], baixe e instale a versão com a qual quer trabalhar.

    Você pode executá-la em vários dispositivos se quiser. Nós lhe mostraremos como duplicar suas carteiras em dois ou mais dispositivos, tais como seu notebook e seu smartphone.

2. Abra o software. Você verá uma tela como a mostrada na Figura 4-3 (na versão para Mac).

FIGURA 4-3: Tela inicial da BlueWallet.

3. **Clique no botão + (canto direito superior) ou no botão Add Now.**

   A tela mostrada à esquerda na Figura 4-4 aparece, com três opções.

   - **Bitcoin wallets:** Você sabe o que são, e este é o tipo com o qual vamos trabalhar agora mesmo.
   - **Lightning wallets:** São para uso na Lightning Network, que faz interface com a rede Bitcoin para ajudar a acelerar as transações e reduzir as taxas de transação. Veja a seção "Utilizando a Lightning Network", mais adiante neste capítulo, para obter mais informações.
   - **Vault wallets:** Esta opção é utilizada para criar uma carteira multisig, que funciona em combinação com uma ou mais carteiras. Veja a seção "Criando uma carteira multisig", mais adiante neste capítulo, para saber mais.

FIGURA 4-4: Escolhendo o tipo de sua carteira e salvando sua semente.

4. **Digite um nome para sua carteira, clique em Bitcoin e, depois, em Criar, na parte de baixo.**

   A tela mostrada à direita na Figura 4-4 aparece. Ela contém sua *semente*: uma série de doze palavras. A semente é tão importante para você quanto a chave privada, talvez *mais* importante. (Embora ela seja geralmente chamada de semente no mundo Bitcoin, a Blue a denomina como *frase mnemônica* ou *frase de backup*.)

   Há duas coisas cruciais que você deve fazer com essa semente:

   - *Não esquecê-la ou perdê-la!*
   - *Não permitir que ela caia nas mãos erradas.*

CAPÍTULO 4 **Controlando Sua Carteira...** 111

5. **Escreva sua semente e guarde-a em um lugar seguro. Depois, clique no botão OK I Wrote It Down (Ok, eu já escrevi).**

E você criou sua carteira. Uma tela de transação vazia aparece (veja a Figura 4-5), e sua carteira está pronta para ser usada.

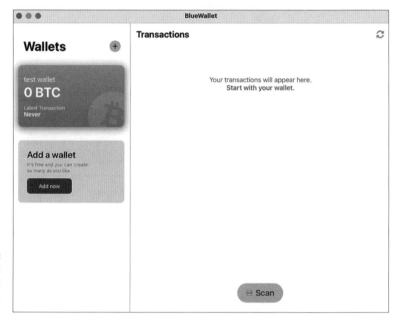

FIGURA 4-5: Sua carteira está pronta para trabalhar.

6. **Vá para Configurações (Settings) ou Preferências (Preferences), clique em Segurança (Security), Criptografia (Encrypted) e Protegido por Senha (Password Protected) e insira a senha duas vezes.**

Você também precisa salvar essa senha cuidadosamente, junto com sua semente, em um programa de gerenciamento de senha (sobre o qual pode ler no Capítulo 5).

A semente é um elemento importante, portanto, aqui estão mais algumas observações sobre ela:

> **Você deve proteger sua semente.** O programa aconselha que você a anote, e talvez isso seja bom por um tempo. Idealmente, ela precisa ser salva com segurança, para que você não possa perdê-la e ninguém mais possa encontrá-la (a menos que você queira isso).

Há duas teorias sobre isso. O coautor Tyler sugere armazenar a semente em uma carteira de metal que você guarda em um lugar seguro. O coautor Peter gosta da ideia de usar um programa de gerenciamento de senhas. Nenhuma solução é perfeita, e ambas têm problemas. Carteiras de metal não podem ser pirateadas pela internet, é claro, mas você precisará de pelo menos duas, cada uma armazenada em um local diferente. Os programas de gerenciamento de senhas estão necessariamente conectados à internet, algo de que os puristas de Bitcoin não gostam.

» **Você precisa decidir como passar essas carteiras aos membros de sua família em caso de sua incapacidade ou morte.** Os programas de gerenciamento de senhas fornecem uma maneira fácil de passar as informações (explicamos como no Capítulo 5), e a duplicação também é fácil. Mas se alguém descobrir sua senha mestra, você poderá estar em apuros.

» **Alguns softwares de carteira escondem a chave privada porque a semente pode ser usada para recriar a chave privada.** A teoria é que você *não precisa* vê-la, então mostrá-la a você simplesmente aumenta um risco de segurança desnecessário. A BlueWallet não oferece uma maneira de você ver a chave privada em si.

Criando uma semente de 24 palavras

Na seção anterior, mostramos como a BlueWallet gera automaticamente uma semente para você, e de fato, todas as carteiras HD fazem isso — por meio de matemática complexa e técnicas criptográficas que têm nomes como multiplicação de curvas elípticas e hashing. Elas fazem um trabalho muito bom na escolha aleatória de uma semente. As palavras são selecionadas aleatoriamente a partir de um dicionário de 2.048 palavras, e a ordem em que aparecem na semente também é aleatória, o que significa que há 2^{132} combinações possíveis. (O que é isso? Bem, são 5.444.517.870.735.020.000.000.000.000.000.000.000.0 00.000 de combinações. Suficiente para você?)

Caso esteja trabalhando com software ou hardware de carteira popular, pode confiar na geração aleatória dessa semente como sendo única, mas alguns puristas de Bitcoin querem um pouco mais. As carteiras definiram maneiras de introduzir a aleatoriedade no processo de geração de sementes. No passado, havia preocupações de que, se alguém fosse capaz de duplicar exatamente as mesmas condições presentes no dispositivo no exato momento em que a semente foi criada, talvez fosse possível recriar a semente. Isso é essencialmente impossível, mas alguns puristas de Bitcoin preferem a possibilidade de ser *absolutamente* impossível.

CAVOCANDO AS ORIGENS DA SEMENTE

A semente é simplesmente uma lista de palavras retiradas aleatoriamente de um determinado dicionário de 2.048 termos. O programa cria essa lista de termos e depois a executa por meio de um algoritmo matemático que, matematicamente, cria sua chave privada. Há palavras suficientes na lista que podem ser combinadas em ordens diferentes, e a chance de você obter a mesma combinação que outra pessoa é essencialmente zero.

Se você quer *realmente* ter certeza de que a geração de sementes é completamente aleatória, de uma forma que não poderia ser duplicada, poderá introduzir, em muitas carteiras, a *entropia* no sistema antes que a semente seja gerada. Fazer isso às vezes resulta não apenas em uma semente de 12 palavras, mas em uma de 24 palavras (da qual você realmente não precisa, porque sua semente de 12 palavras já é suficientemente boa). Veja como fazer isso na BlueWallet:

1. **No Mac, selecione Preferências (Preferences) no menu Blue-Wallet (no Android, toque nos três pontos (...) para abrir o menu no canto direito superior.**

2. **Em Configurações (Settings) ou Preferências (Preferences) clique em Geral (General) e depois ative a opção Modo Avançado (Advanced Mode).**

Agora, quando criar uma nova carteira de Bitcoin, você verá opções adicionais como as mostradas no lado esquerdo da Figura 4-6.

3. **Clique em "fornecer entropia por meio dos dados" (provide entropy via dice rolls).**

A tela mostrada no canto direito da Figura 4-6 aparecerá.

114   PARTE 2 **Usando Bitcoin**

 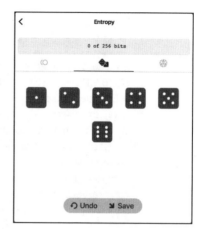

FIGURA 4-6: Opções avançadas permitem que você acrescente mais aleatoriedade.

4. **Clique nos dados aleatoriamente e verá o número no topo (0 de 256 bits) aumentar sempre que você clicar.**

   Você também pode clicar no pequeno ícone da moeda à esquerda do ícone dos dados sob a linha de contagem, para ver duas moedas, uma cabeça e uma cauda, na qual você também pode clicar aleatoriamente. E há também um ícone à direita do ícone dos dados. Clique aqui e você verá vinte caixas numeradas, nas quais você pode clicar.

5. **Quando obtiver 256 de 256 bits, clique em Salvar (Save).**

6. **No box Acrescentar Carteira (Add Wallet), clique Criar (Create).**

   Desta vez, aparecerá uma semente com 24 palavras.

Aumentando a segurança com uma conta falsa

Um dos problemas com o Bitcoin é que ele é muito líquido, muito mais líquido do que os depósitos bancários. Suponha que você tenha alguns milhões de dólares em Bitcoin, administrados por seu programa Blue-Wallet. E você também tem alguns milhões de dólares em uma conta bancária. Qual você pode movimentar mais rápido? Certo, seu Bitcoin.

CAPÍTULO 4 **Controlando Sua Carteira...** 115

COISAS DE GEEK

Por padrão, sua carteira será o que é conhecido como carteira SegWit HD (BIP84 Bech32 Native). É uma carteira determinística hierárquica (HD — hierarquical deterministic), portanto, ela cria múltiplos endereços para as transações de entrada e usa o formato mais recente de endereço no blockchain, o que pode realmente lhe poupar dinheiro em taxas de transação. Na verdade, é possível escolher outros dois formatos. Nas Preferências ou Configurações da BlueWallet, selecione o Geral (General) e depois o Modo Avançado (Advanced Mode). Agora, quando criar uma carteira, você pode escolher um tipo. Mas não há necessidade de fazer isso, a menos que você tenha uma boa razão e saiba o que está fazendo.

As carteiras HD têm uma única chave mestra privada, a partir da qual podem ser criadas *chaves filhas*. Muitos programas de carteiras criam um novo endereço cada vez que você deseja receber Bitcoin. Para isso, a carteira precisa criar uma chave filha privada, a partir da qual ela então cria uma chave pública, a partir da qual ela cria o endereço. Assim, as carteiras HD têm uma única chave principal privada e inúmeras chaves filhas privadas com chaves e endereços públicos associados.

Naturalmente, a principal preocupação são as invasões de hackers, e é assim que a maior parte do Bitcoin tem sido roubado ao longo dos anos. Mas algumas pessoas têm se preocupado com o que foi denominado de *ataque com uma chave-inglesa de US$5*: o que acontece se um assaltante encontrá-lo sozinho à noite e bater em você com uma chave-inglesa — independentemente do preço — até que lhe entregue suas chaves privadas?

A BlueWallet pode ajudá-lo nesta situação com uma opção de *Negação Plausível (Plausible Deniability)*, que aparece na área de Configurações/Preferências do app após você configurar a proteção por senha. Clique em Plausible Deniability, depois clique no botão Create Encrypted Storage (Criar Armazenamento Criptografado) que aparece. A caixa de senha aparece novamente, na qual você digita uma senha *diferente*, duas vezes. Essa senha deve ser facilmente lembrada. É importante não precisar abrir seu programa de gerenciamento de senhas para chegar até ela.

Agora suponha que um dia você seja forçado a abrir a BlueWallet. Você digita sua senha da Negação Plausível, e a carteira se abre, mas ela se abre para a conta falsa. Se você quiser usar esse recurso, é preciso criar uma carteira falsa com um pouco de Bitcoin nela, para que sua negação pareça plausível!

Recebendo Bitcoin

Sua carteira só será uma carteira de verdade quando você tiver Bitcoin associado a um de seus endereços de carteira. Portanto, aqui nós lhe damos dicas rápidas sobre como enviar Bitcoin de outra fonte para o endereço de sua carteira. Se criou uma conta na Coinme ou na Coinbase — ou ambas —, você pode enviar um pouco de Bitcoin de uma para outra só para experimentar. Siga estes passos:

1. **Se a carteira que você criou ainda não está aberta, abra-a clicando no ícone da grande carteira.**

    A tela de Transações aparecerá, como mostra a Figura 4-7.

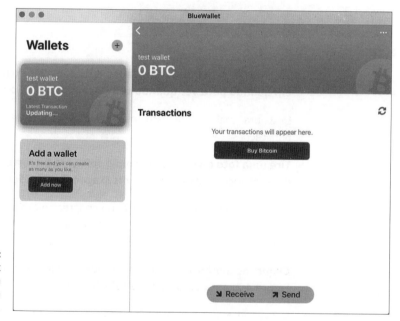

FIGURA 4-7: A BlueWallet está pronta para uma transação.

2. **Clique no botão Receber (Receive).**

    Um código QR e um box com pergunta de notificação aparecerão, como mostra a Figura 4-8.

CAPÍTULO 4 **Controlando Sua Carteira...** 117

FIGURA 4-8:
Diga à Blue-Wallet se você quer receber uma notificação quando receber Bitcoin.

3. **Escolha OK para que a BlueWallet verifique o blockchain de vez em quando para ver quando seu Bitcoin chegou e o notificar.**

    Descubra mais sobre isso na próxima seção, "Recebendo as notificações".

4. **Tire uma foto do código QR com o software de carteira a partir do qual você transmitirá sua mensagem Enviar (Send).**

    Alternativamente, você pode clicar no endereço mostrado abaixo do código QR para copiar o endereço para a área de transferência do seu dispositivo e colá-lo na outra carteira.

5. **Clique no botão da carteira grande (à esquerda da tela na Figura 4-7) para voltar para a tela de transação.**

    Depois de enviar a transação a partir da outra carteira, você pode sentar-se e esperar. A transação pode demorar um pouco para ser processada, dependendo de quanto da taxa de transação você está pagando, se a rede está muito ocupada, e assim por diante.

DICA

Na tela Transações (consulte a Figura 4-7), você pode clicar no grande botão Comprar Bitcoin (Buy Bitcoin) para ver se você pode abrir uma conta em uma exchange parceira. Talvez você veja uma mensagem dizendo que o recurso não está disponível em sua região. Por exemplo, a BlueWallet pode permitir que você trabalhe com a MoonPay (https://www.moonpay.com/). No momento de redação deste capítulo, a MoonPay não atende os EUA. Talvez haja outras opções quando você ler isto. Em qualquer caso, isso seria uma simples compra em uma exchange, e a taxa de câmbio e as taxas da MoonPay podem não ser as melhores.

LEMBRE-SE

Como o advertimos no Capítulo 3, é preciso pesquisar as exchanges para encontrar um bom negócio.

Recebendo as notificações

Para receber notificações, a carteira precisa estar conectada a um "servidor Electrum". Essa é sua conexão com a rede Bitcoin e, por meio dessa rede, com o blockchain. Sua carteira BlueWallet fala com o servidor Electrum e envia e recebe informações através dele.

Você pode configurar seu próprio servidor Electrum se quiser — mas não falaremos sobre isso aqui — ou pode simplesmente usar o próprio servidor Electrum padrão da Blue. Entretanto, talvez queira verificar as configurações, porque às vezes a Blue tem um problema intermitente com a conexão.

Vá para Configurações ou Preferências da carteira e clique em Rede (Network). Depois clique em Electrum Server. A tela mostrada na Figura 4-9 aparece. Em status, ela mostra que o servidor está Conectado. Se não estiver, tente clicar no botão Modo Offline (Offline Mode) para desligar a conexão, depois clique para ligá-la novamente, e a conexão deve ser restabelecida. Se isso não funcionar, verifique sua conexão com a internet.

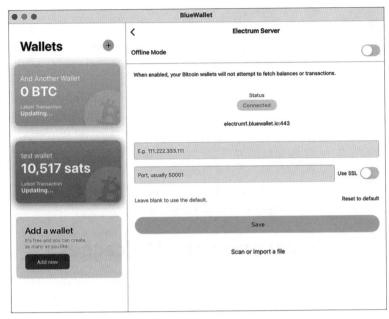

FIGURA 4-9:
As conexões
do Electrum.

Você pode ignorar as caixas de texto. São para pessoas que querem executar seu próprio servidor Electrum, o que alguns fanáticos por Bitcoin fazem. Novamente, esse é um assunto avançado que não abordamos neste livro.

DICA

Caso as notificações não estejam ativadas, clique no botão atualizar à direita do cabeçalho Transações na tela principal da carteira (o pequeno círculo criado por duas setas curvas). Ao clicar nesse botão, a transação será atualizada e mostrará o número de confirmações recebidas até o momento.

Verificando seus endereços

Você pode verificar os endereços de sua carteira para ver em que parte do blockchain seu Bitcoin está armazenado. Enquanto visualiza a tela principal da carteira, clique nos três pontinhos do menu no canto superior direito para exibir a tela de informações da carteira. Clique no link "Mostrar endereços" logo acima do botão Exportar/Backup, e você verá a mesma tela da Figura 4-10. Talvez ache legal verificar a página de endereços após enviar Bitcoin para sua carteira na primeira vez. Você verá exatamente onde ele está armazenado.

FIGURA 4-10:
Os endereços de suas carteiras.

Essa tela mostra os endereços que foram criados — outros serão criados conforme necessário — e quanto Bitcoin foi associado a cada um deles.

Enviando Bitcoin

Uma vez que tenha Bitcoin em sua carteira, você pode experimentar o lado oposto: enviar Bitcoin do endereço da BlueWallet para o endereço de outra carteira. Aqui estão os passos:

1. **Com a carteira aberta, clique no botão Enviar (consulte a Figura 4-7), e aparecerá uma tela como na Figura 4-11.**

    Nesta altura, você já deve estar ficando à vontade com isso.

CAPÍTULO 4 **Controlando Sua Carteira...** 121

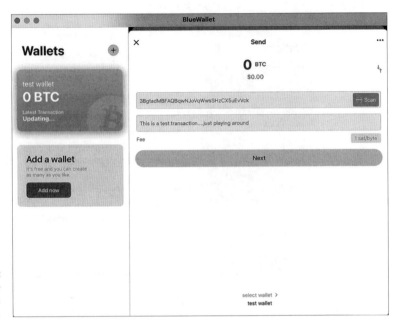

FIGURA 4-11:
Tela de envio na BlueWallet.

2. **Digite um valor no campo de número no topo.**

3. **(Opcional) Clique no pequeno botão de setas verticais do lado direito para mudar entre Bitcoin, Satoshi e dólares.**

4. **Cole um endereço de carteira na caixa de endereços ou clique no pequeno botão Scan para usar a câmera de seu smartphone ou a webcam de seu notebook para escanear o endereço.**

5. **(Opcional) Adicione uma mensagem para você mesmo — um lembrete da finalidade da transação —, que aparecerá em sua lista de transações.**

6. **Clique no pequeno botão no lado direito da linha Taxa (Fee).**

   Uma caixa como a mostrada na Figura 4-12 aparece (desta vez, mostrada no aplicativo Android). Você pode determinar a taxa da rede ou do minerador que deseja pagar e escolher a rapidez com que a transação deve ser processada: rápida, média ou lenta, de cerca de dez minutos até o máximo de um dia.

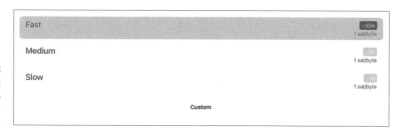

FIGURA 4-12:
Escolha suas taxas de mineração.

PAPO DE ESPECIALISTA

O sistema mostra o custo em sats (Satoshis) por byte, o que não é de grande ajuda. Entretanto, se já tivéssemos inserido um valor de transação, no lado esquerdo desta caixa, você veria a taxa traduzida em dólares. As taxas podem variar drasticamente de um momento para o outro. Você pode pagar 10 centavos por processamento rápido agora, e alguns dólares em poucas horas.

7. De volta à tela Enviar (Send), clique em Próximo (Next).

Você verá uma tela de confirmação mostrando o valor que está enviando, o endereço para onde está indo e o valor da taxa.

8. Clique em Enviar Agora (Send Now) na tela de confirmação, e o Bitcoin estará a caminho.

DICA

A carteira está definida para trabalhar com dólares norte-americanos por padrão, mas você pode escolher a moeda que quiser. Entre nas Configurações/Preferências do software de carteira (sua seleção afetará todas as carteiras gerenciadas pelo software), clique em Moeda e clique em sua escolha de moeda na caixa de listagem que aparece. A taxa de câmbio utilizada pelo software é atualmente fornecida pela CoinDesk (https://www.coindesk.com/).

Em relação à taxa da rede ou do minerador, por padrão, o *aumento de taxa* ou *fee bumping* é ativado. Se as condições da rede mudarem e a taxa necessária para sua velocidade de transação selecionada aumentar, o sistema pode aumentar automaticamente a taxa que você está disposto a pagar para obter o mesmo serviço. Se não gostar disso, você pode desativar a opção Permitir Aumento de Taxa (Allow Fee Bump) no menu que aparece ao clicar no pequeno ícone do menu na parte superior direita da tela Enviar (veja a Figura 4-11).

Uma variedade de outras opções está disponível nesse menu.

> » **Usar Saldo Total:** Envie todo Bitcoin gerenciado por esta carteira.
>
> » **Assinar uma Transação:** Isso serve para assinar transações de várias senhas, um assunto que discutimos na seção posterior, "Explorando carteiras de assinatura múltipla".
>
> » **Acrescentar/Remover um Destinatário:** Você pode enviar várias transações na mesma mensagem de transação de saída. Isso economiza taxas, pois você é cobrado pela quantidade de dados em sua mensagem, e não pelo valor real da transação.
>
> » **Controle de Moedas:** Mais cedo ou mais tarde, seu Bitcoin será atribuído a diferentes endereços administrados por sua carteira. O Controle de Moedas lhe dá algum controle sobre qual endereço será usado para a transação; você pode *congelar* um endereço, de modo que o Bitcoin associado a esse endereço não seja usado, ou selecionar a opção Usar Moeda para especificar que um endereço em particular deve ser usado.

CUIDADO

Mas tenha cuidado. Se você descobrir que não pode mais enviar transações, poderá descobrir que congelou um endereço (as moedas não são congeladas apenas para a transação em que você está trabalhando, mas para todas as transações até que você descongele o endereço).

DICA

Se você tiver várias carteiras no aplicativo de smartphone, deslize para a direita e para a esquerda para alternar entre elas. No aplicativo Mac, é um pouco mais difícil. No MacBook, um deslize de dois dedos no trackpad com o ponteiro do mouse acima da caixa de endereços parece fazer isso.

Seguindo o dinheiro

Depois de enviar Bitcoin para algum lugar, não fique chocado se todo o seu Bitcoin parecer ter desaparecido quando você verificar a tela Endereços (veja a Figura 4-12). Digamos que você tinha um endereço com R$100 de Bitcoin associado a ele, você enviou R$5 a alguém, e agora o endereço não tem nada! O que aconteceu?

Bem, vamos descobrir um pouco mais sobre as idiossincrasias do blockchain do Bitcoin. Você precisa entender as UTXOs: *unspent transaction outputs*, ou *saídas de transações não gastas*, que representam a quantidade de Bitcoin (ou qualquer criptomoeda) que sobra após uma transação ter sido totalmente concluída.

Quando você envia a transação para o blockchain, a rede pega *todo* o Bitcoin do endereço de saída, o endereço de onde o Bitcoin está vindo. Em seguida, envia o valor da transação para o endereço do destinatário, retira a taxa do minerador e envia o restante — o Bitcoin não gasto — de volta para um endereço associado, o que é conhecido como o *endereço de troco*, ou *change address*. Consulte a Figura 4-10, que mostra os endereços de Recebimento para essa transação. Clique no botão Alterar para ver os endereços de troco. A Figura 4-13 mostra dois endereços de troco. O primeiro já foi usado; $1,34 é atribuído a esse endereço. O segundo ainda não foi utilizado; foi configurado e está pronto para a próxima transação de envio.

FIGURA 4-13: Seus endereços de troco.

Fazendo backup de sua carteira

Manter uma cópia de segurança de sua carteira (ou de suas carteiras, se você tiver múltiplas carteiras administradas pela Blue) ajuda a proteger seu Bitcoin (um assunto que discutimos com mais detalhes no Capítulo 5). Talvez você já tenha feito backup de sua carteira. Sugerimos que o faça quando criar a carteira pela primeira vez. Da mesma forma, Peter sugere que você salve sua semente (ou frase mnemônica ou frase de backup, como a Blue a chama) em um programa de gerenciamento de senhas. Tyler recomenda uma carteira de metal. De uma forma ou de outra, você deve salvar essas informações, mesmo que as escreva em um pedaço de papel. Isso não é uma grande ideia, mas é melhor do que nada.

Se não salvou a semente quando criou a carteira, a Blue fornece uma opção de menu para que você possa voltar a ela:

1. **Abra a carteira e clique no menu de três pontos no canto superior direito da tela, que abre a tela mostrada à esquerda na Figura 4-14.**

   Esta tela mostra informações básicas sobre a carteira: o nome e o tipo de carteira, e assim por diante.

FIGURA 4-14: Verificando as informações básicas da carteira e a informação de exportação com uma semente.

2. **Clique no botão Exportar/Backup para ver a caixa à direita da Figura 4-14.**

   A semente está na parte de baixo da caixa (talvez tenha que rolar para baixo), com as palavras aparecendo em uma linha minúscula.

3. **Caso não tenha feito isto ainda, salve-a em um programa de gerenciamento de senhas ou escreva-a.**

   Você não pode copiá-la para a área de transferência, portanto, quer escreva em papel ou digite-a em um programa de senha, *faça isso com muito cuidado e depois verifique novamente*. Um pequeno erro de digitação — digite *caça* em vez de *casa*, por exemplo —, e a semente será inútil. Como a semente pode ser um "backup" da carteira? Não se preocupe com isso, explicaremos em um momento.

126   PARTE 2 **Usando Bitcoin**

DICA

Você também pode fazer uma captura da tela como a mostrada à direita na Figura 4-14 e imprimi-la ou salvá-la. (Note que essa é uma má prática de segurança em longo prazo, embora talvez seja uma boa opção temporária.) É claro que a Figura 4-14 também mostra um código QR. Isso codifica a semente, permitindo a importação da carteira em outro dispositivo, o que discutiremos na próxima seção. Você poderá fazer a leitura do código QR durante o processo de importação.

Importando (ou recuperando) uma carteira

A Blue também fornece uma maneira de importar uma carteira de outro programa, que é o mesmo processo que você pode usar para recuperar uma carteira perdida (o que é possível porque você salvou sua semente, certo?).

Por exemplo, talvez você queira administrar seu Bitcoin em seu smartphone *e* em seu MacBook. Você pode criar a carteira em um dispositivo e importá-la para a Blue no outro dispositivo. Nesse ponto, você teria dois programas de carteira, cada um capaz de enviar transações para a rede, e cada um rastreando as transações nos mesmos endereços.

Caso sua BlueWallet esteja em seu iPhone e ele for roubado, você poderá recuperar a carteira em seu novo iPhone ou em qualquer outro dispositivo em que a BlueWallet funcione: Mac, Windows, Android ou Linux. Você pode até mesmo recuperar sua carteira em alguns outros programas de carteira, como a Electrum wallet. Veja como:

1. **Na tela principal da BlueWallet, clique no botão Acrescentar Agora (Add Now) (consulte a Figura 4-3).**

2. **Clique no link Importar Carteira (Import Wallet), na parte de baixo da tela na Figura 4-4.**

    Uma tela de importação aparecerá, como mostra a Figura 4-15.

CAPÍTULO 4 **Controlando Sua Carteira...**   127

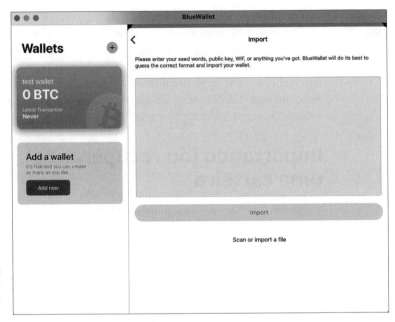

FIGURA 4-15:
Caixa de importação de carteira.

3. **Digite a semente nessa caixa.**

   Você tem algumas alternativas para completar este passo:

   a. Clique no link Escanear ou Importar um Arquivo (Scan ou Import a File) para abrir sua câmera ou webcam e escaneie o código QR (da Figura 4-11) diretamente da outra carteira.

   b. Carregue uma foto do código QR, se você o salvou. (O que recomendamos não fazer.)

   c. Cole uma chave privada na caixa, caso a tenha.

4. **Clique no botão Importar (Import).**

   A Blue passa as palavras da semente por suas funções matemágicas e cria a chave privada e os endereços. Ela também se conecta à rede Bitcoin, encontra suas transações e as carrega para a carteira. Dependendo de onde a carteira vem, pode ser necessário digitar uma senha, com a qual algumas carteiras podem estar protegidas.

   É isso. Agora você tem a carteira importada no novo dispositivo — ou recuperada, se estiver importando de um backup de uma carteira que perdeu ou foi destruída.

PAPO DE ESPECIALISTA

O que é um WIF, na lista de opções de importação da Figura 4-15? WIF significa *Wallet Import Format* ou *Formato de Importação de Carteira*, uma forma de codificar uma chave privada para facilitar a transferência — em teoria, de qualquer forma. Realmente não faz muita diferença, e não é provável que você se depare com isso.

DICA

Você pode tentar isto por si mesmo. Crie uma carteira em um dispositivo — seu notebook ou desktop, por exemplo — e depois carregue a BlueWallet em outro dispositivo, como seu smartphone. Em seguida, importe a semente para seu segundo dispositivo e observe a BlueWallet configurar a carteira e pegar as transações existentes do blockchain.

Criando uma carteira de observação

Você também pode usar a função Importar para criar uma *carteira de observação* (*watch-only wallet*), que não pode enviar transações para o blockchain, mas com a função de ficar de olho em um endereço para que você possa verificar o saldo. Em vez de fornecer uma semente ou chave privada, você digita uma chave pública ou um endereço, e a carteira observa o endereço associado.

Por exemplo, você pode usar a carteira de observação para receber as transações de entrada de Bitcoin — a carteira lhe fornecerá o endereço e o código QR que você pode dar ao remetente — e o saldo mais recente. Entretanto, para *gastar* o Bitcoin, você teria que usar outra carteira, presumivelmente uma *carteira fria*, que normalmente fica desconectada da internet.

Você pode brincar com essa configuração se quiser, para ver como tudo funciona. Considerando que você já tenha uma carteira configurada, mas queira criar uma carteira somente de observação em seu dispositivo móvel, com base em uma carteira em seu notebook, faça o seguinte:

1. **Encontre o endereço que contém Bitcoin abrindo a carteira e clicando no pequeno ícone do menu no canto superior direito.**

   A tela de informação da carteira aparece (consulte a Figura 4-10).

2. **Clique no pequeno link "Mostrar endereços" (Show Addresses) logo acima do botão Exportar/Backup.**

   A tela mostrada à esquerda na Figura 4-16 aparece.

   Sua carteira pode criar múltiplos endereços, um para cada transação. Você pode ver quais de seus endereços contêm saldos nesta lista.

CAPÍTULO 4 **Controlando Sua Carteira...**   129

3. **Clique no endereço que você deseja acompanhar para abrir a caixa mostrada à direita na Figura 4-16.**

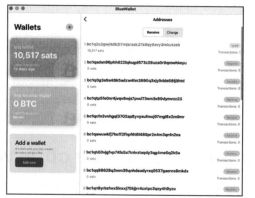

FIGURA 4-16:
Escolha um endereço para acessar seu código QR.

4. **Escaneie o código QR a partir do software da BlueWallet no outro dispositivo.**

   Alternativamente, clique no endereço sob o código QR e envie por e-mail ou SMS para o outro dispositivo. (Lembre-se, esse é um endereço, não uma chave privada, portanto, é perfeitamente seguro enviá-lo de forma "insegura".)

5. **No dispositivo no qual você quer criar a carteira somente de observação, faça o processo de importação: clique no botão Adicionar Agora (Add Now) e depois selecione Importar Carteira (Import Wallet).**

6. **Na tela, escaneie ou cole o endereço a partir da carteira do *outro dispositivo*.**

   Sua nova carteira está criada. Mesmo se der um nome à carteira, ela provavelmente se chamará *Imported Watch-only* (embora isso pareça um bug, talvez esteja diferente quando estiver lendo isto).

LEMBRE-SE

Observe que na tela principal da carteira há um botão Receber, mas não há botão Enviar. A carteira monitorará o endereço e também pode ser usada para enviar o endereço para alguém que precise enviar Bitcoin a você. Mas você não pode usá-la para enviar Bitcoin para alguém.

Explorando as carteiras de assinatura múltipla

Esta seção mergulha na característica multisig, a capacidade de criar carteiras que requerem duas ou mais carteiras para, juntas, assinarem uma transação que será enviada para a rede Bitcoin.

Originalmente, as carteiras de assinaturas múltiplas eram uma forma de os coproprietários de Bitcoin trabalharem juntos para administrar sua propriedade conjunta. Por exemplo, um casal ou um grupo de parceiros comerciais pode usar transações multisig, ou uma empresa pode precisar que vários funcionários assinem as transações corporativas. As transações não podem ser concluídas por uma pessoa; duas ou mais são necessárias para assinar as transações.

Carteiras de assinatura múltipla também oferecem mais segurança a um indivíduo. Mesmo que alguém consiga ter acesso a uma carteira — sua senha é descoberta, por exemplo —, ainda assim, a pessoa não poderá enviar uma transação sem a outra carteira (ou várias outras carteiras). O ideal é que cada carteira seja armazenada em um dispositivo diferente em um local diferente. Alguns proprietários de carteiras de grande porte de Bitcoin para o longo prazo usam esse método para dificultar o envio de transações. Uma carteira pode ser armazenada em um cofre de banco, e outra, em casa, por exemplo. Assim, a Blue chama esse tipo de carteira de *cofre*, em vez de carteira multisig.

Entendendo as carteiras multisig

Na seção seguinte, mostraremos como montar uma carteira multisig. Se quiser fazer uma carteira mais complexa, com três ou mais participantes e, talvez, um número menor necessário para assinar, você precisa ler o manual e assistir a alguns vídeos para ver como realizar isso, e depois fazer alguns testes para descobrir como tudo isso funciona. Recomendamos que você não deposite grandes somas usando uma carteira multisig até ter certeza de que entende como ela funciona e que tenha testado algumas pequenas transações.

LEMBRE-SE

Tenha cuidado com as carteiras multisig. Todos que administram uma das carteiras do grupo devem seguir bons processos de segurança. As invasões ou os acessos não autorizados talvez sejam um problema menor em um grupo, é claro. Se você precisar, digamos, de três assinaturas de um grupo de cinco carteiras, um invasor precisará invadir três das cinco carteiras para poder processar uma transação. Assim, se um dos participantes for um pouco descuidado na área de segurança, não será um desastre total.

No entanto, o que acontece se você não tiver backups? Se, por exemplo, você tiver um grupo de três e precisar das três carteiras para processar uma transação, basta um dos participantes perder sua senha, e o Bitcoin associado ao endereço das carteiras multisig agora é inútil!

É tentador para uma pessoa guardar as sementes para todas as carteiras do grupo, especialmente se alguns dos portadores de carteiras do grupo forem suscetíveis a perder o acesso a elas. Isso acaba com o propósito da carteira multisig. Essas carteiras exigem que todos os membros salvem cuidadosamente suas senhas de carteira e sementes de reserva, de modo que não possam ser perdidas ou roubadas.

Criando carteiras multisig

Você pode criar carteiras multisig (ou cofres) na BlueWallet em várias configurações, desde "2 de 2" (significando um grupo de duas carteiras, das quais ambas são necessárias para assinar uma transação) até "7 de 7" (um grupo de sete carteiras, todas elas devem assinar). Você poderia, por exemplo, ter um grupo de cinco carteiras das quais três devem assinar ("3 de 5").

Você pode fazer isso com a BlueWallet em vários dispositivos diferentes. Mas também é possível fazer isso usando vários tipos de carteiras em diferentes tipos de dispositivos: BlueWallet em um smartphone, por exemplo, juntamente com algum tipo de carteira de hardware.

Para demonstrar como isso funciona, presumimos que você esteja usando a BlueWallet em dois dispositivos diferentes. Para configurações mais complexas, recomendamos que faça mais pesquisas e testes.

DICA

Por padrão, a Blue cria carteiras "2 de 3", sem a opção de alterar as configurações, *a menos* que você tenha selecionado o Modo Avançado na área Geral de Configurações ou Preferências do programa. Se quiser continuar, certifique-se de ter selecionado o Modo Avançado e siga estes passos:

1. **Clique no botão Adicionar Agora (Add Now) ou + na tela principal da BlueWallet.**

2. **Na caixa Acrescentar Carteira (Add Wallet) (consulte a Figura 4-4), clique em Cofre (Vault), depois, em Criar (Create).**

   A caixa mostrada à esquerda na Figura 4-17 aparece. A caixa diz: "Um cofre é uma carteira multisig de 2 de 3 que precisa de 2 chaves de cofre para enviar e uma terceira que você pode usar como backup." Em outras palavras, você precisa configurar duas outras carteiras, em outros dispositivos, e para processar uma transação, você precisa de pelo menos dois dos dispositivos para assinar.

3. **Mude essas configurações clicando em Configurações de Cofre (Vault Settings) acima do botão Vamos Começar (Let's Start). Você verá a caixa que aparece à direita na Figura 4-17.**

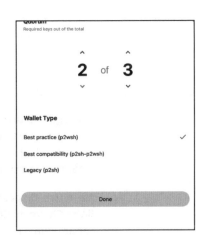

FIGURA 4-17: Crie uma carteira multisig. Você escolhe quantas carteiras haverá em um grupo.

4. **Use as setas para cima e para baixo para escolher quantas carteiras quer em seu grupo.**

   Por exemplo, 4 de 6 significa que o grupo inteiro tem seis carteiras separadas, das quais apenas quatro são necessárias para processar uma transação. (O máximo é 7 de 7.) Para esta demonstração, estamos usando 2 de 2.

5. **Clique no botão Pronto (Done) e, depois, em Vamos Começar (Let's Start).**

   A caixa na qual você configura as carteiras aparece (à direita na Figura 4-18).

6. **Para criar a primeira carteira no grupo de dois neste dispositivo, clique em Criar Nova (Create New) na primeira linha.**

CAPÍTULO 4 **Controlando Sua Carteira...** 133

7. Salve a nova semente cuidadosamente (à esquerda na Figura 4-18).

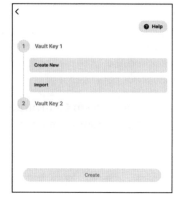

FIGURA 4-18: Configurando sua carteira cofre e obtendo sua primeira semente de carteira.

Você criou uma carteira, e ela é a Chave de Cofre 1 em seu grupo de duas chaves.

8. No segundo dispositivo, você fará a mesma coisa; você criará uma nova carteira Cofre (multisig) de 2 de 2 (Figura 4-17). No entanto, desta vez, não clique no botão Criar Nova na Figura 4-18. Temos trabalho a fazer no outro dispositivo primeiro.

9. No outro dispositivo, clique no link Compartilhar (Share) na linha Chave de Cofre 1 (Vault Key 1) para abrir a caixa Compartilhar (veja a Figura 4-19).

Isso permite que você transfira para outro dispositivo a carteira que acabou de criar.

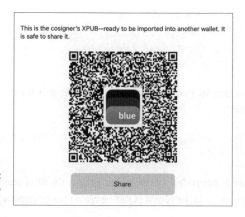

FIGURA 4-19: Seu Código QR XPUB.

134 PARTE 2 **Usando Bitcoin**

10. Use o código QR ou clique no botão Compartilhar (Share) abaixo do código QR para salvar um arquivo que pode ser transferido para o outro dispositivo.

Na verdade, essa é uma transferência do que é conhecido como XPUB, uma chave pública estendida.

11. No segundo dispositivo, clique no botão Importar (Import) (localizado abaixo de Create New, na linha Vault Key 1) para ver uma tela como a da Figura 4-20 (mostrada em um smartphone).

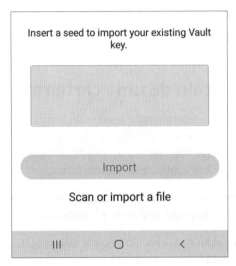

FIGURA 4-20: Tela Importar (em um dispositivo Android).

12. Clique no link "Escanear ou importar um arquivo" (Scan or import a file) e aponte a câmera do dispositivo para o código QR XPUB no primeiro dispositivo. Seu dispositivo escaneia o código e cria sua Chave de Cofre 1 (Vault Key 1).

Caso não possa escanear um código QR, você pode usar a função de salvamento de arquivo e transferi-lo, que pode, então, ser aberto pela caixa Importar.

Agora você está pronto para configurar a Chave de Cofre 2.

13. Agora vamos configurar a Chave de Cofre 2. Basicamente, repetiremos o que acabamos de fazer, para a Chave de Cofre 2, a partir do segundo dispositivo. No segundo dispositivo, na linha Vault Key 2, clique no botão Create New para criar uma carteira e ver a semente.

14. Salve a semente e clique no link Compartilhar (Share) para abrir o código QR XPUB.

15. No primeiro dispositivo, clique no botão Importar (Import) para ver a caixa Importar, no link "Escanear ou importar um arquivo" (Scan or import a file) e escaneie o código QR no primeiro dispositivo.

16. Em ambos os dispositivos, clique no botão Create nas linhas Vault Key.

> Em ambos os dispositivos, a Blue cria uma carteira chamada Multisig Vault. (Você pode renomeá-la, se quiser, na tela de informações da carteira. Clique no menu de três pontos na parte superior direita da tela da carteira principal.)

Enviando Bitcoin de uma carteira multisig

Aqui lhe mostramos como enviar dinheiro de uma carteira multisig. Primeiro, é claro, você precisa colocar um pouco de Bitcoin nela. Isso é feito da mesma forma que com uma carteira normal, usando o botão Receber. O envio também começa da mesma forma:

1. Na carteira multisig, clique no botão Enviar (Send) e, então, digite o valor que está enviando e o endereço do destinatário.

2. Clique no botão Próximo (Next), e a tela mostrada na Figura 4-21 aparecerá.

FIGURA 4-21: Tela de importação.

3. Clique em Fornecer Assinatura (Provide Signature), e aparecerá um código QR.

4. No outro dispositivo, clique no botão Enviar (Send). Depois, clique no menu de três pontos na parte superior direita da tela Enviar e selecione Assinar uma Transação (Sign a Transaction).

   Você verá a tela da câmera do dispositivo.

5. Escaneie o código QR do outro dispositivo.

6. Após a câmera ter lido o código QR, aparecerá uma caixa de mensagem perguntando se você quer coassinar a transação. Clique em SIM (YES).

   Você verá uma tela como a mostrada na Figura 4-22. Como pode observar, agora você tem duas chaves de cofre que assinaram.

FIGURA 4-22: Tela de importação (em um dispositivo Android).

CAPÍTULO 4 **Controlando Sua Carteira...** 137

7. **Clique no botão Confirmar (Confirm).**

   Uma tela de resumo aparecerá, mostrando a quantia da transação, o endereço do destinatário e a taxa que está sendo paga.

8. **Clique no botão Enviar (Send), e a transação estará a caminho!**

Usando a Lightning Network

As transações de Bitcoin têm dois problemas significativos: são lentas e caras. Isso não importa muito para fins puramente de investimento, mas é um verdadeiro incômodo para fazer compras.

Uma rede auxiliar conhecida como Lightning Network (Rede Relâmpago) é uma tentativa de consertar tais problemas. A rede é um protocolo de pagamento que fica "em cima" da rede Bitcoin. Ao usá-la, suas transações são enviadas para a Rede Lightning, agrupadas e enviadas para a rede Bitcoin. As transações ocorrem muito rapidamente e com taxas de transação muito baixas, uma fração do que você pagaria por uma transação direta para o blockchain. A Lightning Network possibilita "microtransações", algo que os criadores de conteúdo há muito esperavam. Uma editora pode cobrar apenas alguns centavos por um artigo ou um podcast, por exemplo. (Com cartões de crédito e pagamentos regulares de Bitcoin, isso simplesmente não é possível, pois as taxas excedem a transação.)

Você pode criar uma carteira Lightning para guardar dinheiro que depois pode usar para fazer compras, mas não coloque muito Bitcoin nela. As carteiras Lightning não são adequadas para fazer "hodl" de seus investimentos em Bitcoin. E nem todas as carteiras podem funcionar com a Lightning, mas a BlueWallet funciona. Mostraremos rapidamente como trabalhar com a rede usando a BlueWallet.

Nos passos para configurar uma BlueWallet, na seção "Criando sua primeira carteira", em vez de selecionar Bitcoin na caixa Adicionar Carteira, você seleciona Lightning (consulte a Figura 4-4). Se tiver seu próprio hub Lightning, insira-o na caixa de texto rotulada LNDHub — claro que você não tem, então pode simplesmente manter o hub padrão da BlueWallet Lightning. Clique em Criar (Create), e você será solicitado a fazer uma cópia de segurança da carteira. Aparece um código QR, que pode ser digitalizado, assim como um ID da carteira Lightning (consulte a Figura 4-19). Clique para copiar o ID para sua área de transferência e depois cole-o, por exemplo, em um programa de gerenciamento de senhas.

Agora é preciso adicionar fundos à carteira. Na tela principal da carteira, clique no botão Gerenciar Fundos (Manage Funds), próximo ao topo, e escolha uma opção no menu suspenso.

> » **Refill (Recarga):** Essa opção permite transferir Bitcoin de suas outras carteiras, dentro do programa BlueWallet, para sua carteira Lightning.
>
> » **Refill from External Wallet (Recarga de uma Carteira Externa):** Isso permite enviar Bitcoin de outra carteira para sua carteira Lightning na BlueWallet.
>
> » **Refill with Bank Card (Recarga com Cartão de Banco):** Com esta opção, você pode comprar Bitcoin em uma exchange.
>
> » **Exchange (Troca):** Isso lhe permite usar ZigZag.io para trocar outras criptomoedas por Bitcoin e depositá-lo na carteira Lightning.

Depois de "encher" sua carteira, você pode enviar e receber Bitcoin pela rede de forma semelhante à que você faria com as carteiras Bitcoin normais, embora com uma diferença significativa. Para receber dinheiro, você cria um boleto, em vez de um endereço Bitcoin, e o envia para a pessoa que lhe enviará o Bitcoin. Quando você envia Bitcoin para outra pessoa, ela lhe envia um boleto, que você paga.

140   PARTE 2 **Usando Bitcoin**

NESTE CAPÍTULO

» Entendendo duas formas de perder controle sobre seu Bitcoin

» Escolhendo: carteiras de custódia ou privadas

» Descobrindo as regras das senhas

» Protegendo seu computador

» Evitando ataques de phishing

» Deixando Bitcoin para seus herdeiros

Capítulo **5**

Mantendo Seu Bitcoin Seguro

Você provavelmente já ouviu histórias de pessoas que "perderam" seus Bitcoins; milhares de pessoas já o fizeram. De fato, em 2017, pesquisadores estimaram que algo entre 2,8 milhões e 3,8 milhões de Bitcoins foram perdidos para sempre... talvez mais de US$150 bilhões no valor atual. Mas muitos milhões de dólares em Bitcoin também foram *roubados* dos proprietários.

Este capítulo o ajuda a entender como tais perdas podem acontecer e o que fazer para que não aconteçam com você!

Entendendo Como Você Pode Perder Controle sobre Seu Bitcoin

O Bitcoin na verdade não pode ser literalmente "perdido". No Capítulo 2, explicamos que, na verdade, realmente não existe nenhum Bitcoin. Em vez disso, há um registro de transações de Bitcoin no livro-razão do blockchain. Portanto, o Bitcoin não pode ser perdido; ainda está onde sempre esteve, paradinho no livro-razão do blockchain.

O que pode acontecer, no entanto, é que você pode perder o controle sobre seu Bitcoin. Claro, ele ainda permanece registrado como uma série de transações no blockchain, mas você não pode mais chegar até ele e não pode mais controlá-lo. E isso pode acontecer de duas maneiras:

1. Você perde sua chave privada e, desta forma, a habilidade de controlar seu Bitcoin.

2. Alguém rouba sua chave privada — obtendo, assim, a habilidade de controlar seu Bitcoin —, e o transfere para o endereço controlado por essa chave privada.

LEMBRE-SE

Seu Bitcoin está associado a um endereço específico no blockchain do Bitcoin. Esse endereço está sob o controle da chave privada associada, que você, espera-se, está mantendo em segurança. A chave privada permite que você controle esse endereço. A única pessoa que pode enviar uma mensagem ao blockchain para transferir parte ou a totalidade do Bitcoin associada ao endereço é a pessoa que controla a chave privada. Essa é a *matemágica* de que falamos no Capítulo 2.

Vamos ver a primeira maneira de perder seu Bitcoin. Imagine o que aconteceria se você perdesse sua chave privada. Você perderia a capacidade de enviar mensagens de transação para o blockchain e o controle do Bitcoin associado ao endereço associado com a chave privada perdida! Sem chave privada, sem Bitcoin.

COMO 7.500 BITCOINS FORAM PERDIDOS

Um risco maior hoje em dia do que ter seu Bitcoin roubado de uma carteira de custódia devido a uma invasão em uma exchange é o risco de simplesmente perder o hardware onde sua carteira vive. Sempre nos lembramos do famoso caso de James Howells, no Reino Unido. Em 2013, ele possuía 7.500 Bitcoins, naquele momento valendo cerca de US$975 mil. Mas naquele ano, ele perdeu um disco rígido contendo seu arquivo de carteira. Ele nem tem certeza de como o perdeu, mas acha que foi jogado fora durante uma limpeza na casa e que acabou no aterro sanitário local.

Se o Sr. Howells tivesse lido e compreendido este capítulo, e colocado em prática o que ensinamos aqui, seus Bitcoins valeriam — no momento de redação destas palavras — US$361.893.000, mais ou menos. Na verdade, mesmo que ele não tenha lido este capítulo, o Bitcoin *ainda* vale essa soma; é que o Sr. Howells nunca poderá tocá-lo. A menos que, é claro, consiga convencer o conselho local a permitir que ele escave o aterro (ele lhes ofereceu US$70 milhões no início de 2021), tenha a sorte de encontrar a unidade e possa recuperar sua semente ou chave privada de um pedaço de hardware que vem apodrecendo na umidade de um monte de lixo galês por oito anos (e contando).

Agora considere a segunda maneira de perder o controle. O que acontece se alguém mais tiver acesso à chave privada? A pessoa agora tem controle sobre seu Bitcoin. Claro, se você ainda tiver a chave privada, ambos têm o controle, e isso se torna um jogo de quem chega primeiro a ele. Se suspeitar que outra pessoa pode ter encontrado sua chave privada — ou a semente usada para criá-la (veja o Capítulo 4) —, você deve transferir *imediatamente* seu Bitcoin para um endereço controlado por *outra* chave privada. Crie uma nova carteira, se necessário. E, depois, nunca mais use a carteira antiga.

Se alguém que sabe o que está fazendo rouba sua chave privada (ou, novamente, a semente usada para criar a chave privada), então você provavelmente não terá nenhuma chance. O Bitcoin desaparecerá antes que você descubra que a chave foi perdida — na verdade, provavelmente é assim que você descobrirá que a chave desapareceu; sua carteira não terá mais nenhum Bitcoin.

CAPÍTULO 5 **Mantendo Seu Bitcoin Seguro** 143

Há uma frase popular na comunidade Bitcoin: *se não são suas chaves, não são suas moedas (not your keys, not your coins)*. Em outras palavras, se outra pessoa tem acesso à sua chave privada, ela tem controle sobre seu Bitcoin. É como se você não fosse realmente dono do Bitcoin, porque outra pessoa pode tirá-lo de você a qualquer momento. Claro, legalmente, você o possui. Mas as leis não ajudaram os milhares de pessoas que tiveram seu Bitcoin roubado.

Mas há outras coisas com as quais se preocupar além do roubo. É a proverbial "pisada na bola", um erro que você comete que leva à perda. Isso acontece muito. É fácil encontrar histórias de horror de pessoas que perderam suas carteiras e, portanto, suas chaves e, assim, o controle sobre seus Bitcoins. O coautor Peter Kent tem um amigo que possui milhões de dólares em Bitcoin — parados em algum lugar do blockchain — que ele nunca poderá acessar porque vendeu um computador que tinha a carteira com as chaves associadas.

Bem, não é realmente por isso que ele é milhões de dólares mais pobre do que poderia ser. Ele é milhões de dólares mais pobre *porque ele não tinha um backup da semente usada para criar a carteira no computador vendido!* Simples assim. Com um pouco de conhecimento e alguns minutos de trabalho, você pode proteger seu Bitcoin para que não o perca assim do nada. Com um pouco de prudência, o amigo de Peter ainda teria acesso aos seus Bitcoins, *apesar* de ter vendido o computador no qual estava a carteira.

Captando o Objetivo: Proteção da Chave Privada e da Semente

Resumindo, seus dois riscos de perder o controle sobre seu Bitcoin são os seguintes:

1. **Você pode perder suas chaves privadas.**

2. **Suas chaves privadas podem ser roubadas.**

Desta forma, seus dois objetivos para manter seu Bitcoin seguro e acessível apenas por você são os seguintes:

1. **Proteger suas chaves, para que não possam ser roubadas.**

2. **Fazer cópias de segurança de suas chaves, para que não possa perdê-las.**

Mas o problema é o seguinte: esses dois requisitos estão em desacordo um com o outro. Quanto mais difícil você torna para que suas chaves sejam *roubadas*, mais fácil será *perdê-las*. E quanto mais difícil você torna para que suas chaves sejam *perdidas*, mais fácil será *roubá-las*.

Por exemplo, você pode facilmente garantir que não perca sua chave privada anotando sua semente em notas adesivas e dando-as, digamos, a meia dúzia de amigos e familiares. (Lembre-se do Capítulo 4: se tiver sua semente, você pode recriar sua chave privada, e, de qualquer forma, alguns softwares de carteira escondem a chave privada de você e só fornecem a semente.) Mas é melhor confiar mesmo neles! E não simplesmente confie que eles não o roubarão, mas que manterão as anotações a salvo de roubo por outros. Quanto mais pessoas tiverem as chaves, mais fácil será roubá-las.

Ou você pode dificultar muito para que alguém roube sua chave privada ou semente mantendo uma única cópia, em um local conhecido apenas por você. Mas quanto menos backups você tiver de sua semente ou chave privada, mais fácil será perdê-la, por exemplo, por meio de inundação ou incêndio. (Lembramos do proprietário de Bitcoin que tinha a cópia de segurança de sua semente em um pedaço de papel e em um pen drive; seu computador queimou em um mal funcionamento anormal. Como o papel e o pen drive estavam bem ao lado do computador, o pequeno incêndio os queimou também, e, com eles, qualquer esperança de chegar ao seu Bitcoin.)

DICA

Veja mais dois objetivos a ter em mente:

» **Assegure-se de ter acesso ao seu Bitcoin onde quer que esteja neste mundão, sempre que precisar dele.** Caso tenha uma carteira em seu computador de casa, com uma semente salva no cofre de um banco local, bem, a única maneira de acessar seu Bitcoin é estar em sua cidade. Estamos falando de uma moeda *eletrônica*, então certamente deve estar disponível em qualquer lugar do mundo com acesso à internet, não? Os métodos neste capítulo ensinam como ter acesso ao seu Bitcoin em qualquer lugar, a qualquer hora.

» **Como passar Bitcoin aos seus herdeiros.** Muitos proprietários de Bitcoin se despiram deste lodo mortal (como Hamlet disse) *e levaram seus Bitcoins com eles!* (Bem, não literalmente, já mencionamos que o Bitcoin nunca sai do blockchain, certo?) Neste capítulo, você descobre como deixá-lo com sua família antes de estar a sete palmos, mesmo que eles não tenham acesso à criptomoeda enquanto você estiver vivo.

LEMBRE-SE

O Capítulo 4 cobre as carteiras, tanto quentes quanto frias. Uma carteira quente está conectada à internet e, pelo menos em teoria, corre um risco potencial de ser acessada por um terceiro nefasto. Uma carteira fria, por outro lado, não está conectada à internet e não pode ser invadida. No entanto, ela ainda pode estar em risco de roubo. Aqui estão alguns pontos a ter em mente ao ler o restante deste capítulo.

» **Combine as técnicas deste capítulo com sua estratégia de carteira para ter um efeito máximo:** Seja sua carteira quente, fria ou fria na maioria das vezes e quente apenas quando precisa enviar transações, você ainda precisa de backups. Se você tem uma única carteira fria, totalmente imune a ser invadida via internet, mas ainda vulnerável a um incêndio, ainda está correndo um enorme risco!

» **Backups — como armazenar a semente da carteira em um programa de gerenciamento de senhas — são uma forma de carteira:** Portanto, este capítulo trata de manter suas carteiras, quentes ou frias, a salvo de roubos e duplicatas, para que você não perca o controle sobre seu Bitcoin.

Escolhendo: Carteira de Custódia ou Privada?

A primeira escolha que você precisa fazer é quem vai administrar sua carteira de Bitcoin (ou carteiras). Você mesmo a administrará (uma carteira privada), ou permitirá que outra pessoa o faça (uma carteira de custódia, que apresentamos no Capítulo 3)?

Os puristas do Bitcoin odeiam a ideia de deixar que outra pessoa administre suas carteiras. Lembra-se da frase *se não são suas chaves, não são suas moedas?* Quem controla as chaves privadas tem acesso ao seu Bitcoin.

O problema tem sido, historicamente, que uma série de exchanges foram invadidas ao longo dos anos, com os hackers acessando as chaves privadas dos clientes e roubando seus Bitcoin. Algumas exchanges são administradas por golpistas, que roubaram o Bitcoin de seus clientes e desapareceram (conhecido no campo do Bitcoin como um "esquema de saída").

CUIDADO

Como advertimos ao longo deste livro, administrar o Bitcoin pode ser complicado. Hoje, o maior risco para o neófito do Bitcoin é perder seu acesso à criptomoeda, e não que ela seja roubada. Há benefícios em administrar sua carteira por conta própria, mas também há perigos. Se pisar na bola ao gerenciar seu próprio Bitcoin, poderá acabar o perdendo. Apesar dos riscos, você pode achar mais fácil permitir que uma exchange grande e respeitável administre-o para você.

Esta é uma escolha que você tem que fazer, e muitas pessoas escolherão a opção de permitir que os profissionais cuidem de seu Bitcoin. Conforme o mercado se desenvolve, essa opção provavelmente se tornará cada vez menos perigosa. À medida que as grandes exchanges se tornarem mais bem seguradas, por exemplo, e suas defesas contra roubo se tornarem melhores, o risco diminuirá. (Muitos diriam que já é bastante baixo para algumas das grandes instituições, pelo menos.)

Ainda assim, nas seções a seguir, discutimos como proteger seu Bitcoin por conta própria. E as pessoas que possuem quantidades muito grandes de Bitcoin quase sempre gerenciam esse processo por conta própria e desenvolvem um sistema sofisticado para fazê-lo.

DICA

Caso decida manter seu Bitcoin em uma carteira de custódia, você ainda precisa proteger as informações de login para a conta. Portanto, o restante deste capítulo ainda pode lhe ser útil, afinal, quer você esteja protegendo uma senha de login ou uma semente de carteira, o objetivo é garantir que um trechinho de texto não seja roubado ou perdido.

Elaborando Seu Plano de Segurança de Criptomoeda

Saber como proteger todas as informações relacionadas ao Bitcoin (e outras informações importantes também, como logins de contas bancárias) começa com o básico: um plano para criar senhas fortes e seguras.

Criando senhas poderosas

Independentemente do que faça — usar a carteira de custódia de uma exchange ou um ou mais aplicativos de carteira em seus vários dispositivos —, você terá senhas que precisa proteger. Devem ser senhas que não podem ser adivinhadas e também que você nunca perca ou se esqueça. Mais uma vez, estamos de volta àquela situação em que quanto mais difícil for se esquecer de uma senha, mais fácil será roubá-la (ou adivinhá-la), e inversamente, quanto mais difícil for roubá-la (ou adivinhá-la), mais fácil será esquecê-la. Por exemplo, vejamos uma senha ruim (vamos supor que o dono da senha tenha uma filha e um filho; veja se consegue adivinhar seus nomes):

MariaEJoao

Agora, veja uma senha muito boa; veja se consegue memorizá-la:

iu$kG7pNnbs3z^RYe$yiBh

E, a seguir, a senha mais usada no mundo, de acordo com um estudo:

123456

Ela quase sempre tem uma segunda versão, a propósito: 123456789; e não nos esqueçamos da palavra *senha*, ou *password*, em si, que milhões de pessoas usam como senha! Incidentalmente, essas três últimas senhas podem ser adivinhadas por um programa de quebra de senha em menos de um segundo.

DICA

Isso nos leva a algumas regras boas (e comuns) quanto às senhas:

» **Use senhas únicas para cada login que fizer; não reutilize senhas.**
Sim, você acabará tendo centenas delas, mas explicaremos como resolver tal problema.

» **Não use senhas simples como as sugeridas aqui.**
Quando os hackers atacam sistemas, em geral usam programas com dicionários de senhas comuns. Eles já sabem quais senhas são usadas por muitas pessoas!

» **Não use senhas que podem ser adivinhadas facilmente.** Elas incluem data de nascimento de seu(sua) parceiro(a), nomes de seus pets, filhos, e assim por diante. Tais senhas facilitam que alguém que o conheça, e que tenha tempo de ficar tentando, acesse seu sistema.

» **Crie senhas usando diversas palavras não relacionadas e com caracteres especiais e números.** cao!!obvio13%grito, por exemplo. É uma senha forte, mas relativamente fácil de ser memorizada.

PARTE 2 **Usando Bitcoin**

» **Use sequências longas e aleatórias de caracteres.**
RkTWGQd9Xy%4#hbcY4t!6J ou iW28LQKnJm%Aw8i9Ku4wHYFofZ^vho, por exemplo.

Esse último tipo de senha é essencialmente impossível de adivinhar, seja para um programa de quebra de senha ou para alguém que o conheça. Naturalmente, também são impossíveis de serem lembradas por um ser humano normal, e é por isso que você precisa de um programa de gerenciamento de senhas. Na próxima seção, mostraremos como criar e usar senhas como iu$kG7pNnbs3z^RYe$yiBh sem precisar se lembrar delas.

LEMBRE-SE

Não estamos falando em usar senhas fortes somente para seus logins relacionados ao Bitcoin, mas para *todos* os seus logins, em particular seu login de e-mail. A invasão de um sistema de e-mail é frequentemente o primeiro passo que um ladrão usa para acessar seus outros sistemas, tais como contas bancárias e de Bitcoin.

Protegendo senhas com programas de senhas

Hoje em dia, todos deveriam estar usando um software de gerenciamento de senhas. No mundo moderno, é simplesmente impossível se lembrar de todas as senhas de que precisa, a menos que você as reutilize nos sistemas e use senhas simples, o que não deveria fazer!

Nós sabemos o que muitos de vocês estão fazendo, é claro. Vocês estão escrevendo suas senhas em papel, às vezes deixando o papel ao lado de seu computador como um convite para qualquer um que entre, ou para um limpador de casas com conhecimentos tecnológicos — um convite para, veja bem, que alguém "limpe" suas contas!

Aqueles de vocês que são mais sofisticados estão digitando as senhas em um documento ou planilha de processamento de texto — provavelmente nomeado de *senhas.docx* — e salvando o arquivo no disco rígido do seu computador, muito atenciosamente fornecendo, ao cara que rouba seu computador, o software pré-instalado e as senhas de acesso apropriadas, tudo em um só lugar!

CAPÍTULO 5 **Mantendo Seu Bitcoin Seguro** 149

Caso sua casa se incendeie, você perderá as senhas que escreveu no papel. Ou se o disco rígido de seu computador tiver uma pane, você perderá as senhas no arquivo Word. Há uma maneira melhor! Use um *programa de gerenciamento de senhas*, que armazena suas senhas — juntamente com URLs e IDs de login, várias observações e talvez coisas como números de cartões de crédito e códigos de segurança, números de passaporte e de habilitação, e assim por diante — em arquivos criptografados. Você pode entrar no programa para acessar suas senhas, mas sem a senha mestra, os dados não são acessíveis. São armazenados em um formato codificado que não pode ser decodificado, nem mesmo pelo FBI, pela CIA ou pela KGB (tudo bem, agora se chama *FSB*, mas *KGB* ainda está no imaginário popular). Claro, você também pode criptografar arquivos de processamento de textos e planilhas, mas não pense que isso é seguro. Na maioria dos casos, a forma de criptografia desses sistemas é muito fraca e facilmente decodificada.

Os programas de gerenciamento de senhas permitem armazenar centenas — e até milhares — de senhas complexas, sem que você precise se lembrar de nenhuma delas. Tudo do que precisa se lembrar é a senha mestra que lhe permite entrar no programa.

PHISHING?

A palavra *phishing* é uma forma de "leetspeak", um sistema no qual palavras familiares são intencionalmente escritas de forma errada. O próprio *leet* vem da palavra *elite* e se refere ao status de membro "elite" em alguns sistemas de quadros de avisos eletrônicos nos anos 1980. O leetspeak pode ter sido uma forma de contornar o uso de filtros de texto que esses sistemas usavam para bloquear discussões sobre assuntos não autorizados, tais como hacking e cracking (*cracking* é, na verdade, a palavra mais correta para o que a maioria da sociedade chama de hacking nos dias de hoje). Mas o leetspeak é quase certamente uma forma de linguagem comunitária usada para excluir aqueles que estão fora da comunidade. De qualquer modo, o termo *phishing*, talvez não surpreendentemente, significa *pesca* [*fishing*, em inglês] em leetspeak. Os golpistas estão tentando "pescar" suas informações de login.

Há diversos programas disponíveis: Dashlane, Roboform, LastPass, TrueKey, NordPass, e muitos outros. Escolha um que seja bem conhecido e amplamente recomendado. Confira algumas avaliações comparativas. Você verá que esses programas têm muitas características interessantes que tornam a vida muito mais fácil para os cidadãos do mundo moderno sobrecarregados por senhas. Uma das mais importantes é o *backup centralizado*: você pode obter suas senhas em seu smartphone ou notebook, mas também por um navegador de internet. Os dados são sincronizados entre dispositivos e também armazenados — em um formato criptografado — nos servidores do programa. Portanto, se sua casa queimar e você perder todos os seus dispositivos, ainda assim não terá perdido suas senhas.

E aquelas senhas complicadas? Tipo assim:

woVib%8fQa67#EL8jQ5YgVq4n^9$rk

Você nem precisa criá-las; o programa as cria — e as salva — para você.

É claro que você pode usar o programa de gerenciamento de senhas para armazenar todo tipo de coisas: informações de login, sementes, chaves privadas reais se seu software fornecer acesso a elas e notas explicando onde estão todos seus ativos (contas bancárias, tipos de criptomoeda, contas em corretoras, o nome deste livro, e assim por diante).

Você também deve considerar o uso de um programa que tenha um recurso de *herança digital* ou *legado digital*, algo que explicamos na seção apropriadamente nomeada "Usando um recurso de herança digital", mais adiante neste capítulo. Esse recurso o ajuda a passar suas senhas para sua família se de repente você se encontrar em uma "caixa de madeira".

Você precisa de uma boa senha para entrar em seu programa de senha, a senha *mestra*. Precisa ser algo do qual você possa se lembrar, assim, aquelas senhas longas e complicadas estão fora de questão (esqueça a senha mestra e você não poderá entrar no sistema; e não, o aplicativo também não poderá ajudá-lo a entrar). Mas não pode ser algo facilmente adivinhado. Por isso, coloque algumas palavras junto com caracteres e dígitos especiais. Você pode pegar a frase de um livro, de um poema ou de uma canção (desde que não seja um poema curto que você recita às pessoas todos os dias!) e substituir os espaços por esses caracteres especiais. Talvez tenha, por exemplo, algo assim:

CAPÍTULO 5 **Mantendo Seu Bitcoin Seguro** 151

quando@o&LODO*mortal¨despido+houvermos

Caso ainda esteja preocupado em esquecê-la, combine-a com o recurso de legado digital; assim, se sua memória *falhar*, você ainda terá um caminho de volta para suas senhas, com a ajuda de um amigo ou membro da família.

CUIDADO

A senha mestra é o calcanhar de Aquiles do programa de senhas. Perca-a e não poderá entrar. Caso seja roubada ou adivinhada, outra pessoa terá acesso. Portanto, proteja-a com cuidado!

Protegendo seu computador

Proteger seu computador também é importante porque, caso ele seja "infectado" de alguma forma, poderá comprometer tudo o que você faz nele. É importante manter sua senha mestra segura, mas há programas que podem espionar seu computador e ver o que você está fazendo, tais como programas que podem ver todos os caracteres que você digita ao entrar em seu programa de gerenciamento de senhas.

Um programa chamado Cryptoshuffler, por exemplo, rastreia áreas de transferência de computadores procurando especificamente sequências de caracteres que se parecem com endereços de Bitcoin. Ele então substitui o endereço — provavelmente copiado da caixa Receber de uma carteira Bitcoin (veja o Capítulo 4) — por um endereço que pertence ao programador do Cryptoshuffler. Quando o endereço é colado em outro programa — provavelmente a caixa de envio de uma carteira Bitcoin — o usuário do computador acaba enviando, sem saber, Bitcoin ao programador. Centenas de milhares de dólares (milhões?) de Bitcoin foram roubados por esse programa.

Há também os *keyloggers* ou *keystroke loggers* (programas de registro de teclado), que observam tudo o que está sendo digitado no computador infectado e reportam ao hacker pela internet. Tais programas podem roubar sementes e senhas. Eles podem ser instalados em seu computador por vírus ou por alguém com acesso à sua máquina. (Os pais às vezes instalam keystroke loggers nos computadores de seus filhos, e às vezes as pessoas ciumentas o fazem nos computadores de seus cônjuges.)

Mesmo sem essas ameaças, muitas coisas ruins (vírus, cavalos de Troia, malware, adware etc.) podem acontecer com seu computador caso não o proteja contra a infecção, então você precisa fazer isso de qualquer forma. O *ransomware* tem aparecido muito nas notícias recentemente. É um software malicioso que criptografa todos os dados de seu computador, bloqueando todos os dados e liberando-os somente depois de pagar um resgate.

LEMBRE-SE

Mantenha seu computador limpo e faça o seguinte:

» **Proteja seu computador com um antivírus.** Faça uma pesquisa online usando termos como *melhor antivírus para Windows* ou *melhor proteção contra vírus no Mac*. Escolha algo conhecido, respeitável e com uma avaliação muito boa. Entenda-o e execute-o.

» **Configure seu computador para exigir uma senha de acesso — e nunca deixe-o aberto em locais públicos.** Nem mesmo em um espaço *privado,* se tiver razões para acreditar que alguém próximo a você possa estar interessado em espionar suas atividades no computador (o que definitivamente inclui o escritório de seu empregador). Antes de sair para tomar um cafezinho, feche-o!

DICA

Exigir uma senha para acessar todos seus dispositivos, inclusive os smartphones, é algo inteligente. Se tiver um programa de senhas ou uma carteira em seu smartphone, você também deve proteger esse dispositivo com um login seguro — uma senha, PIN ou impressão digital, por exemplo. O próprio software da carteira também deve ter sua própria senha. (Todos os programas de senhas exigem uma senha para fazer o login.)

De olho no phishing sofisticado

Dê uma olhada na mensagem de texto da Figura 5-1, algo que o coautor Peter recebeu não faz muito tempo. Parece bastante claro; é uma mensagem da Coinbase dizendo que alguém havia entrado na conta dele. Peter sabia que não havia sido ele, então sua reação inicial foi de preocupação. Alguém havia feito login na conta dele! Como?

FIGURA 5-1:
Um aviso da Coinbase.com?

A segunda reação de Peter foi: "Isso não parece real. Eu nunca havia recebido uma notificação de login antes." Sua terceira reação: "Mas espere, há um URL aqui, direcionando para a Coinbase.com." Ele sentiu que deveria ser uma mensagem falsa da Coinbase, mas como você pode falsificar um URL em uma mensagem SMS? Isso não pode ser feito, pode? As mensagens SMS são texto simples; ao contrário dos links em uma mensagem de e-mail, por exemplo, o link é o que ele diz ser! (Em uma mensagem de e-mail, você pode ver o texto do link, mas o link real subjacente pode ser diferente.)

COMO FUNCIONA ESSA COISA DE AUTENTICADOR?

Você já se perguntou como essas aplicações de autenticação funcionam magicamente? Como um aplicativo em seu smartphone pode saber qual código um servidor online a milhares de quilômetros de distância quer ver? Bem, é mágico. Matemágico!

Ao configurar sua conta com a autenticação de dois fatores pela primeira vez usando um autenticador, você recebe um código especial para entrar no autenticador. Essa é uma chave secreta que o aplicativo guarda para uso futuro. Mais tarde, quando precisar de um código de login, ambos os sistemas usam essa chave secreta, em combinação com a hora e a data, para ambos calcularem matemagicamente o mesmo código. Visto que tanto o servidor quanto o autenticador têm a mesma chave secreta, e ambos sabem a hora, ambos produzem o mesmo código.

Peter não clicou no link. Em vez disso, ele abriu o navegador em seu notebook e digitou o URL, coinbase.com/disable, que carregou uma mensagem 404 (página não encontrada). Hum. Ele voltou à mensagem SMS, positivo que era uma mensagem falsa (*phishing*), ainda se perguntando como seria possível digitar um link em uma mensagem SMS, mas fazer com que o link fosse para um URL diferente. Então ele notou algo. Dê uma olhada na Figura 5-2, onde ampliamos a mensagem para mostrar mais detalhes.

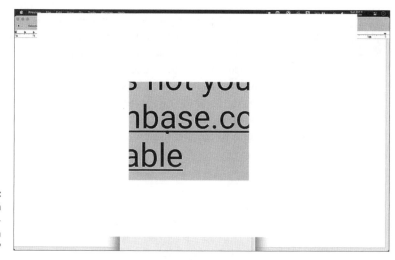

FIGURA 5-2: O que está acontecendo com a letra a?

Essa não é a letra a! É a letra a com *um diacrítico*, um pequeno símbolo — o ponto — embaixo. O que Peter havia pensado originalmente ser um pouco de pó na tela de seu smartphone era parte da letra (especificamente, um ponto embaixo dela), meio coberto pelo sublinhado do link. Não tinha nada de Coinbase.com, na verdade era Coinbase.com!

PAPO DE ESPECIALISTA

O sistema de nomes de domínio na internet só aceita caracteres ASCII, que não incluem esses símbolos com diacríticos. Entretanto, ainda é possível registrar nomes de domínio usando-os. Ao utilizar um URL que inclui um diacrítico no nome de domínio, o sistema *Punycode* converte a letra com o diacrítico em uma representação ASCII; Coinbase.com, por exemplo, é na verdade o domínio xn--coinbse-en4c.com.

Quando Peter acessou a página referenciada (não recomendamos clicar em links em e-mails de phishing), apareceu uma página de login que *parecia* estar na Coinbase.com, mas estava em um site completamente diferente (em xn--coinbse-en4c.com). Se ele tivesse feito login, o "phisher" teria recebido o ID de login e a senha de Peter e, muito provavelmente em minutos — ou até segundos —, teria tentado entrar na conta dele na Coinbase e transferir todo seu Bitcoin! (Esse é um exemplo de por que você deve usar autenticação de dois fatores, que discutiremos na próxima seção.)

Phishing é uma forma de *engenharia social* na qual os golpistas tentam convencê-lo a fornecer informações que eles podem usar para entrar em suas contas online. Está ficando bastante sofisticado hoje em dia. No caso de Peter, a mensagem estava disfarçada como uma mensagem da Coinbase. Parecia realmente um URL da Coinbase.

CUIDADO

Cuidado com esses tipos de golpes de phishing. Caso receba um e-mail ou um SMS que pareça suspeito, ou que não esperava, não clique cegamente no link. Uma maneira de identificar tal esquema em um e-mail é passar o mouse sobre o link; o URL subjacente real deve aparecer, então é possível ver o link real. E nas mensagens de texto, leia cuidadosamente o URL! Se ainda não tiver certeza, entre em contato com o serviço, não por meio de SMS ou e-mail, mas acessando diretamente o site e verificando com o atendimento ao cliente.

Empregando a autenticação de dois fatores

Você quase certamente já se deparou com a autenticação de dois fatores (muitas vezes, conhecida como 2FA). Você está familiarizado com logins básicos, é claro; você fornece um usuário (muitas vezes um endereço de e-mail) e uma senha. Com a autenticação em duas etapas, é preciso fornecer algo a mais. Os três fatores de autenticação adicionais mais comuns são os seguintes:

» Um código enviado para você por SMS pelo sistema que está acessando (alguns sistemas podem entregar o código por voz para números de telefone que funcionam apenas por voz).

» Um código enviado a você por e-mail.

» Um código criado por um aplicativo autenticador.

Para aqueles de vocês que acabaram de sair da proverbial caverna entrando neste novo mundo online, veja como isso funciona:

1. **Você acessa o site em que fará login.**

2. **Você insere seu usuário, sua senha e pressiona Enter ou clica em Acessar.**

3. **O sistema envia um código de verificação em duas etapas para seu e-mail ou por SMS; ou, então, pede um código do seu app autenticador.**

4. **Você digita o código recebido, ou obtido no autenticador, e o sistema permite sua entrada.**

Talvez você esteja se perguntando: o que são esses *autenticadores?* Bem, são aplicativos — normalmente executados em smartphones, mas também disponíveis para Windows e Mac — que fornecem um código que você pode usar para entrar no sistema. A Figura 5-3 mostra um — o Google Authenticator, que roda no iPhone e no iPad, assim como nos telefones Android. Essas ferramentas não precisam estar conectadas à internet. Mesmo se não houver sinal, elas ainda fornecem um código utilizável.

CAPÍTULO 5 **Mantendo Seu Bitcoin Seguro** 157

FIGURA 5-3:
O app Google Authenticator.

Ao criar uma conta que oferece o recurso 2FA, você tem a opção de ativá-lo — ou talvez seja informado de que é um passo *obrigatório*. Basta seguir as instruções.

DICA

Pode ser uma boa ideia estabelecer dois ou mais métodos 2FA. Por exemplo, caso perca seu smartphone, não poderá receber SMS ou usar seu autenticador e, portanto, estará bloqueado para acessar seus sistemas (como suas contas nas exchanges de Bitcoin). Assim, muitos sistemas fornecem códigos de backup, cerca de meia dúzia de códigos 2FA que você pode salvar para uso futuro. Eles devem ser armazenados com segurança em algum lugar, como em seu programa de gerenciamento de senhas.

Há vários mecanismos de autenticação em duas etapas, tais como códigos fornecidos por chamadas de voz, e até mesmo dispositivos de hardware que você conecta ao seu computador. Você também pode ter se deparado com *notificações push*. Cada vez que você tenta entrar em sua conta, uma mensagem (a notificação push) é enviada ao seu telefone, alertando-o de que alguém está tentando entrar no sistema. Você não recebe um código; você simplesmente responde Sim ou Não para mostrar se a atual tentativa de login está vindo de você ou não.

No entanto, com esses métodos de 2FA, sempre se pergunte: "o que acontece se eu não conseguir acessar meu código 2FA?" Elabore uma saída de reserva.

Os perigos da 2FA

Acreditamos que você deva usar a autenticação de dois fatores, que oferece uma camada adicional e significativa de proteção. Porém, como tudo na vida, a 2FA tem pontos fracos. Se alguém tiver acesso ao seu código de 2FA, terá acesso à sua conta. Por exemplo, a pessoa conhece seu endereço de e-mail, o que significa que provavelmente conhece seu usuário em vários sistemas, tais como suas contas em exchanges de Bitcoin. Agora, mesmo sem saber sua senha, ela pode obter acesso à sua conta fazendo um reset da senha, *se* ela tiver acesso ao sistema que receberá ou criará seu código de 2FA.

Em alguns casos, pode ser que a pessoa tenha acesso à sua conta de e-mail (se você estiver recebendo o código via e-mail). Talvez ela tenha invadido a sua conta Gmail, por exemplo. Ou talvez tenha obtido acesso ao seu smartphone. Em muitos casos, se ela tiver acesso ao seu smartphone, provavelmente terá acesso a todos os três sistemas normais de código 2FA: SMS, e-mails e seu aplicativo autenticador. Então, como você pode se proteger?

>> **Você *precisa* ter uma proteção de login ao seu smartphone, com uma senha segura que não possa ser adivinhada facilmente.**

>> **Nunca deixe seu smartphone sozinho e destravado.** Na verdade, você sempre deve saber onde seu aparelho está. Mantenha-o com você ou deixe-o sempre à mão.

>> **Proteja sua conta de e-mail.** Use uma boa senha que não possa ser adivinhada ou decodificada facilmente, não deixe seu computador aberto quando estiver longe dele, e assim por diante.

>> **Proteja-se das trocas do chip SIM!** SIM significa *subscriber identity module — módulo de identificação do assinante*. Esse chip contém informações sobre o usuário e a rede móvel — informações únicas que pessoas nefastas podem usar para obter controle sobre suas coisas.

O perigo da clonagem

Este, na verdade, não é um grande risco para a maioria das pessoas, mas é um risco para pessoas que são conhecidas por terem grandes posições em Bitcoin e que, então, se tornam um alvo suculento para os ladrões. A ideia é a de que o ladrão direcione sua linha telefônica para o telefone dele, usando um processo conhecido como *port-out scam*, *SIM swapping*, *simjacking* ou *clonagem*. Veja como funciona:

1. O ladrão — vamos chamá-lo de Jesse James — descobre que Ritchie Rico é dono de uma enorme quantidade de Bitcoin. (Dica bônus de segurança: não se vanglorie de possuir uma enorme quantidade de Bitcoin!)

2. Jesse descobre que Ritchie armazenou grande parte de seu Bitcoin em uma grande exchange. Jesse também descobre o endereço de e-mail e o número de telefone de Ritchie, algo que é muito fácil de descobrir.

Jesse passou dias, semanas talvez, investigando Ritchie, e agora sabe tudo sobre o Sr. Rico, desde seu CPF até os nomes de seus familiares. Ele pode até ter enganado Ritchie Rico e conseguido que ele lhe desse algumas das informações diretamente, mas, de qualquer forma, há muita informação disponível online.

3. Jesse invade a conta de e-mail de Ritchie. Agora, se Jesse conseguir apenas obter controle sobre a linha telefônica de Ritchie, ele pode acessar a exchange, usar o endereço de e-mail de Ritchie para fazer um reset de senha, receber o código 2FA enviado para o telefone, usar o código para autenticar, obter um link de reset de senha e colocar suas mãos sujas nas riquezas de Ritchie.

4. Jesse liga para o serviço de telefonia móvel que Ritchie usa e diz que tem um novo telefone e que precisa trocar de SIM — ou seja, alocar o número de telefone para o cartão SIM no novo telefone.

5. Jesse lhes fornece informações suficientes para convencer o serviço de telefonia de que ele é Ritchie, e eles transferem a linha telefônica para o telefone de Jesse!

6. Jesse acessa a conta de Ritchie e, com o Bitcoin dele em mãos, foge para um paraíso tropical.

CUIDADO

Sim, isso realmente aconteceu. As companhias telefônicas podem ser muito ruins com a segurança às vezes. Uma ótima ideia é ligar para sua empresa de telefonia móvel e perguntar como se proteger contra a clonagem de números. Algumas empresas, por exemplo, emitem um número PIN sem o qual seu SIM não pode ser trocado (você salvaria o PIN em seu programa de gerenciamento de senhas, é claro).

Nos Estados Unidos, a Comissão Federal de Comunicações se envolveu nessa questão e está no processo de emitir novas regras que as companhias telefônicas terão que seguir para reduzir o risco de clonagens de SIM.

Explorando Mais Formas de Proteger Seu Bitcoin (e Tudo Mais)

A segurança é realmente um assunto importante. Há muito que você pode fazer para se proteger, e quanto maior a quantia em risco, mais tempo e energia serão necessários para fazer isso. Mas lembre-se, não estamos falando apenas de seu Bitcoin. Também estamos falando de suas contas bancárias, de investimento, de aposentadoria, e assim por diante. Medidas de segurança sensatas são importantes para todos, proprietários ou não de Bitcoin.

Portanto, aqui estão mais algumas coisas a considerar:

» **Use um e-mail separado para seu Bitcoin.** Algumas pessoas usam contas de e-mail especiais para acessar suas várias contas de Bitcoin, contas essas que não usam para nada mais. Isso dificulta que um hacker em potencial descubra seus usuários de login.

DICA

Você pode simplesmente criar outra conta de e-mail gratuita — Yahoo! mail, Gmail ou qual outra preferir — ou talvez criar uma conta com um provedor de e-mail seguro, como ProtonMail.com. Esse serviço específico é criado na Suíça, dificultando até mesmo para que as autoridades policiais em outros países acessem informações sobre seu e-mail. Você pode usar um sistema como o Tor para acessar seus e-mails Proton por meio de um navegador de forma totalmente indetectável.

» **Tenha muito cuidado ao usar Wi-Fi público.** Sempre que se conectar ao Wi-Fi, deverá usar um software VPN para proteger a conexão entre seu computador e os sites que você acessa. (Pesquise VPN na internet; você encontrará muitas informações.)

» **Seja extremamente cuidadoso em computadores públicos, como aqueles nas bibliotecas e nas lan houses.** Não é algo incomum descobrir que tais computadores tenham um software de keylogging instalado, observando cada tecla digitada no computador. Se você entrar em um site, o texto digitado nos campos de usuário e senha é registrado.

» **Instale carteiras apenas em seus dispositivos pessoais, e não em um da empresa.** Você nunca sabe quanto controle sobre o dispositivo o empregador tem, ou quando ele pode ser retirado de você sem aviso.

DICA

Há um truque simples para confundir (alguns) keyloggers. Você digita um caractere de sua senha, depois clica fora da caixa de senha e digita uma confusão de caracteres aleatórios. Depois, clique novamente na caixa da senha e digite o próximo caractere... depois, fora da caixa e "toque uma sinfonia" no teclado. Isso protege sua senha, pois o keylogger grava todo o texto e não sabe quais caracteres fazem parte da senha e quais não fazem — *a menos* que o keylogger de palavras-chave também esteja gravando cliques de mouse!

Outro problema é que alguns plugins de navegador podem realmente ler o texto enquanto ele está sendo digitado em um campo de senha. Portanto, com ou sem software de keylogger, com ou sem mouse, sua senha pode ser roubada dessa forma.

Como você pode usar um computador público se realmente precisar? Bem, é possível, caso planeje com antecedência. Você pode usar um sistema operacional simples em um pen drive USB. Você pluga o pen drive em uma porta USB, depois reinicia o computador e o faz inicializar a partir do pen drive, que tem um sistema operacional limpo e simples instalado. Agora você tem um computador rodando seu sistema operacional, não o da lan house, portanto, sem nenhum software de keylogger ou plugin de navegador de leitura de senhas. Visite estes sites caso esteja interessado em fazer isso:

- https://www.makeuseof.com/.
  tag/5-best-linux-distros-installation-usb-stick/.
- https://tails.boum.org/install/mac/usb-overview/.
- https://elementary.io/.

Ainda há um problema: é possível instalar keyloggers nos teclados! Portanto, mesmo que o computador não esteja registrando o que está acontecendo, o próprio teclado pode estar registrando o que você digita, como o nome de domínio de uma exchange de Bitcoin seguido de informações de login.

Como podemos contornar isso? Na medida do possível, use o sistema operacional, use o mouse para selecionar os favoritos para acessar os sites, use um programa de gerenciamento de senhas para fazer o login automaticamente, ou use um teclado na tela. Ou você também pode usar o truque que explicamos anteriormente, digitando um caractere da senha, clicando fora da caixa de senha, digitando uma confusão de caracteres, e assim por diante.

Isso não é tudo. Pessoas com posições muito altas em criptomoedas criam métodos de proteção muito complexos e sofisticados. Considere os gêmeos Winklevoss, por exemplo, Tyler e Cameron. Eles processaram o Facebook por quebra de contrato e ganharam um acordo reportado entre US$65 milhões e US$120 milhões. Eles pegaram a maior parte deste dinheiro e o colocaram em Bitcoin. Isso faz deles bilionários agora!

Como eles protegem seus bilhões de dólares em Bitcoin? Bem, você pode acreditar que eles não estão administrando tudo isso a partir de um velho telefone Android. Um sistema que eles usam é uma combinação de carteiras de papel, em que imprimiram apenas parte de uma chave privada em cada pedaço de papel, depois depositaram esses papéis em vários cofres armazenados em todo o país. Isso torna muito difícil para alguém colocar uma arma na cabeça de um dos gêmeos e dizer: "Mande alguém ao cofre para trazer de volta a chave privada."

CAPÍTULO 5 **Mantendo Seu Bitcoin Seguro**

Sabendo o que Acontecerá Quando Você Bater as Botas

Então você investiu em Bitcoin. Você ganhou um pouco de dinheiro, talvez muito, e o futuro de sua família está assegurado. Certo dia, você é atropelado por um ônibus. O que vem a seguir? Talvez você esteja em coma, talvez sua família esteja fazendo planos funerários. O que acontece com seu Bitcoin?

Bem, ele ainda está onde sempre esteve: no blockchain. A pergunta agora é: se você escondeu suas informações — a semente e a chave privada —, sua família poderá encontrar as informações e, assim, acessar o Bitcoin?

Você realmente precisa passar duas coisas para seus herdeiros:

- » A frase semente de sua carteira.
- » Informações sobre como a usar.

Quanto à segunda, talvez uma cópia deste livro seja útil. Ou o nome e o número de telefone de alguém de sua confiança para orientá-lo durante o processo de reconstrução de uma carteira e de acesso ao seu Bitcoin. Ou talvez ensine sua família sobre Bitcoin *antes* de sair deste planeta. Quanto a salvar a semente de forma que ela possa ser transmitida quando você se for, continue lendo.

O desafio é manter a semente de seu Bitcoin, e, assim, a chave privada, segura, ao mesmo tempo em que fornece uma maneira de sua família obtê-la quando você não estiver mais aqui.

CUIDADO

O que você definitivamente não deve fazer é simplesmente dar a todos em sua família uma cópia impressa de sua semente. Isso é chamar problemas. Daqui a cinco anos, quantas impressões serão perdidas? E há sempre o risco de uma conversa descuidada entre amigos que leva a um roubo.

Uma opção melhor é simplesmente colocar a informação em um cofre (ou melhor ainda, dois) e certificar-se de que sua família saiba onde ele e a chave estão. Na maioria dos casos, este cenário é bom, mas ainda carrega riscos. É triste dizer que às vezes os casais se divorciam e às vezes os filhos ficam "fora de controle", de modo que seu cofre pode não ser tão seguro.

Escolhendo a solução multisig

Mencionamos a opção de múltiplas assinaturas porque é frequentemente citada como uma forma de resolver o problema de herança (não porque acreditamos que seja uma grande solução). Falamos sobre as carteiras multisig no Capítulo 4. Digamos que você é casado e tem três filhos. Você poderia criar um grupo de carteiras com cinco carteiras, e três carteiras necessárias para assinar (cinco, porque você precisa ter uma das carteiras, certo?). Quando você "for para o lado de lá", sua família pode acessar o Bitcoin, desde que três deles ainda tenham acesso às carteiras.

No entanto, essa não é realmente uma ótima opção. Primeiro, para acessar seu Bitcoin enquanto estiver vivo, você precisa da assistência de dois membros de sua família. Mas há uma maneira de contornar esse problema. Você cria um grupo de *quatro* carteiras para seu cônjuge e seus filhos, com um endereço que não tem Bitcoin. Então você administra seu Bitcoin usando um software de carteira que lhe permite agendar transações no futuro. Você agendará uma transação que transfira toda seu Bitcoin de seu endereço para o grupo de carteiras da família seis meses no futuro. Em seguida, você cancela a transação alguns dias antes do evento e remarca para seis meses *no futuro*. Caso você fique incapacitado — ou morra —, quando chegar a hora, o Bitcoin será transferido automaticamente.

No entanto, existem outros problemas com a solução multisig. O que acontece se vários membros da família forem atingidos pelo mesmo ônibus ao mesmo tempo, ou se alguns membros da família perderem o acesso às suas carteiras? Você pode acabar em uma situação em que o Bitcoin fique inacessível.

Agendando transações futuras

O sistema de transações programadas também poderia ser utilizado de outra forma. Você configura uma única carteira com um endereço vazio, depois configura uma transação programada (periodicamente cancelada) de sua carteira para esse endereço, e depois fornece a semente para essa carteira a cada membro da família. Neste caso, você ainda tem o problema de a semente ser encontrada por outra pessoa ou perdida por alguém, ou de uma corrida familiar para ver quem consegue criar uma carteira primeiro com a semente depois que você se for.

CAPÍTULO 5 **Mantendo Seu Bitcoin Seguro** 165

CUIDADO

Mas há ainda outro problema: você precisará de um aplicativo de carteira que possa agendar transações, e poucos fazem isso no momento, apesar de haver funções incorporadas no código Bitcoin que podem realizar isso. Essa pode se tornar uma opção mais viável no futuro. (Alguns softwares de carteira o ajudam a configurar as transações antes de enviá-las, mas o software precisa estar online para realmente enviar a transação quando a data programada chegar. Se você estiver na fila para falar com São Pedro, poderá ter dificuldade para realizar isso.)

Usando um recurso de herança digital

Mas aqui temos uma maneira elegante de fazer o que você precisa fazer, para garantir que você, e somente você, tenha acesso às suas informações essenciais de Bitcoin enquanto estiver vivo e *compos mentis* [no controle de sua mente] e ainda garantir que seus entes queridos tenham acesso quando você estiver contando os vermes.

Você pode usar o recurso de *herança digital* ou *legado digital* de um programa de gerenciamento de senhas. Falamos sobre programas de gerenciamento de senhas no início deste capítulo. Aqui descrevemos rapidamente como esse recurso em particular funciona. Nem todos os programas têm esse recurso, mas a maioria dos mais populares e sofisticados tem.

Eles funcionam basicamente assim:

1. **Você decide a quem quer passar as informações em caso de sua morte ou incapacidade; essa pessoa instala uma cópia do software.**

    A maioria desses programas duplica e distribui os dados, de modo que há uma cópia online, no smartphone e no notebook do usuário, por exemplo, o que ajuda a garantir que um erro de hardware em um dispositivo (ou mesmo em ambos) não levará a uma perda. Em alguns casos, uma versão gratuita do software pode ser suficiente para que este recurso funcione.

2. **Em sua versão do software, você designa essa pessoa como seu herdeiro, ou contato de emergência, e define também um período de tempo de espera, uma quantidade de tempo que deve passar antes que seu herdeiro tenha acesso.**

3. **Você fica incapacitado ou morre. Usando sua versão do software, seu herdeiro solicita acesso a suas senhas.**

Ele não tem acesso imediatamente, porque você estabeleceu um período de tempo de espera, e o acesso não será possível até que termine. Por exemplo, talvez você estabeleça um período de três semanas.

4. **A empresa que desenvolve o software de gerenciamento de senhas lhe envia uma mensagem, dizendo que seu herdeiro solicitou acesso. Você não pode responder porque está no hospital em coma, ou porque está fazendo a proverbial viagem ao "beleléu".**

5. **Após três semanas, seu herdeiro terá acesso. Entretanto, se, por algum milagre, você for reanimado e ler seu e-mail antes do fim do prazo, ainda poderá negar o acesso a seu herdeiro.**

DICA

Para ser realmente seguro, o ideal será fornecer acesso de emergência a duas ou mais pessoas. Redundância é sempre uma coisa boa em computação. Se dois de vocês forem atingidos pelo mesmo ônibus, o terceiro ainda pode chegar à informação. Se um de seus herdeiros se esquece da senha, o outro ainda pode entrar. Você pode até mesmo criar contas para todos seus herdeiros, junto com os *tempos de espera em cascata*, em ordem de quem você quer que tenha acesso às informações primeiro. Seu cônjuge recebe o menor tempo de espera, por exemplo, seu filho mais velho (ou talvez um irmão se seus filhos são jovens) recebe o próximo tempo de espera mais curto, e assim por diante.

168   PARTE 2 **Usando Bitcoin**

NESTE CAPÍTULO

» **Decidindo se o Bitcoin é um ativo viável ou uma bolha**

» **Entendendo o stock-to-flow**

» **O Bitcoin é o ouro digital?**

» **Escolhendo as estratégias de investimento ideais para você**

» **Considerando outras criptomoedas**

» **Aprendendo por que os *NFTs* são tão arriscados**

Capítulo **6**

Investindo em Bitcoin

Por que as pessoas possuem Bitcoin? Para a maioria, a resposta é simples: *para ganhar dinheiro!* Mas, como explicamos em outro lugar, o Bitcoin — pelo menos no momento — não é uma moeda verdadeira. Claro, você *pode* comprar coisas com ela, caso faça um esforço para tanto, mas *por quê?* Há maneiras muito mais convenientes de fazer suas compras ou de pagar por uma noite no cinema. Se você acha que o valor do Bitcoin subirá, faz sentido possuir um pouco, mas se você acha que o Bitcoin vai subir de valor, então por que compraria café com ele? Se você acha que o preço do Bitcoin *cairá*, então por que possuí-lo apenas pelo *inconveniente* de comprar coisas com ele?

CAPÍTULO 6 **Investindo em Bitcoin** 169

Não, a maioria das pessoas que possuem Bitcoin acredita que ele se valorizará e multiplicará sua riqueza. De fato, o Bitcoin é realmente um *ativo*, não uma moeda. Mesmo a Receita Federal dos EUA decidiu que deve ser tratado como um ativo para fins fiscais, como ouro ou arte.

É claro, existem outros — aqueles que chamamos de verdadeiros fiéis — que realmente *acreditam* no Bitcoin. Pessoas que pensam que ele é o futuro do dinheiro, que se não é uma moeda agora, será um dia, e que muitas vezes também acreditam que o Bitcoin é o começo de um mundo novo e melhor, no qual os governos não controlam o dinheiro. Mas sejamos francos. Sejam quais forem as crenças deles, eles também querem ganhar dinheiro!

Não é por isso que *você*, caro leitor, está lendo estas mesmas palavras agora mesmo? Não é por isso que você — e certamente a maioria dos leitores deste livro — o comprou, pegou emprestado ou roubou, para começar? Sim, é, então neste capítulo falamos sobre investir em Bitcoin e também sobre investir em outras criptomoedas (só um pouco), porque, em grande medida, é aí que as luzes dos holofotes estão brilhando hoje em dia.

LEMBRE-SE

Uma palavrinha de cautela: nós não fingimos ser videntes. Nenhum de nós é Nostradamus. As informações a seguir se baseiam em nossas observações dos mercados de criptomoedas ao longo dos últimos anos. Como você verá ao ler este capítulo, tentamos ser cautelosos. Explicamos, por exemplo, *o que outras pessoas têm feito*, o que não significa que estejamos dizendo que *você deva fazer o mesmo!* Recomendamos fortemente que antes de investir mais do que "dinheiro da pinga" em Bitcoin ou em outras criptomoedas, você aprofunde sua educação sobre Bitcoin e criptomoedas (os Capítulos 10 e 11 podem direcioná-lo a um ponto de partida) e tome sua própria decisão sobre quais estratégias de investimento podem fazer sentido para você.

Bitcoin: Ativo de Valor ou Bolha Prestes a Estourar?

A decisão de investir em Bitcoin se resume realmente a uma coisa: *você acredita que o valor do Bitcoin continuará subindo?* É claro, isso é verdade para qualquer ativo que você compraria como um investimento. A diferença entre Bitcoin e outros ativos é que os outros têm um histórico — anos, até mesmo centenas ou milhares de anos de flutuações de valor —, enquanto o Bitcoin é tão novo que ninguém pode dizer com certeza o que acontecerá.

O Bitcoin é algo muitas vezes conhecido como *reserva de valor*. Ou seja, você pode usá-lo para armazenar sua riqueza e depois recuperar essa riqueza em uma data posterior. Não há dúvida de que o Bitcoin é uma reserva de valor neste momento, embora instável. As perguntas são, no entanto, se ela continuará a ser uma reserva de valor e se subirá de valor.

Tal debate tem pessoas espertas de ambos os lados. Algumas pessoas inteligentes e instruídas acreditam que o valor do Bitcoin aumentará inevitavelmente; e algumas pessoas inteligentes e instruídas têm a mesma certeza de que ele ruirá em algum momento do futuro. Estamos em território desconhecido, sem uma história de longo prazo para apontar ou com a qual aprender; todas essas são projeções.

As seções a seguir explicam as razões pelas quais o valor do Bitcoin está fadado a continuar subindo... e por que está fadado a entrar em colapso.

O valor do Bitcoin tem que subir!

Começamos com as diversas razões demonstrando por que o valor do Bitcoin subirá:

» **O mercado do Bitcoin vale atualmente quase US$1 trilhão.** Isso representa milhões de pessoas que já acreditam na criptomoeda, que provavelmente não abandonarão o barco. Elas querem — e esperam — que o mercado do Bitcoin continue.

» **Mais dinheiro está fluindo para o Bitcoin vindo de bilionários.** Alguns exemplos são Elon Musk (da Tesla), Jack Dorsey (do Twitter), Michael Saylor (da MicroStrategy) e os gêmeos Winklevoss (da fama do Facebook — que admitiram ter se tornado bilionários por causa de seus investimentos em Bitcoin). Muitas pessoas ricas acreditam no Bitcoin.

» **Como um ativo, o Bitcoin tem muitas vantagens.** É altamente portátil, muito mais portátil do que o ouro, o bem tangível mais próximo ao Bitcoin. É também internacional, permitindo que pessoas em todo o mundo transfiram dinheiro facilmente entre nações.

» **O ouro não tem muito valor intrínseco, e, ainda assim, resiste como reserva de valor há milhares de anos.** Até mesmo o economista Paul Krugman, cético quanto às criptomoedas, admite que o Bitcoin também pode perdurar pelas mesmas razões que o ouro. (Veja, no Capítulo 12, mais pensamentos de Krugman sobre o Bitcoin.)

» **O diretor de Economia Global do Citigroup certa vez chamou o ouro de "bolha de 6 mil anos" e até de "Bitcoin brilhante".** Se o ouro pode durar, sem muito valor intrínseco, por 6 mil anos, não poderia o Bitcoin (vamos chamá-lo de "ouro sem peso") sobreviver por algum tempo, pelo menos? (Veja mais sobre o ouro como uma bolha de 6 mil anos no Capítulo 12.)

» **O Bitcoin é muito atrativo para cidadãos de países com moedas problemáticas.** Por exemplo, cidadãos do Zimbábue, da Turquia, da Venezuela e de outros países podem comprar um ativo que é muito mais estável (por mais volátil que seja) do que as moedas de suas nações.

» **O Bitcoin é muito atrativo para pessoas que estão fugindo de seus países.** É o ativo perfeito de um refugiado, mais seguro e conveniente do que dinheiro, joias, diamantes ou ouro quando está fugindo da nação. O Afeganistão, por exemplo, tornou-se recentemente um centro importante de Bitcoin.

» **As principais instituições financeiras estão entrando no Bitcoin.** Você pode comprar Bitcoin no PayPal, no Square Cash App, na Robinhood, na Venmo, no Nubank, no Itaú, no Inter, no Banco do Brasil, e assim por diante.

Em termos econômicos, o *valor intrínseco* se refere ao valor de um ativo que não está relacionado ao seu valor de mercado. Valor intrínseco se refere ao valor objetivo que um objeto tem devido a suas propriedades intrínsecas, e não ao valor atribuído a ele por um mercado de investimento. O ouro, por exemplo, é valioso porque é considerado como uma reserva de valor. Mas e se *não fosse* considerado como uma reserva de valor? E se seu único valor estivesse relacionado a seus usos industriais? Então seu valor — seu valor intrínseco — seria muito menor, uma fração de seu valor atual de mercado.

> **BITCOIN PERDIDO?**
>
> A proporção real do Bitcoin é, na verdade, um pouco menor do que mostramos aqui, porque milhões de Bitcoins foram "perdidos" e nunca mais poderão ser usados. Eles podem muito bem não existir, porque não podem ser comprados nem vendidos. (Estimativas do quanto foi perdido chegam a 20%.) Ainda assim, não sabemos o número exato de Bitcoins perdidos, então ignoraremos essa questão para fins desta explicação, e em *longo prazo*, não faz muita diferença para a relação. Veja o Capítulo 5 para saber como não perder seus Bitcoins.

LEMBRE-SE

O fato de que o Bitcoin não tem valor intrínseco não nos parece realmente relevante, em particular. Afinal, muitas reservas de valor têm pouco ou nenhum valor intrínseco: ouro, arte, cartões de beisebol. Uma reserva de valor não precisa ter valor intrínseco para ser uma reserva de valor. Ela precisa ter uma oferta menor em relação à demanda, sem que ninguém possa inundar o mercado com novas ofertas.

O Bitcoin vai virar pó!

Por outro lado, aqui temos diversos motivos para prever a ruína do Bitcoin:

» **O Bitcoin tem algumas desvantagens significativas.** Ele é fácil de usar (mas também fácil de perder — talvez até 20% de todo o Bitcoin já tenham sido perdidos), ou é muito seguro, mas muito complicado.

» **O Bitcoin não tem valor intrínseco.** Desta forma, nas palavras do economista Paul Krugman, ele não está vinculado à economia real.

» **O Bitcoin é usado para transações ilícitas.** Exemplos incluem o financiamento do terrorismo, o tráfico de drogas, a venda de armas, a lavagem de dinheiro, e assim por diante. Tais transações levarão o Bitcoin a receber um escrutínio governamental maior.

» **O Bitcoin usa quantidades obscenas de eletricidade.** É preciso muito para manter a rede funcionando e os mineiros minerando.

» **As transações de Bitcoin são processadas muito devagar.** Pode levar minutos para processar uma transação, enquanto a rede Visa, por exemplo, processa dezenas de milhares de transações *por segundo*.

» **O Bitcoin é volátil demais para durar.** Sua volatilidade é um indicador de que não é totalmente confiável.

» **O Bitcoin não está atrelado a nada.** Não tem o respaldo de governos, do ouro ou de qualquer outra coisa.

» **A escassez em si não é uma fonte de valor.** Os bitcoiners muitas vezes apontam sua escassez como sendo importante, e, em resposta, os críticos dizem, com efeito: "A escassez não é suficiente. Tem que haver algo mais!"

» **O Bitcoin é uma "fraude" e "pior que as tulipas".** Pelo menos, de acordo com Jamie Dimon, CEO do J.P. Morgan. Explicaremos a referência às tulipas mais adiante neste capítulo.

Muitas das reclamações sobre o Bitcoin são feitas, na verdade, por causa de um mal-entendido sobre a natureza da besta. Transações ilícitas? O dinheiro não é usado para isso também? Não é respaldado por nada? É apoiado pelos milhões de pessoas que acreditam nele, assim como o ouro. Ele processa as transações muito lentamente? Ele processa transações rápido o suficiente para agir como um ativo negociável, e há desenvolvimentos em andamento para torná-lo rápido o suficiente para funcionar como uma moeda (se alguém realmente se importa com isso). Muito volátil? Você já analisou o mercado de ouro recentemente? E daí que é volátil? Seu desempenho tem sido melhor que o do ouro nos últimos anos, mesmo *com* sua volatilidade.

Ah, e sobre Jamie Dimon. Ele pode não ter mudado sua visão pessoal, mas o J.P. Morgan realmente criou sua própria criptomoeda, a JPM Coin, e recentemente forneceu acesso a seis fundos de criptomoedas para seus investidores.

E sobre a ideia de que a escassez não é uma fonte de valor, considere os comentários feitos pelo professor Eswar Prasad, autor de um livro sobre o futuro do dinheiro (intitulado *The Future of Money*) no *New York Times* (14 de junho de 2021). Ele ressalta que o Bitcoin não tem valor intrínseco, e então responde à alegação dos "devotos do Bitcoin" de que seu valor vem da escassez, dizendo:

A escassez por si só dificilmente pode ser uma fonte de valor. Os investidores de Bitcoin parecem estar confiando na teoria do maior tolo — tudo que você precisa para lucrar com um investimento é encontrar alguém disposto a comprar o ativo a um preço ainda mais alto.

Mas o mesmo não pode ser dito sobre o ouro? Ele tem muito pouco valor intrínseco. Só tem sido valioso nos últimos 6 mil anos porque sempre houve alguém (outro tolo?) disposto a comprar, por um preço muitas vezes mais alto, o metal que, de outra forma, não valeria nada.

Falando em ouro, vamos explorar o conceito de *stock-to-flow*.

Entendendo o stock-to-flow

Acreditamos que o modelo stock-to-flow é um conceito útil a ser conhecido para ajudá-lo a entender *como* o Bitcoin pode ser um ativo de valor. O *modelo stock-to-flow* é uma medida da *escassez* de um ativo.

A ideia básica é a de que, se a relação entre o estoque (o "stock", quanto de um ativo já existe) e o fluxo (a quantidade do ativo sendo criada a cada ano, o "flow") for muito baixa, o ativo não terá muito valor. Por exemplo, o stock-to-flow de batatas é essencialmente 1:1, com a maioria das batatas produzidas a cada ano sendo utilizadas a cada ano; o estoque atual está sendo reabastecido por um novo fluxo. O ouro, por outro lado, tem uma relação de stock-to-flow muito alta. A quantidade de ouro novo criado a cada ano é uma proporção muito pequena dos estoques atuais do mundo.

É por isso que o ouro tem se mantido como um bem valioso por milhares de anos. É relativamente escasso, algo exigido por bens valiosos. Mas, além disso, tem uma alta relação de stock-to-flow. Ou seja, não só não há muito dele, em relação à demanda, como também não há muito mais entrando no mercado. A produção de ouro a cada ano é bastante inflexível e baixa. Mesmo se fosse possível dobrar a produção anual para 6 mil toneladas, ainda seria uma pequena proporção, em comparação com o estoque.

Por algumas medidas, 180 mil toneladas de ouro já estão nas mãos das pessoas, mas geralmente menos de 3 mil novas toneladas saem das minas a cada ano. (Uma *tonelada* representa uma unidade de massa igual a mil quilos.) Assim, sua relação de stock-to-flow é de cerca de 1:60.

Muitos outros metais poderiam ser usados como reserva de valor, mas a maioria tem proporções muito mais baixas. O ouro tem o valor adicional de ser bonito, é claro. Assim como a prata, mas a prata tem uma relação mais baixa. Cerca de 550 mil toneladas de prata já estão fora do solo, mas 25 mil toneladas são extraídas a cada ano, representando uma relação de stock-to-flow de 1:22.

Agora, consideremos o Bitcoin. No momento da redação deste capítulo, 18.907.156 Bitcoins estão no blockchain. Nos próximos 12 meses, cerca de 328.500 Bitcoins a mais serão extraídos (6,25 a cada 10 minutos ou mais, 900 por dia; veja o Capítulo 7). Essa é uma proporção de 1:57,6, muito próxima à do ouro.

É claro que tal proporção está sempre aumentando. No ano seguinte, haverá mais de 328.500 Bitcoins minerados, mas o estoque será de cerca de 19.235.656 (que agora inclui o novo Bitcoin que será adicionado ao estoque no próximo ano), portanto, a proporção estará mais próxima de 1:59. E em meados de 2024, o número de Bitcoins minerados a cada ano cairá para cerca de 164.250, e então a proporção subirá para cerca de 1:120. Quatro anos mais tarde, o Bitcoin minerado diminuirá pela metade novamente — dobrando mais uma vez a proporção —, e assim por diante.

No Capítulo 1, falamos sobre as pedras rai, a desajeitada moeda de pedra das ilhas Yap. Durante muitos anos, seu valor foi mantido. Apenas algumas pedras rai novas eram extraídas e entravam em circulação a cada ano. Não sabemos qual era a proporção, mas era alta o suficiente para que as pedras rai permanecessem valiosas.

Mas em 1871, o capitão de um navio irlandês-americano, David O'Keefe, descobriu sobre as pedras rai (a lenda diz que ele naufragou nas ilhas, embora isso possa não ser verdade) e começou a produzir as pedras em massa. Isso — combinado com o fato de que, após o contato com os europeus, os próprios nativos da ilha começaram a usar ferramentas metálicas para acelerar a produção — levou a uma superprodução. Com efeito, a relação de stock-to-flow caiu, com a nova produção anual representando uma grande parte do estoque existente. (Mas não antes de O'Keefe ter ganhado dinheiro suficiente para comprar sua própria ilha e declarar-se rei. Cerca de oitenta anos depois, Burt Lancaster o interpretou em um filme, *Sua Majestade, o Aventureiro*. Você pode assisti-lo em pelo menos alguns serviços de streaming diferentes.)

De qualquer forma, é o que acontece com um bem que tem uma relação de stock-to-flow decrescente: seu valor cai, chega até a desmoronar e vira pó. Mas isso é algo que não pode acontecer com o Bitcoin. Em 2024, a relação será o dobro daquela do ouro, e continuará a subir a partir daí. O Bitcoin acabará em um futuro não tão distante com uma relação de stock-to-flow de quatro vezes, depois oito e dezesseis vezes a do ouro — e depois mais —, até que a relação acabe se tornando infinita à medida que a mineração do novo Bitcoin parar.

LEMBRE-SE

Portanto, o Bitcoin é como o ouro. É uma mercadoria escassa, com muito pouco Bitcoin novo chegando ao mercado a cada ano, e nenhuma maneira de aumentar o fluxo (estará sempre caindo). O fornecimento de ouro, por outro lado, apesar de ter uma grande relação de stock-to-flow, pode realmente aumentar um pouco. À medida que o preço sobe, a mineração de ouro se torna mais lucrativa.

Mas o Bitcoin também é digital e, portanto, facilmente entregável. Satoshi Nakamoto, o fundador do Bitcoin, descreveu-o assim em uma publicação no fórum BitcoinTalk.org:

> *Como um experimento mental, imagine que houvesse um metal de base tão escasso como o ouro, mas com as seguintes propriedades:*
>
> *- cor cinza sem atrativos*
>
> *- não é um bom condutor de eletricidade*
>
> *- não é particularmente forte, mas tampouco facilmente flexível ou maleável*
>
> *- não é útil para qualquer propósito prático ou ornamental*
>
> *e com uma propriedade especial, mágica até:*
>
> *- pode ser transportado por meio de um canal de comunicação*
>
> *Caso ele adquirisse qualquer valor seja lá por qual motivo, então qualquer um que quisesse transferir riquezas em longa distância poderia comprar, transmitir e fazer com que o destinatário vendesse-o.*

O Bitcoin não tem algumas das características do ouro com as quais realmente nos importamos. Mas, como o ouro, o Bitcoin é escasso, é impossível de ser falsificado, não pode ser hackeado e sua relação stock-to-flow é alta (em breve será maior que a do ouro e crescerá ainda mais). Também é digital — é um ouro mais valioso que pode ser enviado por e-mail!

Bitcoin: O ouro digital

Há uma boa hipótese de que o Bitcoin seja uma forma de ouro digital. O ouro tem uma longa história; pequenas quantidades foram encontradas em cavernas habitadas por seres humanos há 40 mil anos, e a humanidade vem criando artefatos de ouro há pelo menos 6 mil anos. Portanto, o ouro, com relativamente pouco valor inerente, tem durado como uma reserva de valor por pelo menos 6 mil anos. Se algo mais aparecesse com algumas das mesmas características — e vantagens adicionais —, não poderia também servir como uma reserva de valor? Então, vamos dar uma olhada: ouro *versus* Bitcoin, como mostrado na Tabela 6-1.

TABELA 6-1 ## Ouro *versus* Bitcoin

Característica	Ouro	Bitcoin
Suprimento limitado?	Sim. Há apenas cerca de 180 mil toneladas extraídas e 57 mil toneladas restantes para serem mineiradas. Compare isso com as reservas de 30 bilhões de toneladas de alumínio.	Sim, atualmente há apenas 19 milhões de moedas.
Tem a bela cor dourada?	Sim, e foi isso que atraiu a atenção humana em primeiro lugar.	Não, mas como reserva de valor, isso realmente não importa!
Há uma proporção alta de stock-to-flow?	Sim, cerca de 1:60.	Sim, será algo em torno de 1:60 em breve, e cerca de um ano depois, alcançará 1:120 e mais.
É fácil transportar?	Não, pelo menos em grandes quantidades. O valor de US$1 milhão em ouro pesa cerca de 16kg.	Sim, US$1 milhão em Bitcoin não pesa nada.
Pode ser transportado rapidamente?	Tão rápido quanto possa ser carregado.	Pode ser enviado para o outro lado do planeta em segundos.
Tem valor intrínseco?	Um pouco, mas não muito quando comparado com seu valor de ativo.	Nenhum. Nem mesmo como decoração.

PARTE 2 **Usando Bitcoin**

Característica	Ouro	Bitcoin
É fungível?	Sim, mais ou menos, Uma barra de ouro com a mesma pureza tem o mesmo valor que outra barra de outro com a mesma pureza.	Sim, absolutamente.
É excelente condutor de calor e eletricidade?	Sim!	Hum, não. Mas não nos importamos.
É resistente à maioria dos ácidos?	Sim!	Bem, na verdade é!
É usável como moeda?	Na verdade não, na economia atual.	A "criptomoeda" Bitcoin não é uma moeda, pelo menos no presente.
Tem crença de longo prazo?	Sim, 6 mil anos.	Não, acabamos de começar.
É vendido facilmente?	Bem, talvez precise levar a uma joalheria ou a empresas especializadas.	Sim, de forma rápida e fácil.

Parece realmente que o Bitcoin é o ouro digital. É como o ouro de várias maneiras, e naquilo em que ele *difere* do ouro realmente não importa (ele não é bonito e não conduz eletricidade), ou oferece uma vantagem espetacular (a facilidade de transporte). Talvez a única diferença significativa seja que o ouro é antigo, enquanto o Bitcoin é novo.

Então Você Quer Comprar Bitcoin...

Digamos que você tome o lado do Bitcoin que continua em ascensão; você quer se juntar à multidão e comprá-lo. Há algumas perguntas básicas a considerar antes de começar:

» Está comprando a um preço razoável?

» Consegue manter seu Bitcoin seguro?

» Está investindo de forma *exagerada*?

CUIDADO

Primeiro, certifique-se de ler o Capítulo 3 e entender como comprar Bitcoin ao melhor preço, embora você deva equilibrar isso com a segurança. Às vezes o Bitcoin está "barato" por uma razão (você está sendo enganado, por exemplo!). Você também precisa realmente entender como manter seu Bitcoin seguro. Você não quer ser uma das milhares de pessoas que tiveram seu Bitcoin roubado ou que simplesmente perderam o acesso a ele. Consulte o Capítulo 5 para obter essas informações.

E então, é preciso fazer a si mesmo a perene pergunta de investimento: você está arriscando demais? E se você estiver errado e o Bitcoin não sobreviver?

CUIDADO

Não invista mais do que pode se dar ao luxo de perder (ou que tenha estômago para ver se diluir).

Tenha muito cuidado para não ficar preso ao *FOMO* — Fear of Missing Out (medo de ficar de fora). Sim, se tivesse pegado todas as suas economias no início de 2016 e as tivesse colocado em Bitcoin, você teria multiplicado seu dinheiro quarenta vezes (considerando o momento de redação desta capítulo; talvez *mais* na hora em que o esteja lendo). Mas isso é passado; não há como voltar no tempo. Milhões de pessoas na história do mundo se arruinaram financeiramente ao fazerem a grande aposta e perder.

LEMBRE-SE

Investir em Bitcoin é definitivamente uma aposta. Não fique muito ganancioso. Invista uma soma que não o arruinará se os opositores provarem estar certos, uma soma que você pode dar de ombros se necessário. Talvez isso ocorra após um período de angústia, porém, mais cedo ou mais tarde, isso acontecerá!

A estratégia básica — Buy and hodl

Esta é a principal estratégia para investir em Bitcoin:

1. Compre Bitcoin.
2. Segure a criptomoeda — faça "hodl".
3. Espere até que ela suba de preço.
4. Continue segurando-a, pois provavelmente subirá mais.

DICA

Isso pode ser chamado de *estratégia de hodling* (explicamos o que é hodl no Capítulo 4). E talvez pareça muito simplista, mas é realmente a principal estratégia de investimento, e muitas pessoas se tornaram muito ricas usando tal estratégia.

Vamos dar uma olhada no preço do Bitcoin ao longo do tempo. Usaremos o CoinMarketCap.com, um ótimo site para verificar o preço de uma enorme seleção de criptomoedas. A Figura 6-1 mostra a ascensão e a queda do Bitcoin entre o início de 2016 e dezembro de 2021. O primeiro preço mostrado neste gráfico é de US$433 por Bitcoin; o último é de US$46.727, e o pico foi de quase US$67 mil.

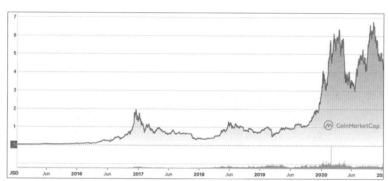

FIGURA 6-1: Estamos apostando que você queria ter comprado Bitcoin no início de 2016 (ou até mesmo antes).

Sim, o preço do Bitcoin tem muita volatilidade; é um sobe e desce selvagem. Mas uma estratégia de hodl a partir de 2016 teria funcionado extremamente bem. Você estaria entrando em 2023 tendo aumentado seu investimento cerca de cinquenta ou sessenta vezes. Mesmo se tivesse comprado no pico em 2017 (quando o Bitcoin realmente chamou a atenção das massas) e depois continuasse a fazer hodl durante o declínio abrupto no início de 2018, você ainda estaria muito à frente. Você teria mais do que dobrado seu dinheiro.

Média do custo em dólar (DCA)

Dollar cost averaging, DCA (a média do custo em dólar) é uma estratégia popular no campo do Bitcoin e um conceito de investimento que já existe há muito tempo. Está relacionada ao investimento tradicional em ativos, tais como fundos mútuos.

CAPÍTULO 6 **Investindo em Bitcoin** 181

A ideia é a de que você invista uma quantia fixa regularmente — toda semana ou mês, por exemplo. Você não presta muita atenção ao preço em nenhum momento, apenas investe essa quantia a cada período. Quando o preço está alto, você estará comprando menos do ativo; quando o preço está baixo, estará comprando mais.

O objetivo da média do custo em dólares é manter você investindo em um ativo que tem um histórico de valorização ao longo do tempo, sem o risco de tentar acertar o momento exato do mercado investindo uma grande quantia de uma vez e errar. Você não pensa no investimento, apenas o faz sempre que está programado.

Assim, muitas pessoas fazem DCA em Bitcoin. Por exemplo, você pode decidir que quer investir US$1.000 em Bitcoin este ano. (Digamos que seja US$1.040 para facilitar a conta.) Você configurou as compras automáticas em uma exchange para investir US$20 todas as sextas-feiras, diluindo, assim, seus US$1.040 ao longo de 52 semanas.

Você pode ver isso na prática usando uma calculadora de DCA, como a dcaBTC (https://dcabtc.com/) ou a disponível em https://www.bitcoindollarcostaverage.com/. A Figura 6-2 mostra o que teria acontecido se você tivesse investido US$20 por semana a partir de três anos atrás, como mostrado na calculadora dcaBTC. De acordo com essa calculadora, você teria investido US$3.140; com o valor atual do Bitcoin, você possuiria US$17.829. (US$3.140 a US$20 por semana é, na verdade, três anos e uma semana, por alguma razão. Não estamos dizendo que essas calculadoras são altamente precisas, mas elas dão uma ideia do que está acontecendo.)

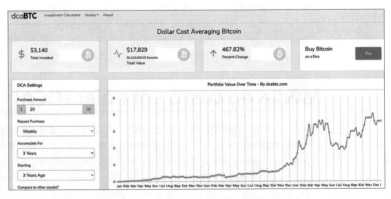

FIGURA 6-2: Como o custo médio em dólar teria funcionado ao longo dos últimos três anos, de acordo com a dcaBTC.

182 PARTE 2 **Usando Bitcoin**

DICA

Vejamos duas coisas que você precisa entender sobre a DCA:

» **Ela não o protege de perdas quando você investe em um ativo altamente especulativo que desaba em valor.** É uma estratégia de investimento que funciona bem para dar às pessoas a disciplina de investir em um ativo que sabemos que crescerá ao longo do tempo, apesar das quedas periódicas no valor. O Bitcoin definitivamente tem queda periódica de valor, e definitivamente tem, até hoje, subido ao longo do tempo. Será que vai continuar a fazê-lo? Essa é uma decisão que você precisa tomar, acreditando nele ou não.

» **Se você tem certeza de que o ativo subirá em longo prazo, então investir cedo uma grande quantia de uma só vez pode cair de valor em curto prazo — mas em longo prazo, proporciona retornos muito maiores do que a DCA.** Se você tivesse investido US$3.120 de uma só vez (o equivalente a três anos de investimentos periódicos semanais no valor de US$20) no *início* do período de três anos, o valor agora seria superior a US$20 mil. Mas novamente, o timing do mercado é muito difícil, e não sabemos o que acontecerá nos próximos três anos.

Encontrando o timing do mercado

Se você puder descobrir o momento certo de comprar ou vender, poderá ganhar muito mais dinheiro. Digamos que você investiu US$1.000 em Bitcoin em fevereiro de 2017, quando uma moeda valia esse valor, e depois:

1. Você a segurou até o fim de 2017 e a vendeu no pico. Seus US$1.000 valem agora US$19 mil.

2. Você inteligentemente a segurou até que o preço baixou e comprou novamente por cerca de US$3.400 no fim de 2018. Seu Bitcoin se transformou agora em 5,5 Bitcoins.

3. Você sabia que haveria outro pico, então observou atentamente. Em abril de 2021, você vendeu seus 5,5 Bitcoins por US$349 mil. Em quatro anos, você aumentou seu investimento 349 vezes.

Simples! *Essa* é a maneira de ficar rico: encontrar o momento certo do mercado! Tenha em mente, no entanto, que, se errar ao fazer isso, não funcionará tão bem. Será que é possível encontrar o timing do mercado? Muita gente lhe dirá que sim. Todo tipo de prognosticadores do Bitcoin, que têm inúmeras teorias.

CAPÍTULO 6 **Investindo em Bitcoin** 183

Considere, por exemplo, o Bitcoin Rainbow, de Über Holger. A ideia é que o Bitcoin está em uma curva ascendente de longo prazo, mas com flutuações. É como um arco-íris, mas às vezes o preço do Bitcoin está na borda inferior do arco-íris, e às vezes, perto da parte superior. Veja na Figura 6-3 o que queremos dizer.

FIGURA 6-3: O Bitcoin Rainbow. BlockChainCenter.net (veja https://www.blockchaincenter.net/bitcoin-rainbow-chart/).

DICA

Quanto mais próximo o preço estiver da borda superior do arco-íris, mais forte será o sinal para vender; quanto mais próximo estiver da borda inferior, mais forte será o sinal para comprar.

PAPO DE ESPECIALISTA

Há duas coisas a considerar nesse modelo. Se você se limitar a fazer hodl, ganhará dinheiro de qualquer maneira. O arco-íris está em uma curva ascendente, lembre-se! Além disso, bem, vamos deixar que o Sr. Holger lhe diga. A curva do arco-íris não pretende ser um conselho de investimento, e, como você certamente já ouviu muitas vezes, o desempenho passado não é uma indicação de resultados futuros. Nas palavras dele:

> O gráfico do arco-íris pretende ser uma forma divertida de analisar os movimentos de preços em longo prazo, desconsiderando o "ruído" da volatilidade diária. As faixas de cores seguem uma regressão logarítmica (introduzida pelo usuário trolololo, do Bitcointalk, em 2014), mas de outra forma são completamente arbitrárias e sem qualquer base científica. Ela estará correta apenas até o dia em que não esteja mais correta.

CUIDADO

Você pode encontrar muitos conselhos sobre como encontrar o timing do mercado se for isso o que deseja; nós o deixaremos pesquisar. Apenas esteja ciente de que é muito difícil acertá-lo, e muito fácil errá-lo.

Arbitragem

Outra técnica de investimento que algumas pessoas utilizam é a *arbitragem*. O termo significa "a compra e a venda simultâneas de títulos, moedas ou commodities em mercados diferentes ou em derivativos, a fim de tirar proveito de preços diferentes para um mesmo ativo" (https://www.lexico.com/en/definition/arbitrage).

Veja um exemplo simples. O filho do coautor Peter costumava estar no ramo de arbitragem de brinquedos. Ele visitava lojas de brinquedos procurando produtos à venda com um enorme desconto, verificava os preços na Amazon usando seu smartphone e, se a disparidade de preços fosse suficiente, ele os comprava, enviava para a Amazon e os vendia pelo programa de vendas de terceiros do site. Ele estava procurando disparidades de preços em dois mercados diferentes e as aproveitando.

O princípio é o mesmo com o Bitcoin. Nesse caso, você está tirando vantagem de preços que diferem entre exchanges. (No entanto, os preços provavelmente estão mais próximos entre as exchanges atualmente do que no passado.) O objetivo é encontrar uma diferença suficientemente grande entre duas exchanges para fazer valer a pena comprar em uma e depois vender na outra.

CUIDADO

Há, é claro, problemas com isso. Muitas vezes, as diferenças são muito estreitas nas exchanges mais respeitáveis. Nos EUA, em geral, a diferença é de frações de 1% — uma diferença de 1% é, muitas vezes, um grande negócio —, então você precisará fazer muito trade de Bitcoin para ganhar muito dinheiro. É preciso considerar taxas de câmbio e de transação, e você também deve ter cuidado com as rápidas flutuações de preços, que podem arruinar seu plano em segundos.

Ainda assim, algumas pessoas fazem isso e estão até mesmo envolvidas em arbitragens "triangulares". Isso é quando você começa com Bitcoin, troca-o por outra criptomoeda, subvalorizada e depois troca-a por outra coisa. Então você troca a última criptomoeda por Bitcoin novamente, com um pouco mais do que você começou. Os "bots" de arbitragem podem automatizar o processo. Porém, não entraremos em mais detalhes. Se você realmente quiser entrar nesse jogo, primeiro faça uma pesquisa séria e organize tudo com antecedência.

CAPÍTULO 6 **Investindo em Bitcoin**   185

Outras formas de investir Bitcoin

Há outras maneiras de investir na revolução Bitcoin, algumas sem mesmo comprá-lo. Talvez queira investir em uma estratégia de "picks and shovels" [literalmente, picaretas e pás].

O conceito de *investimento picks and shovels* é a ideia de investir não diretamente em um novo setor, mas nas empresas que o apoiam. O nome se refere às corridas do ouro nos EUA durante o século XIX. Enquanto a maioria das pessoas corria rumo aos campos de ouro para extraí-lo, muitas pessoas decidiram, em vez disso, apoiar os mineradores, por exemplo, operando bares, restaurantes e hotéis, e vendendo suprimentos (as picaretas e as pás). Muitos enriqueceram fazendo isso (com muito menos esforço e risco do que a mineração de ouro).

Você encontrará numerosas oportunidades de investimento "picks and shovels" da revolução Bitcoin:

> » Exchanges de Bitcoin, como Coinbase (COIN), que já tem o capital aberto, e a Kraken, que o fará em breve.
> » Empresas de mineração de Bitcoin, algumas das quais são negociadas na bolsa, como a Riot Blockchain (RIOT), a Hive Blockchain Technologies (HIVE) e a Marathon Digital Holdings (MARA).
> » Empresas que fazem equipamentos de mineração, como a Canaan (CAN).
> » ETFs — exchange traded funds, que são fundos negociados em bolsas de valores como uma ação real de empresa, mas são fundos que investem em determinados tipos de investimentos ou em um determinado mercado. Alguns ETFs agora investem em Bitcoin e outras criptomoedas. A Grayscale, por exemplo (`www.Grayscale.com`), tem diversos fundos de criptomoedas, incluindo o Bitcoin Trust.

Não se esqueça de sua aposentadoria

Que tal usar parte de suas economias para a aposentadoria investindo em criptomoedas? Como isso pode ser feito?

CUIDADO

Bem, antes de explicarmos, não se esqueça do que dissemos anteriormente: não invista mais do que pode perder. Você pode estar projetando ganhos enormes para se sentir confortável em sua aposentadoria, mas se as coisas correrem de lado nos mercados das criptos, é importante ainda poder se aposentar!

Bem, voltando ao investimento com seus fundos de aposentadoria. A primeira coisa a considerar é, obviamente, que a estratégia picks and shovels está disponível para você por meio de contas de investimento regulares. A Coinbase, por exemplo, é uma empresa de capital aberto (COIN, na NASDAQ). É provável que a Kraken venha a abrir seu capital em breve, e muitas outras empresas que seguem a estratégia de picks and shovels são negociadas nas bolsas.

Depois, é claro, há os ETFs, que mencionamos na seção anterior. Como explicamos, ETF significa *exchange traded funds*, ou *fundos negociados em bolsa*, portanto, eles também estão disponíveis pelas contas de investimento regulares.

Nos EUA, há algumas opções a mais. Primeiro, há os planos de aposentadoria IRA e 401(k), voltados às criptomoedas, como os disponíveis na Bitcoin IRA (www.BitcoinIRA.com), na iTrustCapital (www.iTrustCapital.com) e na IRA Financial (www.irafinancialgroup.com). Eles estão atrelados a exchanges, como a Coinbase, e permitem que você invista seus fundos de aposentadoria em criptomoedas. Mas tenha cuidado, pois às vezes é muito caro aderir e manter esses planos. Em geral, eles cobram taxas muito altas de transação, por exemplo.

Essas empresas estão realmente fornecendo o que se conhece como contas de aposentadoria *individual* ou *autodirigida*, que existem há décadas. As contas individuais IRA e 401(k) permitem investir em várias formas diferentes de ativos: imóveis, empresas privadas, terrenos, financiamentos imobiliários, empréstimos privados, ouro e moedas, moeda estrangeira — e criptomoedas.

CUIDADO

Se você já estiver trabalhando com uma corretora — talvez já tenha um IRA ou 401(k) —, é bem provável que ela possa criar uma conta individual para você, mas aqui estão algumas advertências:

» **É bem raro que essas empresas façam isso.** Talvez tenha dificuldade de chegar às pessoas certas que entendem o que você está tentando fazer e como fazê-lo.

» **Há regras complexas a seguir com uma conta de aposentadoria Individual.** Na verdade, você precisa de papelada especial e complicada para montar uma dessas contas. Talvez seja preciso ir a uma empresa como a IRA Financial para fazer a papelada primeiro, e depois ir à sua corretora para criar a conta real para a qual você submete os fundos.

CAPÍTULO 6 **Investindo em Bitcoin** 187

> » Você pode ir a um dos depositários de contas direcionadas que não se concentram em criptomoedas, empresas como Equity Trust (www.trustetc.com/) ou The Entrust Group (www.theentrustgroup.com/), que cuidarão da papelada e fornecerão uma conta a partir da qual você pode gerenciar seus investimentos.

LEMBRE-SE

Se você criar uma conta individual por meio de uma corretora, retirar todo o dinheiro e fazer os investimentos pela Coinbase, por exemplo, a corretora poderá fechar a conta por estar zerada. É um problema real, porque você precisa manter uma conta aberta para cumprir com os regulamentos.

Portanto, pode ser mais fácil trabalhar simplesmente com uma das empresas dedicadas à conta individual, em vez de trabalhar com sua antiga e familiar corretora. Faça algumas pesquisas e descubra o que é melhor para você. Essa não é uma área simples, mas você pode achar que vale bem a pena fazer o dever de casa.

Hodling II — Uma Estratégia Ainda Melhor

Os grandes ganhos com hodling no mercado de Bitcoin, naturalmente, foram para pessoas que compraram muito antes da grande valorização de 2017. Essas pessoas estavam bem à frente do jogo, comprando, minerando e fazendo hodling de Bitcoin em 2015, 2014 ou antes.

Considere Satoshi Nakamoto, que criou cerca de um milhão de Bitcoins a partir de 2009. Multiplique um milhão por US$50.522,20, o preço no momento da redação deste capítulo. (Pouparemos seu tempo: são mais de US$50 bilhões.) E, depois, considere que ele criou esses Bitcoins *do nada*, em uma época em que a criptomoeda não tinha essencialmente *valor algum*. O custo foi apenas o da pouca eletricidade necessária para operar um computador pessoal. (Não se entusiasme; o custo da mineração não é mais "apenas o da pouca eletricidade necessária". Atualmente é preciso um grande investimento em eletricidade.)

Esse é um conceito importante, então nos acompanhe por um momento. Aqui temos uma estratégia de hodling ainda melhor do que a descrita anteriormente:

1. **Crie uma máquina do tempo.**
2. **Volte a 2009.**
3. **Compre ou minere Bitcoin (em grandes quantidades).**
4. **Segure-o.**
5. **Espere até que seu preço suba.**
6. **Venda-o. (De quanto dinheiro exatamente você precisa?)**

LEMBRE-SE

Pode parecer trivial, mas é um conceito realmente importante, pois você deve entender que os grandes ganhos com Bitcoin acabaram!

Histórias de grandes lucros geraram, em grande medida, o interesse pelo Bitcoin que trouxe você a este livro. Há pessoas que compraram ou mineraram Bitcoin ao preço de, digamos, US$1. Esses Bitcoins se multiplicaram em valor mais de 50 mil vezes! (Estamos usando um preço inicial de US$1 porque não sabemos como dividir US$0 por US$50.522.) Isso simplesmente não pode acontecer novamente. A quantia de US$50 mil multiplicada por 50 mil resulta em US$2,5 bilhões. Histórias dramáticas como essas geraram um interesse enorme, mas simplesmente não é realista acreditar que todo o estoque de Bitcoin valerá um dia US$48.000.000.000.000.000.000 (cerca de 500 vezes o Produto Interno Bruto do mundo).

Considere o valor do ouro. Atualmente, todo o estoque mundial de ouro vale entre US$9 trilhões e US$13,5 trilhões, dependendo de como você o mede. Presumamos primeiro, então, que o maior número é o correto, e que o Bitcoin substitui inteiramente o ouro, e o valor armazenado em ouro se desloca para o Bitcoin. (A propósito, não é provável que isso aconteça, pois talvez metade de todo o ouro esteja armazenado na forma de joias, e qualquer elogio que você possa ter pelo Bitcoin nunca se deu na forma de um adorno atraente.)

O valor do Bitcoin atualmente gira em torno de US$900 milhões. Em nosso cenário, com o Bitcoin passando de US$900 milhões para US$13,5 trilhões, ele aumentaria em valor 15 vezes. Muito significativo, mas não exatamente 50 mil vezes.

Isso não quer dizer que o Bitcoin ainda não possa dobrar, triplicar, quintuplicar de preço ou mesmo muito mais. Mas isso significa que, se está procurando maiores lucros, como vinte vezes ou cinquenta vezes em curto prazo, você precisa procurar em outro lugar.

A Nova Fronteira: Outras Criptomoedas

Os ganhos realmente grandes estão sendo feitos atualmente em outras criptomoedas, não em Bitcoin. Veja o ganho mais recente de um ano para Bitcoin em comparação com um monte de outras criptomoedas:

Bitcoin (BTC):	2,1x
AAVE (AAVE):	2,6x
XRP (XRP):	3,4x
Safe Haven (SHA):	4,3x
Basic Attention Token (BAT):	5,5x
Horizen (ZEN):	6x
Ethereum (ETH):	6,9x
Solana (SOL):	149x
Polygon (MATIC):	151x
Gala (GALA):	1.563x
SHIBA INU (SHIB):	35.000.000x (sério isso?)

Não falamos muito sobre outras criptomoedas neste livro, que, afinal, se chama *Bitcoin Para Leigos*. No entanto, muito do que você pode aprender aqui é igual ou semelhante para outras criptomoedas:

- » Todas usam blockchains.
- » Todas têm redes e nós.
- » Você pode comprá-las em exchanges — normalmente nas mesmas (a Coinbase, por exemplo, negocia cerca de 130 criptomoedas).
- » Todas usam carteiras, que são protegidas das mesmas maneiras.

Assim, este livro oferece uma introdução sólida não apenas ao Bitcoin, mas ao mundo das criptomoedas.

O que não faremos, no entanto, é dizer quais criptomoedas você deve comprar. Essa é uma pergunta realmente importante, e a resposta muda o tempo todo. A internet tem muitos blogs e serviços de investimento que lhe dirão. (Se estão certos ou não, é outra coisa.)

Por exemplo, o popular serviço de consultoria online de investimentos, Motley Fool, que está no mercado há mais de 25 anos, agora faz cobertura de criptomoedas em uma seção chamada *Digital Explorers*. A equipe (a Motley Fool tem cerca de 300 funcionários; esse não é o caso de um blog feito apenas por uma pessoa) analisa criptomoedas que já estão estabelecidas até certo ponto — não aquelas novinhas em folha sem nenhum histórico — e que parecem resolver problemas reais usando "tecnologias de livro-razão distribuído". A arena das criptomoedas está fazendo muito mais do que apenas criar o equivalente ao ouro e à moeda; está revolucionando a arena financeira. Você provavelmente já ouviu os termos *defi* (finanças descentralizadas — decentralized finance) e *fintech* (tecnologia financeira — financial technology); estamos vendo uma revolução do dinheiro e da gestão das transações financeiras, e, por isso, a Motley Fool está procurando criptomoedas que sobreviverão e farão parte desse futuro.

A Motley Fool não é a única. Você encontrará muitos conselhos. Entre em seu mecanismo de busca favorito e pesquise *investimento em criptomoedas*, depois se prepare para algumas semanas de leituras e pesquisas!

CUIDADO

Não economize na pesquisa. Há muito a aprender, em parte porque há muitos golpes. Tenha cuidado com o seguinte:

> » *Esquemas de "pump and dump",* em que grupos de pessoas entram em uma criptomoeda e compram muito, depois a promovem nas mídias sociais, apontando o alto volume de vendas. Os investidores que não estão envolvidos no esquema entram e começam a comprar, empurrando o preço para cima. Mais cedo ou mais tarde, o grupo original coordena uma venda, deixando os compradores insuspeitos com uma cripto sem valor!

> » Outra jogada que ocorre com frequência é quando as pessoas que tentam promover uma nova criptomoeda começam a negociá-la *entre suas próprias carteiras* a preços altos. Isso faz parecer que a criptomoeda vale muito e que muitas negociações estão acontecendo.

Portanto, se decidir entrar nessa arena, você ainda terá mais a aprender além do que está aprendendo neste livro. Não economize em suas pesquisas!

NFTs: Qual É que É?

Outra área na qual as pessoas estão atualmente obtendo lucros enormes são os tokens não fungíveis (NFTs — non-fungible tokens). Você pode pensar neles como o equivalente digital de colecionáveis, ou de um investimento em arte. É preciso entender, entretanto, que o mercado de NFT, apesar de toda a propaganda, tem muitas chances de entrar em colapso em um futuro não muito distante. Permita-nos explicar.

Primeiro, o que é um token não fungível? Bem, comecemos com o termo *token [símbolo ou ficha]*, que não temos usado muito neste livro porque ele se aplica mais a outras criptomoedas do que ao Bitcoin. Um token é uma representação digital de algo. Uma moeda, como um Bitcoin, é uma forma de token. Tipicamente, porém, quando nos referimos a um token que é armazenado em seu próprio blockchain — como os tokens de Bitcoin são armazenados no blockchain Bitcoin —, nós a chamamos de *moeda* ou *coin*.

Entretanto, existem blockchains — notadamente o blockchain Ethereum — que permitem a criação de diferentes tipos de tokens. O Ethereum tem sua própria moeda (Éter), mas também é possível criar e armazenar outras coisas no blockchain, que denominamos tokens. Portanto, tais tokens — às vezes chamadas de *criptoativos* — são essencialmente registros digitais da propriedade de algo. Eles podem realmente funcionar como moedas, ou podem representar algo mais, como um objeto físico ou uma obra de arte digital.

Bem, vimos o que é token. Mas o que é um token não fungível, ou NFT? O termo fungível se refere (de acordo com o Google e o dicionário Oxford Languages) a algo que pode "substituir ou ser substituído por outro item idêntico; mutuamente intercambiável". Uma nota de dólar é fungível; uma nota de dólar vale o mesmo que outra. Um Bitcoin é fungível; todos os Bitcoins têm o mesmo valor. Uma garrafa de Coca-Cola é fungível; uma garrafa de Coca-Cola vale o mesmo que a outra.

192   PARTE 2 **Usando Bitcoin**

Desta forma, não fungível significa que algo não tem equivalentes; é único. A *Mona Lisa* é não fungível; não há outras *Mona Lisas* com as quais o quadro possa ser trocado. Portanto, um token não fungível é *único*; não é igual a *nenhum* outro token e, portanto, seu valor não está relacionado ao valor de qualquer outro token (novamente, diferente do Bitcoin, ao qual o mercado estabelece o valor de todos os Bitcoins da mesma forma).

Os tokens podem ser usados para provar a propriedade das coisas. Assim, por exemplo, um token poderia ser associado a, digamos, uma casa, e a pessoa que controlasse o token seria capaz de provar a propriedade da casa ao comprovar a propriedade do token. (Claro, isso é incomum, mas fique de olho, pois esses tipos de usos se tornarão comuns no futuro.) Portanto, existem propósitos genuínos e úteis para os NFTs, mas estamos falando aqui da recente insanidade da arte digital dos NFTs.

O mercado de arte digital do NFT decolou. Os NFTs podem ser usados para provar a propriedade de qualquer tipo de arquivo digital: fotografia, desenho, animação, vídeo, áudio, videogames, imóveis virtuais de videogames, cartões virtuais da NBA etc. Qualquer coisa que você possa armazenar digitalmente pode ser transformada em NFT (ou "minted" ou "minteado", como dizem na área de NFT).

Com efeito, um token no blockchain está relacionado ao arquivo digital, talvez com links para o arquivo que está armazenado em outro lugar, e o proprietário do token pode então provar a propriedade desse arquivo digital. Os tokens também podem ser o equivalente a edições limitadas. Visite uma galeria de arte ou feira de arte e verá que a arte impressa é frequentemente vendida como parte de uma edição limitada; o artista pode imprimir e assinar, digamos, 100 cópias, e marcar cada uma ("1 de 100", "2 de 100", e assim por diante). O mesmo pode ser feito com os NFTs: 10 ou 100 tokens "possuem" os direitos digitais de uma obra de arte. (Se isso lhe parece loucura, você não está sozinho; continue lendo.)

Em 2021, a arte digital foi tokenizada e começou a ser vendida por quantias ridículas. Dê uma olhada na página do site Rarible.com na Figura 6-4, por exemplo. A arte mostrada nessa página tem o preço em ETH — a moeda Ether do blockchain Ethereum. (A maioria dos NFTs, embora não todos, é armazenada nesse blockchain.) Os preços, no dia em que fizemos a captura de tela, variavam de 8ETH a 31.337ETH. Quanto vale isso em dinheiro real, você pergunta? De US$4.000 a US$125.140.862.

CAPÍTULO 6 **Investindo em Bitcoin**   193

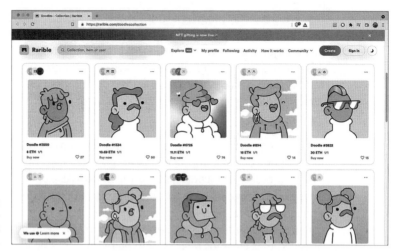

FIGURA 6-4: Arte "mintada", em Rarible.com.

Não fazemos ideia se realmente serão compradas por esse preço, mas certamente muitos NFTs foram vendidos por quantias insanas, como a colagem feita por Beeple e registrada em NFT, colocada para leilão pela estimada casa de leilões Christie's. Seu preço inicial era de US$100, mas foi vendida por mais de US$69 milhões! Veja a colagem na Figura 6-5, ou visite o site, em inglês, `https://onlineonly.christies.com/s/first-open-beeple/beeple-b-1981-1/112924` e dê um zoom para ver de perto. Pessoalmente, achamos que o cara é um bom artista, mas será que é tão bom a ponto de valer US$69 milhões?

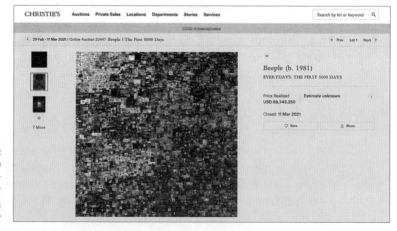

FIGURA 6-5: US$69 milhões por este NFT de uma colagem?

Então, por que o mercado atual de arte NFT é suscetível a colapsar algum momento? *Porque é uma loucura!* Realmente não faz sentido. Primeiro, vejamos o que Beeple tem a dizer em seu site sobre sua própria arte:

> *BEEPLE é mike winkelmann ele faz uma variedade de arte porcaria em diversas mídias. Algumas são razoáveis, mas muitas são ruins pra car*lho. Ele está tentando deixá-las menos podres a cada dia então não desista dele... :)*

Até Beeple reconhece que sua arte não vale US$60 milhões!

De qualquer forma, independentemente da qualidade de qualquer arte em particular, o mercado de arte digital NFT tem todas as marcas de uma bolha, semelhante à Mania das Tulipas na Holanda do século XVII. (Vamos chamá-la de Mania do NFT.) A Mania das Tulipas foi uma bolha especulativa que ocorreu de 1634 a 1637, durante a qual tulipas e bulbos de tulipas subiram drasticamente de preço; algumas chegavam ao equivalente de um salário anual para um trabalhador qualificado, e em um caso, um bulbo tinha o valor de cinco casas médias. É claro que não podia durar, e enquanto algumas pessoas ganhavam muito dinheiro, muitas ficaram arruinadas.

Agora, não pense que não podemos ver a ironia. Aqui estamos nós, escrevendo um livro sobre um bem digital que muitos acreditam ser uma bolha pura — que às vezes tem sido comparado às tulipas! — acusando o mercado NFT de ser uma bolha pura e semelhante à Mania das Tulipas. Mas as duas são coisas completamente diferentes.

Primeiro, o fato de que os NFTs não são fungíveis realmente prejudica o mercado. A não fungibilidade é algo que os defensores do NFT promovem como uma característica importante — *cada NFT é diferente, uhu!* Mas, na verdade, é um problema enorme, por duas razões. Primeiro, por que *este* NFT deveria ser valioso, mas não *aquele* NFT? O que torna valioso qualquer NFT em particular, de fato? Não há uma resposta real a essa pergunta e, portanto, é difícil ver como qualquer NFT em particular pode ser valioso.

Mas também significa que há um suprimento ilimitado de NFTs; qualquer um pode criar um novo a qualquer momento. Afinal, o preço não está claramente baseado no valor da arte. O mercado NFT é claramente um mercado especulativo.

CAPÍTULO 6 **Investindo em Bitcoin**   195

Durante a Mania das Tulipas, logo surgiu um problema; afinal de contas, *você poderia cultivar tulipas!* A certa altura, foram empregados soldados para pisar os campos de tulipas no solo, a fim de limitar o fornecimento. Bem, não haverá pisoteio de NFTs. Ao contrário do Bitcoin com sua lenta emissão de moedas e limite definitivo de 21 milhões de moedas, não haverá limite para o fornecimento de NFTs.

Se o Bitcoin é o equivalente do ouro — e muitos bitcoiners acreditam que é apenas uma forma melhor de ouro —, então o que os NFTs são? Bem, imagine que ao lado do mercado de ouro havia um mercado para diferentes rochas; vamos chamá-lo de mercado NFR. Qualquer pessoa poderia ir ao interior e encontrar rochas de aparência interessante (e encaremos os fatos, algumas artes NFT parecem ter sido criadas sem muito esforço) e vendê-las individualmente no mercado de Rochas Não Fungíveis. Isso faria algum sentido? *Não, claro que não!* E o mercado NFT também não faz sentido.

Veja bem, não estamos dizendo que todo o conceito de NFT não faz sentido. Certamente haverá um valor para provar a propriedade de bens digitais genuinamente valiosos — como filmes ou a música dos Rolling Stones —, mas a capacidade de provar a propriedade de algum pedaço de lixo que alguém acabou de criar... qual é o valor disso!?

Os investidores do mercado NFT parecem estar confundindo prova de propriedade com prova de valor. Certo, então um NFT prova que você possui algo. Mas não prova que esse item tenha qualquer valor! E ainda assim, os NFTs ligados a bens digitais que há um ano não teriam sido considerados particularmente valiosos estão agora sendo vendidos por quantias insanas, como se, de alguma forma, o fato de o bem ter um NFT relacionado significasse que o bem deve ser valioso. ISSO NÃO FAZ SENTIDO!

Ainda assim, há pessoas ganhando muito dinheiro no mercado. O coautor Peter ouviu recentemente sobre uma pessoa que investiu US$2 mil e agora possui US$100 mil em NFTs. O problema é que esse investidor não entende que o mercado de NFT é claramente uma bolha de ativos, e que um dia esses NFTs não valerão nada.

Assim como algumas pessoas durante a Mania das Tulipas ganharam muito dinheiro vendendo suas tulipas antes da queda do preço, e muitas outras perderam seus investimentos, o mesmo provavelmente acontecerá com os NFTs. O "dinheiro inteligente" sairá antes do crash. Os verdadeiros fiéis dos NFTs — aqueles que acreditam que há um valor real nos NFTs e planejam fazer "hodl" — provavelmente perderão seus investimentos. Talvez algumas obras de arte NFT mantenham seu valor; a grande maioria não o fará.

196   PARTE 2 **Usando Bitcoin**

CUIDADO

Não estamos dizendo que você não deve se meter no mercado de NFT; apenas que é melhor entendê-lo de fato, e também entender que não durará. O mercado é um pouco complicado, está além do escopo deste livro, então você precisará fazer pesquisas antes de poder investir com segurança, se é que existe algo como investir com segurança em NFRs (ops, NFTs!).

198   PARTE 2 **Usando Bitcoin**

3
Tornando-se um Expert

NESTA PARTE...

Entendendo como as transações são adicionadas ao livro-razão do Bitcoin.

Descobrindo sobre as taxas de transações e as mudanças de endereços.

Aprendendo sobre a mineração do Bitcoin.

Avaliando a aceitação do Bitcoin ao redor do mundo.

Deparando-se com alguns problemas do Bitcoin.

NESTE CAPÍTULO

» **Revisitando a rede Bitcoin**

» **Definindo os tipos de nós na rede**

» **Aprendendo sobre as taxas de transação e as mudanças de endereço**

» **Solicitando a adição de sua transação no blockchain**

» **Entendendo o básico sobre a mineração de Bitcoin**

Capítulo **7**

Entendendo a Rede e a Mineração de Bitcoin

O Capítulo 2 aborda o básico de como funciona o blockchain do Bitcoin — chaves públicas e privadas, a rede peer-to-peer etc. —, e os Capítulos 3 e 4 mostram como utilizá-lo na prática: usar exchanges e carteiras, enviar, receber, comprar e vender Bitcoin.

Neste capítulo, mergulhamos de novo na tecnologia. Isso definitivamente não é algo que você precise saber para investir em Bitcoin, mas, para aquelas mentes por aí curiosas sobre Bitcoin, ele explica, com um pouco mais de detalhes, como a rede funciona — em particular, o que acontece quando uma mensagem de transação deixa seu software de carteira e chega a um nó na rede. Como essa mensagem de transação acaba sendo incorporada ao blockchain?

CAPÍTULO 7 **Entendendo a Rede e a Mineração de Bitcoin** 201

Na verdade, este capítulo responde à pergunta: "De onde vem o Bitcoin?" Como você aprendeu no Capítulo 1, a cada 10 minutos, 6,25 novos Bitcoins são criados e entram em circulação. Como isso acontece? Sim, analisaremos também o processo de *mineração*.

A Rede Bitcoin

No Capítulo 2, explicamos que o Bitcoin tem sua própria rede de nós, operando na internet, e essa rede tem aspectos peer-to-peer e cliente--servidor, dependendo de como você escolhe a interface com ela e qual software usa.

A rede Bitcoin é uma rede peer-to-peer de *nós completos*, ou seja, computadores que recebem e validam transações e blocos para garantir que obedeçam às regras da rede e sejam todos válidos; essa é a rede que está fazendo o trabalho de manutenção do blockchain. Os nós são pares (peer) porque todos são iguais e trabalham juntos. (E alguns desses nós completos, embora nem todos, também fazem mineração.) Eles se comunicam entre si pela internet usando um protocolo particular (uma linguagem de computador) chamado *protocolo Bitcoin peer-to--peer*, assim como os servidores de e-mail se comunicam pela internet usando um protocolo projetado para esse fim.

Os programas clientes — as carteiras de software que abordamos no Capítulo 4 — são o que as pessoas usam para enviar transações para os nós completos a serem adicionados ao blockchain. Ao instalar um software de carteira em seu computador ou smartphone, ou quando você configura uma carteira de custódia criando uma conta em uma exchange, você está trabalhando com um programa cliente que pode se comunicar em seu nome com a rede peer-to-peer de nós completos. (Esses nós completos são servidores para sua carteira cliente.)

Em vez de simplesmente usar um software de carteira básico para se comunicar com a rede, alguns verdadeiros fiéis do Bitcoin gostam de executar seus próprios nós, para eliminar quaisquer intermediários desnecessários e estar diretamente conectados à rede. Esses nós recebem e verificam suas próprias transações e atuam como um "peer" na rede peer-to-peer.

202   PARTE 3 **Tornando-se um Expert**

DICA

Um computador pessoal comum pode funcionar como um nó com o software correto. Na verdade, alguns desses softwares tornam a execução de um nó Bitcoin em um PC bastante simples.

- **Bitcoin Core:** `https://Bitcoin.org/`.
- **Umbrel:** `https://getumbrel.com/`.
- **Samourai Dojo:** `https://Bitcoin-on-raspberry-pi-4.gitbook.io/`.
- **OpenNode:** `https://www.opennode.com/`.
- **BTCPay Server:** `https://btcpayserver.org/`.

Certos dispositivos de hardware especializados são projetados para executar apenas um nó Bitcoin. Tais nós dedicados geralmente consomem menos eletricidade, em comparação com um PC comum, e podem ser muito menores em tamanho. Se você estiver interessado em fazer isso (em geral, as pessoas comuns que possuem Bitcoin realmente não precisam), aqui temos uma pequena lista de provedores especializados em hardware dedicado a nós Bitcoin.

- **Lightning In A Box:** `https://lightninginabox.co`.
- **Nodl:** `https://www.nodl.it`.
- **Samourai Dojo:** `https://samouraiwallet.com/dojo`.
- **myNode:** `http://mynodebtc.com/products/one`.
- **Raspiblitz:** `https://raspiblitz.com/`.
- **The Bitcoin Machine:** `https://theBitcoinmachines.com/`.
- **Start9 Labs Embassy:** `https://start9labs.com/`.

PAPO DE ESPECIALISTA

Na verdade, há vários tipos de nós. Os nós na rede Bitcoin têm cerca de 150 configurações, de modo que há realmente um número quase infinito de diferentes tipos de nós. O que se segue é um pouco de simplificação; entenda que os seguintes tipos de nós têm uma grande sobreposição.

CAPÍTULO 7 **Entendendo a Rede e a Mineração de Bitcoin**   203

A natureza da rede permite que os nós se conectem e desconectem, entrem e saiam como bem entenderem, e a rede e os nós funcionam muito bem. Qualquer computador conectado à rede é um nó, mas nós diferentes fazem coisas diferentes:

» **Nós completos** — mais corretamente conhecidos como *nós de validação total* — são sistemas que validam totalmente os blocos e as transações. Os nós completos verificam se os blocos e as transações que estão sendo passados pela rede seguem as regras da rede. Os nós então passam os blocos e as transações através da rede para outros nós completos, e esses nós também validarão os blocos e as transações. Um nó completo pode conter uma cópia de toda o blockchain, mas nem todos o fazem. Os nós podem optar por *podar*, ou remover, dados redundantes para economizar espaço. (Atualmente, o blockchain do Bitcoin tem cerca de 390 GB, portanto, a poda pode valer a pena!)

A maioria dos nós completos também aceita, verifica e retransmite mensagens de transação de entrada válidas a partir de carteiras. Os nós completos podem ser *nós ouvintes* (geralmente conhecidos como *supernós*) ou *nós não ouvintes*. Alguns nós completos são conectados a *plataformas de mineração*, que são equipamentos de computador especializados que podem minerar Bitcoin.

» Um **nó ouvinte** ou *supernó* é um nó completo conectável publicamente que permite um grande número de conexões com outros nós. O nó "ouve" as conexões dos outros nós em portas específicas, geralmente está executando o tempo todo e não é bloqueado por um firewall. A rede Bitcoin tem entre 10 mil e 15 mil desses supernós.

» Um nó completo **não ouvinte** é aquele que teve sua configuração de parâmetro de *ouvir* desligada. Ter um nó completo ouvinte pode exigir muita banda larga, então a maioria deles tem sua audição desabilitada para reduzir a comunicação com outros nós. Eles não transmitem sua presença para a rede, portanto, não são conectáveis publicamente. Em vez disso, eles têm um pequeno número de conexões de saída. Os nós não ouvintes são geralmente usados por pessoas que querem ter carteiras que também validam transações e blocos, mas que não querem usar os recursos exigidos por um nó ouvinte.

De acordo com alguns cálculos, há entre 80 mil e 100 mil nós não ouvintes na rede Bitcoin, embora durante o pico de Bitcoin, em dezembro de 2018, provavelmente havia cerca de 200 mil.

» Um **nó leve** não recebe e verifica cada transação. A maioria deles é composta por carteiras; o software de carteira simples em seu notebook ou smartphone é uma forma de nó leve. Eles se comunicam com os nós completos para transmitir transações e receber informações sobre sua validação. Eles ficam completamente à mercê dos nós completos — quer dizer, os nós leves não fazem nenhuma transação ou validação de blocos necessárias para suas próprias transações.

Os nós leves usam um método chamado SPV (*Simple Payment Verification — Verificação Simples de Pagamento*), que pode verificar apenas as transações com as quais se importam, fazendo a comunicação com os outros nós e recuperando uma cópia do cabeçalho do bloco.

Os nós completos se conectam entre si e passam transações e blocos uns aos outros, mas eles não confiam uns nos outros. Suponha que um nó recebe uma transação de uma carteira, e o nó confirma que a transação é inválida. Ele não passará essa transação para outro nó. Isso não significa que um nó supõe automaticamente que uma transação passada a ele por outro nó deve ser válida. Ao contrário, o nó validará a transação por si mesmo.

Na verdade, se um nó recebe uma transação que descobre ser inválida — por exemplo, se a transação está gastando mais dinheiro do que está disponível no endereço de onde o dinheiro está vindo —, o nó joga fora a transação e também bloqueia o nó que enviou a transação ruim. Desta forma, a própria rede se policia. Transações e blocos válidos são verificados por milhares de nós diferentes, os dados ruins são descartados, e os maus atuantes são isolados da rede, tudo de forma rápida.

DICA

É essa falta de confiança que desenvolve a confiança. Os nós são bloqueados por outros nós, e, assim, o sistema é autorregulatório. Por exemplo, dependendo da infração, os nós podem ser bloqueados por algumas horas, ou permanentemente, em caso de mau comportamento intencional óbvio. Como os nós não confiam em outros nós, o sistema como um todo pode ser confiado.

Se quiser ter uma ideia da extensão e distribuição da rede dos nós completos do Bitcoin (como estava no momento de redação deste capítulo), dê uma olhada em `https://bitnodes.earn.com/` [conteúdo em inglês], mostrado na Figura 7-1. O gráfico mostra apenas os nós completos ouvintes. Provavelmente há entre oito a dez vezes mais, considerando o número de nós completos não ouvintes.

FIGURA 7-1: Um panorama ao vivo da lista de nós completos ouvintes da rede Bitcoin, bem como sua distribuição por todo o mundo.

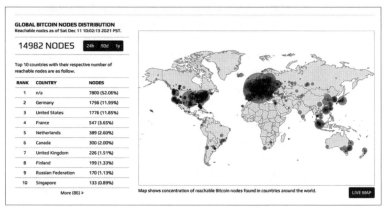

Fonte: Bitnodes, https://bitnodes.io/

Enviando Transações

Nesta seção, seguiremos uma transação de sua carteira para fora da rede e para dentro do blockchain. Digamos que você queira enviar dinheiro para alguém, um pouco de seus Bitcoins. Talvez esteja fazendo uma compra, uma doação para uma instituição de caridade ou vendendo um pouco de Bitcoin. Por qualquer razão, você está transferindo o Bitcoin de um de seus endereços para o de outra pessoa.

E digamos que tenha um único Bitcoin associado a um endereço no blockchain do Bitcoin e queira enviar um décimo desse dinheiro (0.1BTC) para João.

Então, usando seu software de carteira, você digita o endereço de João, o endereço Bitcoin que ele lhe deu para usar na transação. Você designa a quantidade de Bitcoin que enviará a ele (0,1BTC). Você também designa o valor de uma taxa que está disposto a pagar pela transação. Você viu tudo isso em ação nos Capítulos 3 e 4.

Observando as taxas de transação

As taxas são geralmente medidas em Satoshi/byte e podem variar de 1 a 2 mil Satoshi/byte (ou seja, a taxa é baseada no tamanho da mensagem de transação que sua carteira envia para o blockchain, não no valor da transação). Quanto mais ocupada a rede estiver, maior será a taxa exigida para incentivar os mineradores a incluírem sua transação em um bloco rapidamente.

CRIPTOGRAFIA DE CHAVE PÚBLICA

A palavra criptografia está representada pelo "cripto" em criptomoedas; ela usa o que é conhecido como *criptografia de chave pública*. É como você prova que possui o dinheiro associado a um endereço. A pessoa que está gastando a criptomoeda usa uma chave privada para criptografar a mensagem e depois empacota a chave pública com a mensagem. O minerador pode determinar que o endereço de onde a criptografia é proveniente está associado com a chave pública, e dessa forma, se a chave pública puder descriptografar a mensagem, esta deve ter sido criada pela pessoa que controla a chave privada associada. (Todos os três — a chave privada, a chave pública e o endereço — estão associados de forma matemática e exclusiva.) Veja mais detalhes no Capítulo 2.

Um Satoshi é a menor unidade de Bitcoin — um centésimo de milionésimo de um Bitcoin. Se o saldo em sua carteira é de 1,00000001BTC, o último dígito denota um Satoshi. Seu programa de carteira provavelmente sugerirá uma taxa, estimada nas tarifas atuais e na congestão da rede. Alguns programas de carteira escolherão a taxa por você, enquanto outros deixam que você a estabeleça manualmente, para ter mais precisão e para evitar gastos excessivos. Pague pouco demais, e a transação pode não ser enviada ou pode levar muito tempo; pague demais, e, bem, você gastou demais. As transações com as taxas mais altas serão escolhidas pelos programas de mineração mais rapidamente do que as com taxas mais baixas, obviamente. Quanto mais transações com altas taxas houver em um bloco, mais o minerador vencedor ganhará.

Por exemplo, digamos que você decida pagar uma taxa de 0,0004BTC. Agora, digamos que este é seu endereço:

```
1x6YnuBVeeE65dQRZztRWgUPwyBjHCA5g
```

Lembre-se, o saldo é de 1BTC. Isso é conhecido com a *entrada (input)* para a transação.

Este é o endereço de João:

```
38DcfF4zWPi7bSPkoNxxk3hx3mCSEvDhLp
```

Esta é uma das *saídas (outputs)* na transação. Até aqui, a transação fica assim:

```
Input
1x6YnuBVeeE65dQRZztRWgUPwyBjHCA5g - 1BTC
Output
38DcfF4zWPi7bSPkoNxxk3hx3mCSEvDhLp - 0,1BTC
```

Mas espere, precisamos de outra saída. Estamos colocando 1BTC na transação, dando 0,1BTC para João, então precisamos decidir o que acontece com os 0,9BTC (na verdade, o restante são os 0,8996BTC, uma vez que a quantia de 0,0004BTC está sendo descontada para pagar o minerador, como taxa). Portanto, para onde vão os 0,8996BTC? Voltam para você, obviamente, como troco, para um "endereço de troco". Portanto, a transação provavelmente ficará assim:

```
Input
1x6YnuBVeeE65dQRZztRWgUPwyBjHCA5g - 1BTC
Outputs
38DcfF4zWPi7bSPkoNxxk3hx3mCSEvDhLp - 0,1BTC
1x6YnuBVeeE65dQRZztRWgUPwyBjHCA5g - 0,8996BTC
```

Mostramos os 0,8996BTC voltando para o endereço original. É como se você fosse a uma loja com uma nota de R$10 e pagasse R$1 por alguma coisa. O que aconteceria? Você tiraria os R$10 de seu bolso, entregaria para o caixa, ele lhe devolveria R$9, e você os colocaria de volta no bolso.

Endereço de troco

Mostramos o troco voltando para o mesmo endereço usado para a Entrada, e certamente isso é possível. No entanto, a maioria dos programas de carteira usará um endereço diferente, ou um *endereço de troco*, para a segunda entrada. De qualquer forma, você receberá o troco de volta em um endereço que possui, gerenciado por seu programa de carteira. No Capítulo 4, mostramos como ver o endereço de troco no exemplo do software de carteira que usamos.

Observe que nada está declarado nas saídas com referência à taxa. Isso se dá porque a transação enviada por sua carteira não a declara explicitamente. O que ela diz é: "Envie 0,1BTC para o primeiro endereço, envie 0,89996BTC para o segundo endereço, e fique com o troco!" E é exatamente isso que o minerador que ganhar o direito de acrescentar essa transação ao blockchain fará: a plataforma de mineração ficará com o troco como taxa pela transação.

PAPO DE ESPECIALISTA

Essa informação da transação é colocada em um *script*, uma mensagem de texto que será enviada para a rede da criptomoeda. O programa de sua carteira usa sua chave privada para assinar a transação — quer dizer, ele criptografa a informação da transação usando a chave privada. Depois, ele acrescenta a chave pública associada à mensagem e envia a transação para a rede Bitcoin. (Veja uma explicação básica sobre as chaves privadas e públicas no Capítulo 2.) Dentro de segundos, um nó receberá a transação; assim como quando você envia um e-mail e dentro de segundos ele será recebido por um servidor de e-mail. (Você pode pensar em seu programa de carteira como uma forma especial de software de mensagens, na realidade.)

Verificando a transação

A primeira coisa que o nó faz ao receber a transação é usar a chave pública para descriptografar a mensagem para que a possa ler. Ele deve então *verificar* a transação. Esse processo garante que a transação seja válida, com base em vários critérios. Não entraremos em todos os detalhes, mas, basicamente, o nó pergunta (e responde) a si mesmo coisas como:

» A mensagem está devidamente estruturada e não excede o tamanho máximo?

» A mensagem contém informações válidas — por exemplo, ela contém endereços e quantias válidas de entrada e saída, dentro dos limites válidos, atribuídos ao endereço?

» O endereço de entrada existe no blockchain com um saldo válido?

» Uma taxa suficiente de transação está associada à transação?

» A carteira que está enviando a transação tem o direito para tanto — quer dizer, a chave pública está sendo enviada com a mensagem associada ao endereço do qual a criptomoeda é proveniente?

O que acontece se a mensagem não for válida de alguma forma? O nó se desfaz dela, porque não faria sentido enviá-la para o próximo nó. Mas, caso seja válida, o nó a adiciona a um pool de transações válidas (*memory pool* ou *mempool*) e a envia para outros nós na rede. Esses outros nós farão o mesmo: descriptografar, verificar a transação e adicioná-la a seu mempool, se a considerarem válida. (Aqui é a parte do processo de *consenso*, garantindo que todos concordem.) Dessa forma, em questão de segundos, a mensagem se *propaga* (espalha) por toda a rede da criptomoeda, sendo selecionada por nó após nó.

PAPO DE ESPECIALISTA

O mempool é um conjunto de transações esperando para serem confirmadas, solidificadas e incluídas em um bloco. O tamanho de sua flutuação depende do número atual de transações chegando à rede. Conforme o congestionamento da rede aumenta, as taxas também. (Há um site muito útil para inspecionar o backlog das transações no mempool e as taxas atuais de transação, disponível em: `https://jochen-hoenicke.de/queue/#0,all`.)

Alguns nós são mineradores. Eles adicionam blocos ao blockchain, em uma competição para ganhar Bitcoins. Eles também criam memory pools, o conjunto de transações que precisam ser acrescentadas ao blockchain.

Minerando Bitcoin — O desafio de 10 minutos

Veja como funciona a competição de mineração. Começaremos no ponto em que um desafio acaba de terminar e um novo está prestes a começar. (Cada desafio dura aproximadamente 10 minutos e é imediatamente seguido pelo próximo.) O minerador que venceu o concurso recém-concluído ganhou o direito de adicionar um bloco ao blockchain (e, em troca, ganha as taxas de transação e o subsídio do bloco: 6,25 Bitcoins).

Quando isso acontece, o vencedor envia o bloco vencedor para toda a rede, que é então selecionado pelos nós e acrescentado para suas versões do blockchain. É então que a competição começa.

PAPO DE ESPECIALISTA

Cada rodada desse jogo é projetada para durar cerca de 10 minutos. Um dos propósitos da mineração é levar aos poucos novos Bitcoins ao blockchain com uma velocidade estabelecida: atualmente, 6,25 Bitcoins a cada 10 minutos, caindo pela metade a cada 4 anos. Em média, um minerador ganha o jogo a cada 10 minutos, é recompensado com criptomoedas, e o jogo recomeça.

FAZER HASH?

O hash é um número extenso, que é como uma impressão digital para um conjunto de dados. Esses dados, quando passam pelo mesmo algoritmo de hash, sempre produzirão o mesmo hash, que não pode corresponder com qualquer outro conjunto de dados. O hash identifica exclusivamente esses dados. Para mais informações sobre esse assunto, veja o Capítulo 2.

O minerador que recebe o novo bloco de início o compara com sua mempool e remove as transações do mempool que foram acrescentadas ao último bloco, deixando apenas aquelas que ainda não foram acrescentadas ao blockchain.

Ele então junta as transações do mempool em um novo bloco, que é conhecido como o *bloco candidato*. Esse bloco pode ser acrescentado ao blockchain, se o minerador conseguir ganhar a competição.

O minerador cria um cabeçalho para o bloco, que inclui um carimbo de dia e hora, o número da versão do programa, o hash do bloco anterior e algumas outras coisas que podemos deixar para lá. Uma coisa que precisamos saber, porém, é o *nonce*, um número que será usado na competição. Falaremos sobre isso em um momento.

Milhares de computadores de mineração ao redor do mundo criaram *blocos candidatos* de dados — registros de transações — e estão ávidos para acrescentar seus próprios blocos ao blockchain. Assim, o sistema precisa tomar uma decisão: qual bloco, de qual minerador, será acrescentado ao blockchain? A decisão é baseada em uma combinação de acaso e de potência computacional. A rede Bitcoin usa uma tarefa chamada *proof of work*, PoW — *prova de trabalho*. Todos os mineradores recebem a mesma tarefa para ser desempenhada, e o primeiro a completá-la vence, acrescenta seu bloco ao blockchain e leva para casa a recompensa do bloco: as taxas combinadas das transações e o subsídio do bloco.

As diversas criptomoedas que usam a tarefa de proof of work empregam métodos diferentes. Uma tarefa de PoW pode ser praticamente qualquer coisa, desde que seja complexa e que leve mais ou menos uma quantidade previsível de trabalho, resultando na resposta, que deve ser verificada de forma rápida e fácil.

CAPÍTULO 7 **Entendendo a Rede e a Mineração de Bitcoin** 211

A Primecoin, por exemplo, tem uma tarefa de prova de trabalho que envolve encontrar sequências de números primos que são então armazenados no blockchain e ficam disponíveis para que os matemáticos, bem, façam o que quer que precisem com eles. Contudo, no caso do Bitcoin, a tarefa de PoW não tem um uso prático além de proteger as transações no blockchain. Veja como funciona a tarefa de PoW do Bitcoin. (Neste capítulo, a propósito, quando nos referirmos ao *minerador*, estamos nos referindo ao software de mineração, é claro. O *humano* minerador configura tudo, mas é o computador — a plataforma — e o software de mineração que fazem todo o trabalho de fato.)

O minerador procura um número que esteja dentro de determinado critério; deve ser um número que fique abaixo de um certo nível-alvo (o alvo é um dos itens armazenados no cabeçalho do bloco).

O número é criado por meio do hash do cabeçalho do bloco, criando, de fato, uma impressão digital. O hash é um número binário de 256 dígitos, expresso como um número hexadecimal de 64 dígitos. Aqui temos um exemplo:

```
0000000000000000000074f788dcd5082178c6559e0c1dcbe
    115d57b64ef9309d
```

A tarefa para os mineradores é encontrar um número de hash *igual ou menor que* o número-alvo. Veja o hash anterior. Ele começa com dezenove zeros e é, na verdade, um hash vencedor de um momento atrás. Quanto mais zeros no início do número-alvo, menor o número-alvo, e, portanto — como você verá quando explicarmos como o desafio é realizado —, mais difícil é encontrar um número que seja igual ou menor que o alvo (porque simplesmente há menos números possíveis iguais ou menores que o alvo).

LEMBRE-SE

A propósito, com o tempo, a dificuldade do desafio normalmente aumenta. Isso porque, com o tempo, o número-alvo se torna cada vez menor. Nosso exemplo tem dezenove zeros à frente, mas com o tempo, o número de zeros à frente aumentará (na verdade, o número ficará menor).

Quanto menor for o número-alvo, mais difícil será a tarefa, certo? Isso porque há menos números abaixo de um número pequeno do que um grande, e precisamos de um hash que seja menor que o alvo. O minerador não precisa descobrir um hash específico, apenas um que seja igual ou menor que o número-alvo. Assim, quanto maior o número-alvo, mais combinações possíveis haverá, e quanto menor o número-alvo, menos combinações possíveis haverá.

Então o minerador faz o hash do cabeçalho do bloco. Mas cada vez que o hash é feito para algum dado, o resultado é sempre o mesmo, certo? (Essa é a questão do hash: ele identifica de forma única um dado específico.) Assim, se o minerador fizer o hash do cabeçalho do bloco e descobrir que *não* é menor do que o alvo, ele não pode simplesmente tentar de novo, ou obterá o mesmo resultado. Ele precisa mudar primeiro o cabeçalho do bloco e, *depois*, fazer o hash novamente.

Lembra-se que o bloco contém um nonce? Bem, o *nonce* é apenas um número. O minerador muda o nonce e faz o hash novamente. Desta vez, o resultado será diferente. Muito provavelmente, ainda não será menor que o número-alvo, então o minerador muda o nonce, faz o hash de novo e verifica o número, e o processo se repete.

Veja só, a mágica do algoritmo de hash é que não é possível prever qual nonce obterá o resultado desejado. A única forma de descobrir o resultado desejado é tentar, tentar e tentar mais um pouco — milhares de vezes —, até que obtenha um hash que seja menor que o alvo. E se fizer isso antes que os outros, será o vencedor!

É uma tarefa gigantescamente difícil. Um número hexadecimal com 64 dígitos tem estas variações possíveis (seja lá como este número seja chamado!):

39.400.000.000.000.000.000.000.000.000.000.000.000.000.000.000.000.000.000.000.000.000.000.000.000.000.000.000.000.000.000.000.000.000.000.000.000

A grande maioria dos hashes, puramente baseados no acaso, excederá o número-alvo. E, novamente, quanto menor o número-alvo, menores as chances de escolher um número abaixo do alvo. Ainda assim, em algum momento, um minerador *encontrará* um nonce que, quando adicionado ao cabeçalho do bloco, resulta em um hash abaixo do número-alvo — o minerador ganha!

Ganhando o Bitcoin

Assim, o minerador anuncia para a rede que venceu. Então, cria um cabeçalho para o bloco incluindo um carimbo com o dia e a hora, o número da versão do programa, o hash do bloco anterior e o hash da raiz da árvore de Merkle da transação do bloco (não se preocupe, não precisamos entender de árvores de Merkle). Depois, envia seu *bloco candidato*, com o cabeçalho do bloco e o hash do cabeçalho, para a rede, para que outros nós possam verificá-lo. E como verificam!

LEMBRE-SE

Um bloco não é acrescentado ao blockchain a menos que tenha sido verificado. Para garantir que o minerador venceu de fato, os nós fazem o hash do cabeçalho do bloco e comparam o resultado com o hash existente do cabeçalho do bloco. A tarefa da prova de trabalho é muito difícil, mas facilmente verificável. Com o nonce certo no cabeçalho, fazer o hash do cabeçalho resultará no número de hash vencedor, assim pode ser constatado rapidamente que o minerador realmente venceu o desafio. Os nós acrescentam seu bloco ao blockchain, e a competição é zerada e começa novamente. Ah, e você ganha a recompensa do bloco — as taxas de transação e o subsídio do bloco de 6,25BTC — atribuídos ao seu endereço no novo bloco.

Isso é mineração!

Quem geralmente vence essas competições? É uma combinação de sorte e de potência computacional. Cada vez que você acrescenta um nonce e um hash ao cabeçalho do bloco, há uma chance de vencer definida matematicamente. É baixa, mas possível. Olha só, você pode vencer na primeira vez! (Pode, mas não é muito provável.)

Como o minerador pode aumentar suas chances de ganhar? Acrescentando um nonce e refazendo o hash continuamente, milhões de vezes. Cada vez que o hash é feito, é como comprar um bilhete da loteria. Assim, quanto mais bilhetes comprar, maiores serão suas chances. As plataformas de mineração mais potentes conseguem realizar mais cálculos, o mais rápido possível — aumentando assim suas chances de ganhar.

LEMBRE-SE

Quanto mais equipamento um minerador (humano) tiver, e quanto mais poderoso for o equipamento, mais chances ele terá de vencer. Existem cerca de 144 dessas disputas todos os dias, 4.320 todos os meses. São 27 mil novos Bitcoins sendo criados a cada mês (e milhares mais ganhos pelos mineradores em taxas de transação), portanto, a aposta é enorme (27 mil Bitcoins valem atualmente mais de US$1,3 bilhão).

Pré-configurações do Bitcoin

Todas essas regras predefinidas e diretrizes do sistema são incorporados no software que executa o blockchain do Bitcoin. Um bloco contém cerca de 2 mil transações (varia ligeiramente, dependendo da quantidade de informações em cada transação). Um bloco é adicionado a cada 10 minutos, mais ou menos. Para manter essa taxa de emissão de blocos, o software precisa ajustar suas regras de dificuldade de vez em quando — a cada 2.016 blocos (mais ou menos a cada duas semanas).

Se estão levando menos de 10 minutos para cada bloco, em média — porque mais potência computacional está sendo usada para mineração, à medida em que mais mineradores e plataformas de mineração se conectam —, então o número-alvo será proporcionalmente reduzido, para aumentar a dificuldade. Caso levem mais de 10 minutos, porém (quando o preço do Bitcoin cai, menos pessoas mineram), então o número-alvo é aumentado, reduzindo a dificuldade.

PAPO DE ESPECIALISTA

Outra predefinição da matemática subjacente é o "halvening", ou "halving". A cada 210 mil blocos — aproximadamente a cada quatro anos —, o subsídio do bloco é reduzido pela metade (half, em inglês). No momento da redação deste capítulo, o subsídio é de 6,25BTC, mas em algum momento de 2024, cairá para 3,125BTC, em 2028 irá para 1,5625BTC, e assim por diante.

Esse processo pode parecer muito complicado, mas o trabalho árduo é realizado pela plataforma de mineração e pelo software do nó. Os mineradores não se sentam a cada dez minutos com papel e lápis fazendo o hash do cabeçalho do bloco! Eles configuram o hardware e o software adequados e os deixam trabalhar.

CUIDADO

Entretanto, antes de pensar "Uau, eu deveria começar a minerar", recomendamos que leia *Mineração de Criptomoedas Para Leigos*, pois a mineração é um assunto complicado. Você não pode simplesmente conectar seu computador à internet e executar um software de mineração. Bem, você pode, mas é altamente improvável que tenha sucesso. Hoje em dia, a mineração de Bitcoin requer um equipamento especializado e muito conhecimento sobre como todo o processo funciona. Também requer muita eletricidade! A mineração não é realmente para todos, então confira nosso livro de mineração antes de ir muito longe nesse caminho.

> **NESTE CAPÍTULO**
>
> » Analisando corporações e países que estão adotando o Bitcoin
>
> » Explorando por que El Salvador *não é* bom para o Bitcoin!
>
> » Entendendo por que nações com problemas buscam o Bitcoin
>
> » Mergulhando no porquê de as nações emergentes adorarem o Bitcoin

Capítulo **8**

Adoção do Bitcoin no Mundo Real

No Capítulo 6, você aprendeu sobre investir em Bitcoin, e este capítulo, acreditamos, dá uma visão razoavelmente equilibrada. Nele, explicamos por que o Bitcoin está fadado a sobreviver e também por que está fadado ao colapso. Deixamos com você a escolha sobre em qual alternativa acreditar.

Contudo, acreditamos que haja algo a mais que vale a pena levar em consideração enquanto faz essa escolha: o nível de adoção do uso do Bitcoin (e outras criptomoedas) em todo o mundo. O uso do Bitcoin e de outras criptomoedas está crescendo, e rápido. A Chainalysis (uma empresa de análise de blockchain que discutimos neste capítulo) observou que a adoção disparou recentemente, em especial a partir do fim de 2019. A adoção ao redor do mundo, como foi constatado, cresceu 23 vezes durante os 18 meses seguintes, mais ou menos.

As criptomoedas não são mais o domínio virtualmente invisível dos geeks das criptos, dos libertários e dos hackers. Está entrando no mainstream de uma forma que, muitos argumentariam, garante que veio para ficar. Portanto, neste capítulo, damos uma olhada em como Bitcoin está sendo aceito e usado em todo o mundo.

O Bitcoin na Sala de Reuniões

A profundidade do envolvimento em Bitcoin de grandes corporações é importante de várias maneiras. Isso legitima o que, de outra forma, seria visto como pouco mais do que um culto. Também aumenta o preço, é claro, pois mais dinheiro — muito dinheiro — está em busca de um ativo relativamente fixo. E certamente ajuda a melhorar a probabilidade de sobrevivência do Bitcoin. Se as grandes corporações veem o Bitcoin como um ativo que vale a pena, com um propósito genuíno na economia mundial — e estão dispostas a aceitar que é um ativo muito volátil —, isso melhora definitivamente as chances de o Bitcoin ter um futuro longo e frutífero.

E as grandes corporações estão definitivamente envolvidas. No início de 2021, a Tesla comprou US$1,5 bilhão de dólares em Bitcoin, e os mercados viram um súbito aumento no preço. Atualmente, a MicroStrategy "faz hodl" de aproximadamente US$4 bilhões. A Block.one possui mais de US$6 bilhões em Bitcoin.

Depois, há as empresas de investimento entrando neste espaço. De fato, a maior detentora de Bitcoin é a Grayscale Bitcoin Trust, com cerca de US$26 bilhões na criptomoeda. Dezenas de fundos e ETFs (fundos negociados em bolsa) estão entrando nas criptomoedas, incluindo o Bitcoin, como o ETF ProShares Bitcoin Strategy, que negocia futuros de Bitcoin (e tem cerca de US$1,4 bilhão em ativos).

Se quiser ter uma ideia de quem está mantendo seus Bitcoins, confira `https://bitcointreasuries.net/` e `https://www.kevin-rooke.com/bitcoin` [conteúdo em inglês].

218 PARTE 3 **Tornando-se um Expert**

O Bitcoin nas Nações

O Bitcoin está agora sendo aceito e até mesmo adotado pelos Estados--nação. Antes de chegarmos aos detalhes disso, porém, considere que o Bitcoin já rivaliza com a maioria das moedas do mundo em termos de valor total.

Você pode encontrar uma comparação fascinante no site da BitcoinMoneySupply (`https://bitcoinmoneysupply.xyz/`. O gráfico é atualizado periodicamente). A tabela compara os fornecimentos de dinheiro M2 de 132 nações, considerados em dólares americanos. M2 inclui dinheiro, cheques de viagem (alguém ainda usa cheques de viagem?), cheques bancários, poupança e outros depósitos à vista, depósitos em contas do mercado monetário e outros depósitos a prazo (como CDBs) abaixo de US$100 mil.

Qual é a posição do valor total do Bitcoin? No momento de redação deste capítulo, estava em 16º, logo após a Holanda e pouco antes da Rússia. O valor do Bitcoin é maior do que o valor da rupia indiana, do real brasileiro ou da coroa sueca, países com uma população combinada de cerca de 1,6 bilhão de pessoas. Talvez isso coloque a criptomoeda em perspectiva.

Então, o que os países estão fazendo em relação ao Bitcoin? A China está tentando matá-lo — ou, pelo menos, impedir seus cidadãos de usá-lo —, algo que talvez não surpreenda, considerando a obsessão do governo com o controle. O Egito também proibiu o uso do Bitcoin, pela mesma razão. No total, nove nações proibiram completamente seu uso, incluindo Argélia, Bangladesh, Iraque, Marrocos, Nepal, Catar e Tunísia.

Outras 42 (ou mais) nações têm *proibições implícitas*, o que significa que não há proibição direta de possuir Bitcoin, mas certas funções relacionadas à criptomoeda são proibidas, tais como tocar uma exchange ou o comércio de Bitcoin pelos bancos. (A Biblioteca do Congresso dos Estados Unidos publica um relatório periódico, em inglês, sobre a situação do Bitcoin. Faça uma pesquisa em `https://blogs.loc.gov/law/`.)

São aproximadamente 50 países, mais que o dobro do número relatado pela Biblioteca do Congresso dos EUA em 2018. O número de países que *regulamentam* o Bitcoin aumentou para 103. Isso pode parecer ruim, mas, paradoxalmente, é uma coisa boa. Uma tensão libertária que atravessa a comunidade Bitcoin certamente quer que o governo não tenha nenhum papel, mas isso não é terrivelmente realista. Sem uma regulamentação de algum tipo, o Bitcoin não pode obter uma ampla aceitação. Caso queira que o preço do Bitcoin continue a subir, você deve aplaudir a regulamentação (sensata).

Assim, esses 103 países permitem o uso do Bitcoin, mas têm regulamentações relativas, por exemplo, ao tratamento tributário e aos relatórios das transações em Bitcoin. Isso representa 103 países que aceitam o Bitcoin e reconhecem que as criptomoedas chegaram para ficar.

Essas nações normalmente consideram o Bitcoin como um *ativo*, não como uma moeda. A "imprensa" das criptos ocasionalmente se entusiasma com os países que, segundo ela, estão usando Bitcoin como "moeda corrente". Mas apenas um país no mundo considera o Bitcoin como uma moeda que pode ser usada para satisfazer qualquer dívida ou em qualquer transação comercial (El Salvador; mais sobre isso em um momento). Um país que não consideraria proibir seus cidadãos de possuir ouro ou prata provavelmente também não os proibiria de possuir Bitcoin, se é isso que eles querem fazer. Por que fariam isso? Os países com esse tipo de liberdade e respeito aos direitos pessoais não são propensos a proibir as criptomoedas.

Assim, com efeito, um terço das nações do mundo proíbe o Bitcoin atualmente, enquanto dois terços o aceitam. Parece, no entanto, que a Índia poderá em breve proibi-lo de alguma forma, o que significaria que os dois maiores países do mundo — Índia e China, representando mais de um terço da população mundial — o teriam proibido. Entretanto, dentro da maioria dos países que proíbem explícita ou implicitamente o Bitcoin, os cidadãos especializados em tecnologia ainda são capazes de comprar e vender criptomoedas, que são muito difíceis de serem proibidas se seu país tiver uma internet aberta! Será que os 100 milhões de indianos que possuem Bitcoin sairão do mercado? Não é muito provável.

Quando os governos amam o Bitcoin

Algumas nações não estão apenas aceitando Bitcoin, mas de fato *o abraçando*. A nação mais conhecida por fazer isso — e a que tem o abraço mais apertado — é El Salvador. A pequena e corrupta semidemocracia da América Central abraçou totalmente o Bitcoin. O país agora tem duas moedas: o dólar americano e o Bitcoin.

Veja, isso não é realmente uma coisa boa para o Bitcoin, apesar do que muitos bitcoiners acreditam, como explicaremos. Mas queremos deixar claro que o fiasco do Bitcoin salvadorenho não diz nada sobre o uso do Bitcoin *como um ativo* e diz pouco sobre seu uso potencial como uma moeda no futuro. Isso apenas mostra que os pequenos ditadores às vezes fazem coisas estúpidas.

Em junho de 2021, El Salvador promulgou a Lei Bitcoin, aprovada em um dia pelo ditador salvadorenho (é assim que o presidente se autodenomina). Ninguém tinha sequer visto a lei antes de sua promulgação, mas a nação recebeu apenas noventa dias para se preparar. A lei declara o Bitcoin como moeda corrente; todas as empresas precisam aceitar transações em Bitcoin, e os cidadãos podem pagar seus impostos usando a criptomoeda, também. Talvez devêssemos dizer que o Bitcoin é *parcialmente* uma moeda corrente, visto que não é totalmente considerada como tal. Os comerciantes não precisam aceitar Bitcoin se forem tecnicamente incapazes de fazê-lo, e muitos comerciantes menores e mais pobres não o aceitam.

É popular entre os bitcoiners apontar para El Salvador com alegria, mas, na verdade, esse não é um momento de triunfo para o Bitcoin. A coisa não está indo bem e pode até se transformar em um desastre total (já aumentou as taxas de juros sobre a dívida nacional do país). Como seria possível esperar tornar uma nação tecnicamente preparada — muito menos uma em que a maioria dos cidadãos tem pouco ou nenhum acesso à internet — para o Bitcoin em treze semanas?

Essa situação é irônica para os bitcoiners, que apontam o fato de os governos "imprimirem dinheiro" como um motivo para usar o Bitcoin como moeda. Parece que o ditador Nayib Bukele — que manteve sua popularidade aumentando os gastos sem aumentar os impostos — está tentando consertar seus problemas econômicos usando vários artifícios econômicos para usar o Bitcoin para, na verdade, injetar mais dinheiro na economia salvadorenha! Sim, para *imprimir dinheiro*. Esta é uma história fascinante que não temos espaço para explorar aqui. Se quiser saber mais, pesquise na internet sobre *el salvador bitcoin imprimindo dinheiro*.

O país tem seu próprio software de carteira — Chivo —, que foi fornecido gratuitamente a todos, juntamente com o valor de US$30 em Bitcoin. A utilização de uma carteira emitida pelo governo — especialmente uma denominada *cabra*, com código-fonte privado que não pode ser avaliado de forma independente — nos parece uma péssima ideia. Para qualquer fiel verdadeiro do Bitcoin que queira *tirar* o governo do negócio do dinheiro, isso simplesmente não faz sentido algum!

Ainda assim, muitos salvadorenhos se inscreveram, pegaram seus US$30 em Bitcoin, gastaram ou converteram para dólares americanos, e nunca mais voltaram para seu Chivo. Segundo informações, existem agora mais contas Chivo em El Salvador do que as contas bancárias tradicionais. (A propósito, o bônus de US$30 levou a uma epidemia de roubo de identidade.)

Todavia, os salvadorenhos podem usar outros softwares de carteira, se quiserem, e muitos provavelmente vão querer isso após centenas de pessoas afirmarem que suas transações às vezes não são concluídas (o dinheiro deixa suas carteiras Chivo, mas nunca chega na outra ponta) e que o Bitcoin parece estar desaparecendo de suas carteiras. (Um único inspetor-geral da Polícia Nacional Civil de El Salvador reuniu um grupo de quase mil reclamantes.)

Entretanto, outro problema com a adoção tem sido que muitas pessoas não estão usando o Bitcoin porque simplesmente não o entendem ou não confiam nele. Não está claro quantos usuários de Chivo serão capazes de mudar para outra carteira. Outro problema, é claro, é a atual volatilidade do Bitcoin, o que o torna totalmente inadequado como moeda nacional.

Há mais nesta história, muito mais, e nada disso é bonito. Infelizmente, a experiência de El Salvador é uma péssima propaganda para o Bitcoin. Mas foi um plano mal pensado e implementado, baseado em uma ideia maluca do imperador de El Salvador (como ele também gosta de ser conhecido). Além de ser uma forma de aumentar a oferta de dinheiro, não está claro que benefício o uso do Bitcoin pretendia proporcionar. Em todo caso, a taxa de inflação de El Salvador tem sido baixa desde que o colón foi substituído pelo dólar americano em 2001.

A experiência de El Salvador, apesar de sugerir que o Bitcoin não é facilmente utilizável como moeda (como já dissemos neste livro!), não diz nada diretamente sobre a viabilidade da criptomoeda como um *ativo*. Outros países estão adotando o Bitcoin de uma forma menos controversa. Foi relatado, por exemplo, que a Bulgária está mantendo 200 mil BTC. Originalmente, o país apreendeu o Bitcoin em operações contra o crime organizado, e se *ainda* o está mantendo, tem se saído muito bem. Valia cerca de US$3 bilhões naquela época e cerca de US$10 bilhões no momento de redação deste capítulo.

222   PARTE 3 **Tornando-se um Expert**

A apreensão de Bitcoin de criminosos é uma forma comum de a criptomoeda chegar às mãos dos governos. O governo dos EUA apreendeu — e leiloou — bilhões de dólares em BTC. Caso ainda tivessem o ativo, em vez de se livrar dele, a dívida nacional seria um pouco menor! Por exemplo, em 2014, o governo vendeu 30 mil Bitcoins ao capitalista de risco Tim Draper. Isso valeria mais de US$15 bilhões agora, mas o presciente Sr. Draper pagou apenas US$19 milhões na época.

Há relatos de que o governo da Ucrânia possui mais de 46 mil Bitcoins em seu balanço (mais de US$23 bilhões) e, em setembro de 2021, aprovou regulamentos que pretendiam transformar a nação — que já tinha um próspero setor de criptomoedas — em um centro mundial para Bitcoin e outras criptos.

Nações promovendo as criptos

Vários países estão promovendo ativamente as iniciativas do Bitcoin e das criptomoedas em uma tentativa de criar ambientes amigáveis no qual as empresas do "futuro cripto" possam prosperar:

» **Malta aprovou diversas leis com o objetivo de criar uma base amigável às criptomoedas na qual as empresas possam operar.** A grande exchange Binance de fato levou suas operações do Japão para Malta por esse motivo.

» **Portugal tem um Plano de Ação Digital Transicional desenvolvido para tornar o país um centro das criptos.** O plano inclui eliminar os impostos de certas transações de Bitcoin e de criptomoedas em muitos casos. Portugal também tem vários programas de vistos que podem facilitar a mudança para o país de operadores de criptomoedas e de outros que trabalham no espaço Bitcoin.

» **Os países Bálticos — Letônia, Lituânia e Estônia — são conhecidos por serem amigáveis às criptomoedas.** Inúmeras startups de criptomoedas operam na região, e empresas nacionais, como a AirBaltic e o Banco da Lituânia, estão envolvidas.

> **» Gibraltar, um Território Ultramarino Britânico autogovernado, está prestes a se tornar um centro de criptomoedas.** O governo de Gibraltar está em processo de avaliação de uma proposta sob a qual a Valereum, uma empresa de blockchain, comprará a Bolsa de Valores de Gibraltar (GSX). Se aprovada, a GSX (que só opera desde 2015) será a primeira bolsa de valores do mundo em que as criptomoedas podem ser negociadas. O território também emitiu regulações das criptos e licenciou quatorze empresas de criptomoedas e blockchain.
>
> O objetivo é transformar Gibraltar em um centro mundial de criptomoedas: *Blockchain Rock*, como alguns o denominam. Se o país conseguir fazer isso, será uma grande vitória para uma "nação" de apenas 33 mil pessoas e com apenas 3 funcionários na bolsa de valores!

Além disso, vários países estão considerando, ou desenvolvendo ativamente, suas próprias moedas digitais, às vezes chamadas de *Moedas Digitais do Banco Central* (*CBDC — Central Bank Digital Currencies*). Tais países têm observado o mundo das criptomoedas e visto que essas transações podem ser mais baratas e rápidas. Essencialmente, a ideia é a de que as nações criariam seu próprio dinheiro eletrônico, denominado na mesma moeda que a moeda vigente da nação. Em vez de executar transações por meio de bancos ou redes de cartões de crédito, o dinheiro eletrônico permitiria aos consumidores fazer pagamentos diretamente aos fornecedores pela rede de moeda digital.

A China já está introduzindo uma moeda digital, o *e-Renmimbi*. Transações que equivalem a bilhões de dólares já foram processadas. As transações móveis têm sido grandes na China há algum tempo, com mais de US$40 trilhões em tais transações ocorrendo nos últimos anos, portanto, a mudança para uma moeda digital real será um passo relativamente fácil.

Nos Estados Unidos, o Federal Reserve [Banco Central] tem pesquisado a questão, mas ainda não diz se acredita que tal moeda deva ser introduzida. No Reino Unido, o Banco da Inglaterra está tomando uma posição semelhante: pesquisando ativamente as implicações da introdução de uma CBDC, mas ainda não dizendo se deve ou não fazê-lo.

De acordo com a PricewaterhouseCoopers (PwC), mais de sessenta bancos centrais estão investigando as moedas digitais (alguns fazem isso desde 2014), e várias nações, além da China, já iniciaram uma implantação. As Bahamas e o Camboja já lançaram moedas digitais que os cidadãos podem usar, com sistemas piloto operando na Ucrânia, no

Uruguai, no Equador, no Caribe Oriental, na Suécia e na Coreia do Sul. Ainda mais nações estão executando sistemas piloto avançados de moedas digitais para uso por instituições financeiras.

LEMBRE-SE

Essas moedas digitais nacionais não têm as características que, segundo os verdadeiros fiéis do Bitcoin, são essenciais para que sejam verdadeiras criptomoedas, principalmente a independência em relação aos governos. Os governos ainda seriam capazes de emitir mais moeda digital, por exemplo. As redes também seriam centralizadas, embora a maioria ainda utilizaria a funcionalidade do blockchain. Independentemente disso, acreditamos que a mudança para moedas digitais faz algo importante: legitima o espaço das criptomoedas e mostra que o Bitcoin e as criptos podem ter e têm um valor.

Não são apenas os ricos

Ao considerar a adoção do Bitcoin e outras criptomoedas ao redor do mundo, observe que não são apenas as nações óbvias cujos cidadãos estão se envolvendo. A adoção é amplamente difundida em todo o mundo e alta entre muitos países mais pobres também. De fato, é nas nações mais pobres que, em geral, o uso da criptomoeda é mais significativo.

A Chainalysis, uma empresa de análise de blockchain (`https://www.chainalysis.com/`), analisa o uso de criptomoedas em mais de 150 nações ao redor do mundo e dá a cada nação uma pontuação ponderada de acordo com a *paridade do poder de compra* daquela nação (uma medida da riqueza do país por residente). Você pode esperar ver os Estados Unidos entre os 20 primeiros, o que de fato ocorre (atualmente no número 8). Você pode esperar encontrar a China lá também, o que também é verdade (número 13). Mas e o Vietnã (número 1), o Quênia (número 5) e a Nigéria (número 6)?

Esta lista mostra os 20 países que estão no topo da adoção das criptomoedas (acesse o site, em inglês, `https://blog.chainalysis.com/reports/2021-global-crypto-adoption-index/`, para ver a análise de 2021):

1 Vietnã	11 Colômbia
2 Índia	12 Tailândia
3 Paquistão	13 China
4 Ucrânia	14 Brasil

5 Quênia	15 Filipina
6 Nigéria	16 África do Suil
7 Venezuela	17 Gana
8 EUA	18 Federação Russa
9 Togo	19 Tanzânia
10 Argentina	20 Afeganistão

Nem uma única nação da Europa Ocidental está entre as 20. O Canadá não está lá, nem a Austrália. Mas a Venezuela e o Afeganistão estão.

Em nações mais ricas, o crescimento na adoção de criptomoedas é impulsionado principalmente, segundo a Chainalysis, pelo "investimento institucional". Em muitos países mais pobres do mundo, porém, são as pessoas comuns que estão colocando seu dinheiro em criptos. Por quê? Para proteger sua riqueza e poupança em países com moedas fracas e também para enviar e receber *remessas* (salários enviados para casa por membros da família que trabalham no exterior em países mais ricos). Fazer isso por meio de um blockchain de criptomoedas é muitas vezes mais barato do que usar métodos tradicionais de transferência de dinheiro (como a Western Union).

Em nações mais desenvolvidas, uma proporção muito grande das transações está passando por grandes exchanges, mas em nações em desenvolvimento, grande parte do negócio é através de redes peer-to-peer (P2P) — plataformas comerciais que permitem às pessoas realizar transações de uma pessoa diretamente para outra, sem necessidade de terceiros intermediários (como uma exchange ou um banco). Em muitos países, um novo negócio evoluiu: o do *corretor de criptomoedas para dinheiro*, que converte dinheiro em cripto e cripto em dinheiro. (Infelizmente, tais sistemas P2P e corretores são, muitas vezes, arriscados.)

Ironicamente, talvez, algumas dessas nações mais pobres estejam, na verdade, preparadas para usar a criptomoeda de uma forma que as pessoas nas nações mais ricas não estão. No Ocidente, as pessoas usam cartões de crédito e débito para uma grande parte das transações, mas na África subsaariana, por exemplo, as pessoas se acostumaram a usar transações financeiras por telefone celular. Os pagamentos via celular também são muito populares na Índia, onde mais transações são baseadas em celulares do que em cartões de crédito. As pessoas lá usam seus smartphones para enviar dinheiro entre si há anos; a ideia de fazer o mesmo com criptomoedas deve parecer familiar e confortável para muitas pessoas.

Carteiras de criptomoedas podem, é claro, ser instaladas em smartphones (a maioria é), e mesmo em países pobres, muitas pessoas — incluindo não apenas a classe média, mas pessoas pobres — agora têm smartphones. Podemos pensar nessas nações pobres como tecnicamente retrógradas, mas em muitos aspectos elas estão em pé de igualdade com as nações mais ricas. A Índia, por exemplo, tem cerca de 440 milhões de usuários de smartphones; Bangladesh, com uma população de 165 milhões, tem 53 milhões de usuários de smartphones. Os smartphones estão se tornando onipresentes e permitem o uso de criptomoedas até mesmo para pessoas muito pobres.

Quando a nação colapsa

Você notou o Afeganistão na lista dos vinte primeiros da Chainalysis? Sendo um dos países mais pobres do mundo, talvez você não imaginasse que o país apareceria no topo de uma lista de adoção cripto. Mas à medida que essa nação devastada pela guerra desce à catástrofe financeira, os afegãos da classe média estão usando as criptomoedas como uma forma mais estável de movimentar seu dinheiro. Depois que os EUA se retiraram e o Talibã tomou o controle, o sistema bancário chegou perto do colapso. Em muitas cidades, os bancos fecharam ou ficaram sem dinheiro, e as empresas que gerenciavam as transferências internacionais interromperam as operações. Muitos afegãos se voltaram para as criptomoedas para proteger suas finanças.

É triste que a adoção do Bitcoin e outras criptomoedas seja ajudada por conflitos — pelo colapso econômico, pela hiperinflação, pelos golpes e distúrbios civis, pela guerra civil —, mas faz todo o sentido que assim seja. Caso esteja vivendo em uma economia na qual a moeda está em declínio precipitado, ou da qual pensa que talvez tenha que fugir a qualquer momento, não faria sentido transferir seus ativos para algo que possa ser facilmente transportado e que, apesar de sua volatilidade em curto prazo, aumente de valor em longo prazo?

Se você está em uma nação e tem dúvidas se nela o governo ou o sistema bancário congelará ou mesmo roubará suas economias, uma forma independente e internacional de moeda não seria atraente? Há relatos de que os países com menor classificação no "Índice de Liberdade Humana" (emitido pelo Instituto Cato) estão próximos ao topo na lista de nações onde é provável que as pessoas procurem informações sobre criptomoedas online.

A ideia está se espalhando pelo mundo — o Bitcoin e outras criptos podem ser um lugar seguro para armazenar suas economias:

> » **Quando a lira libanesa caiu em valor em cerca de 80% em alguns anos, e os bancos colocaram limites aos saques e transferências, muitos libaneses adotaram o Bitcoin.** Os downloads da BlueWallet — o software de carteira que usamos como exemplo no Capítulo 4 — no Líbano cresceram drasticamente, dezoito vezes mais em 2020 do que em 2019, e muitos comerciantes começaram a aceitar pagamentos em Bitcoin.
>
> » **A Venezuela, que tem a pior inflação do mundo, viu um enorme aumento no uso de Bitcoin e de outras criptomoedas.** A Venezuela está em 7º lugar na lista dos vinte países com a mais alta taxa de adoção das criptos.
>
> » **A taxa de inflação argentina também subiu nos últimos dois anos.** A Argentina é o número 10 na mesma lista. Veja a seção anterior, "Não são apenas os ricos", para mais informações.
>
> » **O atual desastre econômico da Turquia levou a um aumento no uso de criptos naquela nação.**

Podemos pensar nas criptomoedas como uma tecnologia de primeiro mundo, mas as pessoas nos países mais pobres viram as vantagens e adotaram essas moedas rapidamente, da mesma forma que já haviam adotado o uso de smartphones e das transações financeiras móveis.

As criptomoedas podem ser atraentes para as pessoas em nações conturbadas por algumas razões.

> » **Evitar a inflação:** Você pode pensar que o valor do Bitcoin é volátil, mas não é nada comparado aos danos causados pelas enormes taxas de inflação de algumas moedas. E até agora, embora o valor do Bitcoin possa ter caído, ele sempre voltou a subir. No momento de redação deste capítulo, a taxa de inflação da Argentina era superior a 50%, e a da Turquia, superior a 20%. A da Venezuela foi estimada em 2.700% em 2021. Cidadãos que colocaram suas economias em Bitcoin nesses países se saíram bem.

» **Evitar as crises bancárias:** Se houver o risco de que seu dinheiro seja apreendido por um regime corrupto ou congelado em uma crise bancária, mudá-lo para Bitcoin é uma grande ideia. As nações em crise econômica muitas vezes impõem restrições ao movimento de capitais; elas não podem controlar o Bitcoin, no entanto.

» **Contornar sanções:** Se sua nação é objeto de sanções internacionais, a criptomoeda pode ser a única maneira de você tirar seu dinheiro do país ou fazer uma compra internacional.

» **Remessas:** Há nações que ganham 10%, 20% ou mais de seu Produto Interno Nacional Bruto com seus cidadãos que trabalham no exterior e enviam dinheiro para casa. As criptomoedas oferecem uma forma barata e rápida de transferir dinheiro para o mundo todo. É quase certo que as criptos são o mecanismo do futuro para esse tipo de transferências. Dentro de um ou dois anos, as estimativas mostram que cerca de 50% de todas as remessas serão enviadas por meio de criptomoedas, embora provavelmente não em Bitcoin. Até mesmo o Facebook está visando esse mercado com sua criptomoeda Diem (embora não esteja claro quando — ou mesmo se — ela será lançada; veja `www.Diem.com` — em inglês).

» **Altamente transportável:** Caso seja obrigado a fugir de sua nação (ei, isso acontece, como bem sabe o coautor Peter, filho de um refugiado de guerra), talvez tenha que converter uma vida inteira de economias em algo que possa carregar. Os refugiados tornam-se alvos de assaltos e roubos, e, muitas vezes, perdem as economias de que precisam para se sustentar durante suas viagens. Coloque dinheiro no blockchain e ele será *onipresente*. Estará em toda parte. Onde quer que você vá, lá estará seu dinheiro (desde que você siga os cuidadosos protocolos de segurança; veja o Capítulo 5).

» **Transferências rápidas e baratas:** As criptomoedas não apenas permitem que você transfira suas economias para qualquer lugar do mundo, mas fazem isso de forma muito rápida e barata. Uma transferência que leva até vários dias usando métodos mais tradicionais pode levar literalmente dez minutos em Bitcoin, e custa uma fração da taxa.

230   PARTE 3 **Tornando-se um Expert**

NESTE CAPÍTULO

» **Explorando alguns problemas com o Bitcoin**

» **Aprendendo sobre a volatilidade**

» **Esquecendo as proibições governamentais**

» **Entendendo por que o Bitcoin *não* é uma pirâmide...**

» **... e analisando por que *pode ser* uma bolha (de longa vida)**

» **Aprofundando-se nas taxas, na segurança e no consumo elétrico**

Capítulo **9**

Incômodos com o Bitcoin

Você deve ter notado que nada na vida é perfeito, nem seu parceiro ou seus filhos (especialmente seu parceiro e filhos?). O mesmo é verdade com o Bitcoin. Como todas as demais coisas, é um sistema imperfeito, com alguns inconvenientes e aborrecimentos, alguns *incômodos*.

Na engenharia de um sistema desse tipo, existem limitações físicas, e, portanto, devem ser feitas compensações de projeto. Isso significa que muitas das críticas que foram feitas ao Bitcoin são baseadas em fatos e, na verdade, podem ter alguma validade, mesmo que possam ser mal interpretadas ou exageradas. Neste capítulo, explicamos alguns dos problemas mais conhecidos.

O Bitcoin É Volátil Demais

Uma queixa comum em relação ao Bitcoin é que o preço muda muito e rápido demais para torná-lo viável como uma boa moeda, um bom meio de troca ou uma boa reserva de valor. Às vezes, grandes oscilações são acompanhadas por traders excessivamente alavancados, arriscando-se em mercados muitas vezes ilíquidos, provocando a perda de suas posições e enormes oscilações de preço. Tal volatilidade tem se mostrado alegremente lucrativa para alguns e terrivelmente catastrófica para outros.

De fato, como concordamos em outra parte deste livro, atualmente, o Bitcoin não é adequado como moeda, devido a essa volatilidade e a várias outras razões. Mas e como uma reserva de valor ou um ativo de investimento? Essa é uma pergunta diferente.

As enormes oscilações de preço que o Bitcoin experimenta são em parte devidas à natural *descoberta do preço* (o processo de encontrar e fixar o preço para algo) à medida que o mercado começa a entender e aprender sobre a tecnologia e a fixar o preço com precisão. Afinal de contas, o preço é uma função da oferta e da demanda.

LEMBRE-SE

A oferta de Bitcoin é programática, predefinida e certa, enquanto a sua demanda está sempre flutuando.

A maior causa dessa volatilidade é, naturalmente, que o mundo ainda está aprendendo sobre o Bitcoin. Mais pessoas, empresas e instituições estão descobrindo a criptomoeda e tentando decidir se ela é "real". No geral, o mundo parece estar decidindo que sim, e é por isso que a demanda — e, portanto, o preço — está, como um todo, no caminho para cima. Mas em um mundo que ainda não decidiu completamente como pensar sobre o Bitcoin, inevitavelmente teremos dias de subida e dias de descida (ou semanas, ou meses).

O Bitcoin certamente parece volátil quando comparado aos ativos mais tradicionais, mas todos os ativos têm algum nível de volatilidade e variam entre si em sua volatilidade (o ouro, por exemplo, é muito mais volátil do que os imóveis). Mas o mercado de Bitcoin é muito menor e mais imaturo. Ele está crescendo e evoluindo, portanto, a volatilidade não deve ser uma surpresa.

Mas imagine um mundo daqui a algumas décadas no qual o Bitcoin seja aceito por todos, da mesma forma que o ouro. (A propósito, já vimos períodos durante os quais a volatilidade do ouro e do Bitcoin tem sido praticamente a mesma.) Muito provavelmente, o valor do Bitcoin se estabilizaria e talvez fosse volátil a um grau semelhante ao do ouro. Em outras palavras, à medida que os mercados de Bitcoin amadurecem, eles devem se tornar menos voláteis, e ele deve se tornar mais fácil de usar como meio de troca.

DICA

Você pode encontrar uma interessante visualização da volatilidade do Bitcoin, em comparação com a do ouro e de várias moedas, em https://charts.woobull.com/bitcoin-volatility/. Confira [site em inglês].

Se o Bitcoin continuar, o preço se estabilizará com o tempo — o que nos lembra uma frase de uma pessoa famosa sobre a compra de Bitcoin:

> Pode fazer sentido comprar um pouco, no caso em que dê certo. Se um número suficiente de pessoas pensar da mesma forma, isso se torna uma profecia autorrealizadora.
>
> — Satoshi Nakamoto, 2009

Os Governos Banem o Bitcoin

Muitas pessoas evitam ou denigrem o Bitcoin com base em sua crença de que os governos o proibirão. De fato, alguns o fizeram. Temos visto muita interferência governamental em certos países ou regiões, mas não vimos nenhuma ação que tenha sido capaz de fechar a rede ou que chegue perto de fazê-lo.

Satoshi Nakamoto, fundador do Bitcoin, disse: "Os governos são bons em cortar as cabeças de uma rede controlada centralmente como a do Napster, mas as redes P2P [peer-to-peer] puras como a do Gnutella e a do Tor parecem segurar suas próprias cabeças." O Bitcoin é, naturalmente, um exemplo de uma rede peer-to-peer. Napster (um sistema de compartilhamento de arquivos acusado de permitir a violação dos direitos autorais da música) tinha fundadores a serem acusados, uma empresa para ser processada e falir, uma sede corporativa, e assim por diante. Levou cerca de um ano para que o Napster fosse fechado, falisse e tivesse seu nome vendido. (Hoje, o nome Napster é usado por um serviço legítimo de streaming de música.)

Com uma rede peer-to-peer — como a do Gnutella, do Tor ou do Bitcoin —, o governo vai atrás de quem? Alguns governos restringiram ou mesmo proibiram o Bitcoin, impedindo as corporações de se envolverem em transações com a criptomoeda. Entretanto, na prática, os decretos draconianos têm pouco efeito além de impedir a participação de cidadãos e empresas cumpridores da lei.

Odiamos comparar o Bitcoin com bebidas alcoólicas e drogas, mas, bem, faremos isso. Qual é o sucesso dos governos na proibição de bebidas alcoólicas e drogas? A proibição durou treze anos nos Estados Unidos, dois anos no Canadá e apenas alguns meses na Hungria. Quanto à guerra contra as drogas, os Estados Unidos estão se precipitando na legalização da maconha (há dinheiro a ser ganho!). O fato é que os governos têm dificuldade em impedir que as massas façam o que quiserem fazer.

Em qualquer caso, não parece haver vontade de proibir os cidadãos de possuírem Bitcoin na maior parte do mundo. A maioria dos países considera isso como algo que as pessoas devem ter permissão para fazer se quiserem — a decisão é delas, assim como investir em ouro também é sua própria decisão.

Até que ponto os países com uma atitude diferente podem ser eficazes em deter informações criptografadas na internet? A China proibiu o uso do Bitcoin, e, ainda assim, muitos cidadãos chineses continuam a possuí-lo e comercializá-lo. Apesar da proibição da mineração de criptomoedas, um estudo recente publicado no site cnbc.com mostra que a mineração de Bitcoin está viva e bem na China. "O Bitcoin resistiu a um ataque do Estado-nação da China, proibindo realmente a mineração", declarou um observador, "e a rede deu de ombros".

O exercício de futilidade da China nos lembra as várias proibições chinesas ao comércio exterior durante as dinastias Ming e Qing dos séculos XIV a XVII (às vezes os barcos eram queimados, e os portos, destruídos). As proibições foram ignoradas, tiveram pouco efeito ou causaram sérios danos ao desenvolvimento da China. Será que a China acabou de cometer um enorme erro no século XXI ao proibir o Bitcoin e incendiar seus navios digitais?

Bitcoin: Pirâmide do Século XXI

Pirâmide financeira, ou *esquema Ponzi*, é uma fraude que retira dinheiro de novos investidores para pagar investidores mais antigos. O termo foi cunhado por causa de Charles Ponzi, que conduzia um jogo de vigarice baseado no investimento em *cupons de resposta internacionais (IRC — international reply coupons)* nos "loucos anos 20". (Não 2020, mas 1920.) O IRC funcionava da seguinte forma: alguém de um país que escrevesse uma carta (você se lembra de cartas, certo?) poderia incluir um IRC com a correspondência, permitindo que o destinatário em outro país trocasse o IRC por selos suficientes de modo a poder responder, enviando uma carta de volta para o primeiro país.

De qualquer forma, o Sr. Ponzi teve uma ideia. Seria possível comprar IRCs baratos na Itália e depois trocá-los por selos de maior valor nos Estados Unidos (uma espécie de *arbitragem de selos!*). Ele levantou dinheiro com investidores e pagou-lhes uma alta taxa de juros, incentivando outros a investir. Ao mesmo tempo, ele descobriu que seu plano de IRC era totalmente impraticável para ser executado em escala; seriam necessários navios e navios de IRCs cruzando o Atlântico. Mesmo assim, ele também percebeu que tinha um negócio muito lucrativo: tirar dinheiro dos investidores! Se algum investidor quisesse sair, Ponzi os pagaria de volta com dinheiro de investidores mais recentes, e todos estavam ganhando juros pagos por novos fundos de investimento. (A maioria dos investidores reinvestia seu dinheiro.) É claro que, a certa altura, ele acabou ficando sem novos investidores.

Hoje, o termo *esquema Ponzi*, ou *pirâmide financeira*, refere-se a um programa de investimento fraudulento, no qual os primeiros investidores [o topo da pirâmide] são pagos não a partir de ganhos de investimento genuínos, mas com dinheiro de investidores posteriores [a base da pirâmide]. Um exemplo recente é o famoso esquema Ponzi de vários bilhões de dólares de Bernie Madoff, o maior da história. (Ele morreu na prisão enquanto cumpria uma pena de 150 anos.)

O Bitcoin é às vezes descrito como uma pirâmide financeira. Mas claramente não é. É certo que tem havido golpes, fraudes e esquemas de pirâmide na arena do Bitcoin e das criptomoedas. Um grande exemplo disso é a OneCoin, que *foi* um esquema complexo de pirâmide que movimentou cerca de US$4 bilhões. (O jornal londrino *The Times* denominou o caso como "um dos maiores esquemas de fraude da história".)

CAPÍTULO 9 **Incômodos com o Bitcoin** 235

Mas e o Bitcoin? Claramente não é uma pirâmide financeira. O sistema é aberto, até transparente. É administrado por uma comunidade aberta a qualquer um (qualquer um pode montar um nó). Nenhum órgão central supervisiona o Bitcoin e engana as pessoas. Com certeza não é uma pirâmide; mas será que não é uma bolha?

A Bolha do Bitcoin

Outra crítica comum ao Bitcoin é que ele não é nada mais do que uma bolha de investimento. Os céticos frequentemente o comparam com outras famosas bolhas históricas de investimento, como a holandesa Maria das Tulipas, no início do século XVII; a Companhia do Mar do Sul, no início do século XVIII; e a bolha da internet, ou das empresas pontocom, de 1994 a 2000.

O coautor Peter tem um interesse pessoal em bolhas financeiras. Ele viveu e experimentou intimamente a bolha pontocom. Na época em que a bolha começou (1993), ele estava escrevendo *The Complete Idiot's Guide to the Internet*. (Ele data o início da bolha ao crescimento drástico da cobertura da imprensa e os milhões de norte-americanos começando a usar a internet, no terceiro trimestre de 1994). No início de 2000, ele leu *The Internet Bubble*, um livro que previa o próximo colapso. Na época, ele era o diretor de uma empresa pontocom financiada com capital de risco e distribuiu o livro entre a equipe executiva de sua empresa. A bolha estourou mais tarde naquele ano.

Os autores do livro, Anthony Perkins e Michael Perkins, editores da Red Herring (uma revista impressa sobre as empresas pontocom que, ironicamente, não sobreviveu por muito tempo ao estouro da bolha!), escreveram que as bolhas financeiras normalmente duram de seis a sete anos. O preço das ações da South Sea Company caiu cerca de nove anos depois da fundação da empresa (embora seja difícil dizer exatamente quando a bolha começou, é claro). A bolha pontocom estourou cerca de seis anos após o início da loucura da internet.

E o Bitcoin, no entanto? Tem agora treze anos e passou por ganhos históricos, com múltiplas quedas de mais de 80%, apenas para ver seu preço voltar e ultrapassar o preço em que estava quando caiu. Portanto, pelo menos a teoria dos seis anos parece não se sustentar. (A menos que você date o início do verão de 2017, quando o Bitcoin realmente chamou a atenção do público em geral, caso em que, talvez, 2023 seja o ano do estouro da bolha!)

236   PARTE 3 **Tornando-se um Expert**

LEMBRE-SE

A ideia de que o Bitcoin é uma bolha é, na verdade, mais racional do que a de que é um esquema de pirâmide financeira. Isso é possível. Mas lembre-se do seguinte: embora a bolha das empresas online tenha estourado, a internet ainda está conosco (não teríamos o Bitcoin se não estivesse), e muitos empreendimentos e negócios muito lucrativos sobreviveram ao estouro (embora os investidores tenham perdido bilhões de dólares nas empresas que não sobreviveram).

Outra coisa a ser lembrada são as palavras de um economista-chefe global do Citigroup, que descreveu o ouro como uma bolha de 6 mil anos. Como explicamos em outra parte deste livro, o ouro e o Bitcoin compartilham semelhanças reais (ele até chamou o ouro de "Bitcoin brilhante"). Talvez o Bitcoin seja a próxima bolha de 6 mil anos.

Em fevereiro de 2021, o *Financial Times* publicou que "o Bitcoin não é tanto uma bolha, mas um 'último alarme de incêndio em funcionamento' que nos adverte sobre algumas mudanças geopolíticas muito grandes à frente". Muitos puristas do Bitcoin gostam de pensar que não, o Bitcoin não é uma bolha, mas pode muito bem ser o alfinete que explode a bolha da política monetária e fiscal mal orientada.

É Muito Caro Usar Bitcoin

Outra razão pela qual o Bitcoin não funciona bem atualmente como moeda é que suas transações são simplesmente muito caras. No momento de redação deste capítulo, a taxa média de uma transação de dez minutos é de cerca de US$1,67. Se você estiver comprando, digamos, um livro por US$10 dólares, isso é significativo. Claro, quando usa seu cartão de crédito para comprar um livro, o comerciante está pagando uma taxa, mas US$1,67 ainda é mais do que três vezes uma taxa típica que as lojas pagam à administradora do cartão de crédito.

LEMBRE-SE

Às vezes as taxas de transação são muito mais altas. Em um momento de abril de 2021, ela chegou a US$34. Ocasionalmente, em momentos de pico de congestionamento da rede, quando possivelmente muitos milhares de transações estão pendentes e esperando para serem confirmadas em um bloco, as taxas podem chegar a mais de US$50 por transação para serem incluídas no bloco seguinte! Assim como o preço do próprio Bitcoin, as taxas são muito voláteis, saltando drasticamente de um dia para o outro e até mesmo ao longo de um mesmo dia, como mostrado na Figura 9-1. Aqui estão alguns lugares para ver quais são as taxas neste momento e também um histórico de preços [sites em inglês]:

» `https://privacypros.io/tools/bitcoin-fee-estimator/`.

» `https://ycharts.com/indicators/bitcoin_average_transaction_fee`.

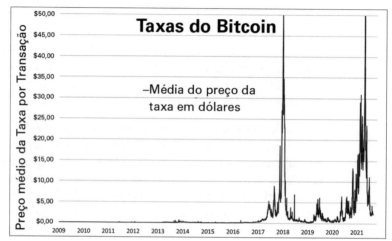

FIGURA 9-1: Média das taxas de transação de Bitcoin ao longo do tempo, medidas em dólares por transação.

Taxas de transação elevadas significam que o Bitcoin não pode operar como moeda, mas ainda pode funcionar como um ativo. Movimentar, digamos, US$100 mil em Bitcoin pagando US$1 ou US$2 por transação é bastante razoável!

O design do Bitcoin permite aos usuários selecionar as taxas que se deseja pagar por sua transação. É possível escolher a forma rápida ou a quase gratuita. Quer que sua transação seja incluída no próximo bloco, não importa o custo? Você tem que fazer uma proposta maior do que qualquer outro usuário Bitcoin que tente enviar transações. Às vezes os usuários pagaram taxas de US$50 a US$100 por uma transação de alta prioridade. Deseja que sua transação seja a mais barata possível, sem preferência de tempo para confirmação? Você pode definir sua taxa a baixo custo, mas pode levar muito tempo para que a transação seja concluída.

Além disso, não esqueçamos a rede Lightning (veja o Capítulo 4). Esse sistema fica "em cima" da rede Bitcoin, e fornece transações muito rápidas e muito baratas. O Bitcoin que temos hoje não é o Bitcoin de amanhã.

Riscos de Segurança do Bitcoin

O Bitcoin é seguro? Pode ser hackeado? Na verdade, temos que nos preocupar com dois tipos de segurança:

- » Riscos à rede do Bitcoin.
- » Riscos ao nosso próprio Bitcoin.

Discutimos os riscos ao seu próprio Bitcoin no Capítulo 2: de que suas chaves privadas sejam descobertas por outra pessoa e que sua criptomoeda seja roubada; que uma carteira de custódia gerenciando seu Bitcoin seja invadida, e o Bitcoin, roubado; ou que você perca suas chaves privadas, ficando sem acesso a ele. Consulte o Capítulo 5 para ver ideias de como lidar com esses riscos.

Mas, e quanto ao risco para a própria rede? A rede Bitcoin pode ser atacada e subvertida? Bem, os mineradores, desenvolvedores e usuários de Bitcoin gastam muito tempo, energia e recursos computacionais para garantir que cada bloco de Bitcoin seja minerado de acordo com certas especificações. (Caso queira se aprofundar bem na forma como isso funciona, leia nosso outro livro *Mineração de Criptomoedas Para Leigos*!)

Assim como o ouro é definido por suas propriedades atômicas físicas, o Bitcoin é definido por suas propriedades digitais e matemáticas. Tais propriedades são sustentadas pelo trabalho realizado pelos mineradores, que acrescentam transações ao blockchain, ampliando a cadeia de blocos de transações. Assim como o fogo forja o aço, a eletricidade fabrica o Bitcoin. No entanto, a eletricidade faz mais do que apenas cunhar novas moedas; ela também proporciona segurança contínua a toda a rede.

PAPO DE ESPECIALISTA

Os nós, os mineradores e os desenvolvedores de código têm um controle contrabalanceado único de certos aspectos da rede, o que cria um ambiente competitivo, porém surpreendentemente cooperativo. Os nós do Bitcoin criam e retransmitem transações de forma cuidadosa na esperança de que os mineradores as considerem válidas e as coloquem em um bloco de hash. Enquanto isso, os mineradores gastam energia em blocos de hash na esperança de que os nós os aceitem como válidos. Cada um pode rejeitar o trabalho do outro. Enquanto isso, os desenvolvedores de software que elaboram o código gastam tempo e esforço na esperança de que os nós e os mineradores aceitem seu software como válido e optem por executar o código. Cada parte do sistema tem um tipo de veto sobre as outras que motiva matematicamente a cooperação de outras entidades para funcionar.

LEMBRE-SE

A questão é que a rede está sendo administrada por dezenas de milhares de pessoas, todas trabalhando juntas, e todas as ações requerem consenso. Qualquer ataque contra a rede precisaria superar tal consenso. Ou seja, qualquer pessoa que queira atacar a rede precisaria ter mais de 50% de controle sobre ela, daí o termo *ataque dos 51%*. Se um grupo controlasse mais de 51% da capacidade de mineração — a taxa de hash ou o poder de computação — na rede, esse grupo poderia controlar a rede. Mas o Bitcoin tem muitos milhares de mineradores, e nenhum grupo chega perto de ter esse tipo de potência. No momento de redação deste capítulo, o maior grupo de mineração controla cerca de 19% da taxa de hash. Para ver os detalhes da taxa de hash por grupo de mineração (também conhecido como um *pool de mineração*), veja qualquer um destes recursos:

» https://btc.com/stats/pool.
» https://www.blockchain.com/pools.
» https://cash.coin.dance/blocks/thisweek.

Muito barulho também tem sido feito sobre o risco futuro para a rede Bitcoin imposto pela computação quântica. Será que a computação quântica será capaz de quebrar a criptografia do Bitcoin? Duas reflexões. Primeira, isso é no futuro, portanto, não é iminente. Segunda, a computação quântica pode ser um verdadeiro desafio para a criptografia atual, mas muito provavelmente trará junto com ela a criptografia quântica, que já é um assunto de estudo em centros de pesquisa ao redor do mundo.

Uso de Eletricidade pelo Bitcoin

O Bitcoin tem sido criticado por seu alto uso de eletricidade, com algumas estimativas afirmando que ele usa mais do que uma nação de médio porte. De fato, a rede Bitcoin requer muita energia elétrica para funcionar.

Alguns bitcoiners lhe dirão que tal quantidade de energia é claramente necessária para garantir um sistema monetário moderno. Por exemplo, quanta energia é consumida criando dinheiro em papel, operando as diversas redes bancárias e de cartões de crédito, operando bancos, e alimentando caminhões blindados? E a lista continua.

Entretanto, a quantidade exata de energia utilizada pelo Bitcoin está em disputa e, na verdade, é muito difícil de calcular com precisão; as estimativas variam muito. Várias fontes confiáveis calcularam o consumo de energia das equações da prova de trabalho (proof of work) da rede Bitcoin, resultando em diferentes estimativas do consumo elétrico. Veja a seguir diversas estimativas do consumo instantâneo de eletricidade do Bitcoin para mineração em Gigawatts (GW) e os equivalentes anuais de eletricidade (em Terawatt-hora/ano — TWh/ano).

>> **CoinShares:** 4,70 GW, 41,17 TWh/ano (junho de 2019).
   `https://coinshares.co.uk/research/`
   `bitcoin-mining-network-june-2019`.

>> **Índice de Consumo Elétrico do Bitcoin da Universidade de Cambridge:** 5,48 a 36,76 GW, 48,8 a 322,21 TWh/ano.
   `https://cbeci.org/`.

>> **Coin Center:** 5,00 GW, 44,00 TWh/ano (maio de 2019).
   `https://coincenter.org/entry/`
   `evaluating-estimates-of-bitcoin-electricity-use`.

>> **Agência Internacional de Energia (IEA):** 6,62 GW, 58,00 TWh/ano (julho de2019). `https://www.iea.org/newsroom/news/2019/`
   `july/bitcoin-energy-use-mined-the-gap.html`.

>> **Instituto de Pesquisa de Energia Elétrica (EPRI):** 2,05 GW, 18,00 TWh/ano (abril de 2018). `https://www.epri.com/pages/`
   `product/3002013910/`.

>> **Marc Bevand:** 2,10 GW, 18,39 TWh/ano (janeiro de 2018). `http://`
   `blog.zorinaq.com/bitcoin-electricity-consumption`.

» **Hass McCook:** 12,08 GW, 105,82 TWh/ano (agosto de 2018); esta estimativa inclui a energia usada para a fabricação de equipamentos de mineração. `https://www.academia.edu/37178295/The_Cost_and_Sustainability_of_Bitcoin_August_2018_`.

» **Alex de Vries:** 8,34 GW, 73,12 TWh/ano (julho de 2019). `https://digiconomist.net/bitcoin-energy-consumption`.

Essas várias estimativas são mostradas no gráfico da Figura 9-2. O gráfico mostra as estimativas de energia medidas em Terawatt-hora por ano (TWh/ano) em uma linha de tempo, com a taxa de hash da rede Bitcoin, medida em Exahashes por segundo (EH/s), nos últimos anos. (À medida que a taxa de hash sobe, o consumo de energia aumenta.)

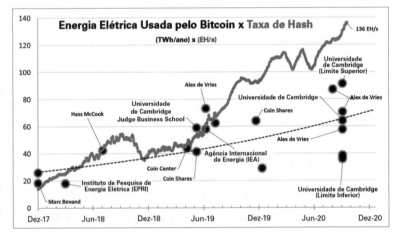

FIGURA 9-2: Estimativa de uso anual de energia elétrica do Bitcoin (TWh/ano), juntamente com a taxa de hash da rede (EH/s).

Como a rede Bitcoin se tornou mais poderosa em termos de taxa de hash, parece também ter aumentado sua eficiência ao ponto de a taxa de hash estar aumentando, mas as estimativas de energia começam a se estabilizar. Essa tendência poderia continuar, e o uso de energia pode se desacoplar ainda mais da quantidade de taxa de hash e da segurança na rede Bitcoin.

A Parte dos Dez

NESTA PARTE...

Motivando-se a investir.

Entendendo a previsão de preços e a análise técnica.

Descobrindo inúmeros recursos de aprendizado.

Encontrando visualizações de dados.

Pensando sobre possíveis futuros do Bitcoin.

NESTE CAPÍTULO

» Entendendo que você deve expandir sua compreensão

» Vendo que começar exige seu... primeiro passo

» Decidindo se deve executar seu próprio nó

» Planejando-se para o desastre e testando sua segurança

» Aprendendo sobre a previsão de preços e a análise técnica

Capítulo **10**

Dez Dicas para Fazer Hodl e Acumular Sats

" Acumular sats" é um jargão do Bitcoin que significa aumentar gradualmente sua quantia de Bitcoin [ou satoshis]. Neste capítulo, apresentamos dez dicas para ajudá-lo a começar a caminhar nessa direção, dicas essas que acreditamos que o motivarão e permitirão que se transforme em um investidor seguro e — esperamos — lucrativo de Bitcoin!

Invista em Conhecimento, Faça Sua Tarefa de Casa

Bitcoin, a primeira das criptomoedas baseadas no blockchain, começou a funcionar no início de janeiro de 2009. É jovem! Não sabemos ao certo o que acontecerá com o passar do tempo, então, caso queira se envolver com o Bitcoin — e com outras criptomoedas —, você definitivamente precisa acompanhar esse campo, aprender e continuar sua educação. Arme-se com as ferramentas e armas que as informações lhe proporcionam.

DICA

É melhor gastar um tempo agora aprendendo do que ficar se lamentando mais tarde por não ter investido em sua educação. Não deixe de estudar e fazer seus deveres de casa. No Capítulo 11, fornecemos muitos recursos para a educação continuada sobre o tema Bitcoin.

Saia do Zero (BTC)

Uma frase comum no jargão do Bitcoin é "Saia do zero", que faz referência à quantidade de Bitcoin que alguém possui. (Zero, é claro, é 0,00000000BTC.) Em outras palavras, *comece*. Não fique de braços cruzados e imaginando se deve se envolver ou não, mas dê o primeiro passo e comece a investir. Sim, há riscos, e, como explicamos no Capítulo 6, você nunca deve investir mais do que pode perder (ou ter estômago para ver cair de valor), o que é verdade para qualquer tipo de investimento. Mas, ao ler este livro e se continuar sua educação, se decidir que algo realmente revolucionário está acontecendo e que o Bitcoin *veio para ficar*, então comece!

DICA

O custo para sair do zero hoje pode ser tão baixo quanto US$1 (no momento da redação deste capítulo, 0,000024BTC). Leia o Capítulo 3 e compre um pouco de Bitcoin aqui e ali — em um caixa eletrônico, na Coinbase ou em alguma outra exchange ou no PayPal.

Peça a um amigo que lhe envie um centavo na Lightning Network, hoje avaliado em 24 Satoshis. Melhor ainda, algumas exchanges e alguns aplicativos de Bitcoin dão aos usuários um bônus de US$10 para começar a usar seu produto. Não há nada melhor do que Bitcoin *grátis*. Sair do zero é mais do que simplesmente passar o limite em si; ele inicia o usuário no caminho do aprendizado sobre como tudo se encaixa, incluindo endereços, chaves e a mecânica das carteiras.

Depois de sair do zero, o próximo limite que alguns Bitcoiners gostam de sugerir é obter uma *parte justa* do Bitcoin do mundo. Haverá apenas 21.000.000.00000000 moedas, e há cerca de 8 bilhões de pessoas no planeta. Isso equivale a apenas cerca de 0,00262512BTC, ou 265.512 Satoshis por pessoa, de acordo com `http://bitcoinsperperson.com/`. Hoje, tal quantia em Bitcoin pode ser comprada por US$109.

Diminua Sua Base de Custo, Compre na Baixa

A *base de custo* é o preço original pago por um ativo. É um termo mais comumente usado em uma discussão de impostos devidos em uma venda. (Se você deve impostos sobre o aumento do valor, então você precisa conhecer a *base* original para poder descobrir esse aumento.)

Obviamente, é sempre melhor pagar menos por algo! Ao investir, é sempre bom *comprar na baixa e vender na alta*. (O coautor Peter descobriu há muitos anos que, ao investir no setor imobiliário, por exemplo, comprar na alta e vender na baixa não parece ser uma boa ideia!)

Portanto, é essencial pagar o mínimo possível por seu Bitcoin. Podemos pensar em três maneiras de fazer isso.

» **Pesquise:** Você descobre isso no Capítulo 3; o Bitcoin é mais barato em alguns lugares do que em outros, então, por que não comprar ao melhor preço possível? (No entanto, às vezes "você recebe pelo que paga". Caso encontre uma fonte *muito* barata de Bitcoin, pode ser um golpe. Compre somente de fontes respeitáveis.)

» **Compre na baixa:** Isso não é necessariamente fácil, é claro; depende de uma crença no fato de que, mesmo o Bitcoin tendo caído hoje, mesmo que o preço se mantenha baixo por algum tempo, ele voltará a subir em longo prazo.

Muitos investidores em Bitcoin compram mais quando há uma queda significativa no preço. Se o preço cai 25%, devido à sua volatilidade, algumas pessoas veem isso como uma "Promoção de Bitcoin" no mercado e uma oportunidade de comprar com desconto.

>> **Compre agora:** A última maneira de baixar o custo de seu Bitcoin —
e mais uma vez, isso exige que você acredite que o preço subirá em
longo prazo — é *comprar agora!* Por que esperar até que ele duplique
ou triplique de preço?

Reserva de Oportunidade

Reserva de oportunidade é um dinheiro extra guardado para comprar um
ativo quando o preço cai. (Em inglês, o termo é *dry powder* e faz referência aos depósitos de pólvora que eram mantidos protegidos contra a chuva ou o mar, prontos para serem usados quando necessários
em batalha.) É uma quantia de moeda local guardada e pacientemente
esperando para comprar Bitcoin se houver um "desconto".

No entanto, muitos investidores não gostam dessa estratégia. Diversos
fiéis verdadeiros do Bitcoin o veem como uma aposta melhor em relação às moedas fiduciárias (e, na última década, é claro, eles estão bastante certos!). Por que deixar seu dinheiro em uma conta bancária em
reais, quando pode estar em Bitcoin e, apesar da volatilidade, crescer
significativamente em valor?

Execute Seu Próprio Nó de Bitcoin

Ao executar o software do nó de Bitcoin em seu próprio computador,
você está removendo terceiros confiáveis da equação e se conectando
diretamente à rede Bitcoin. O Bitcoin é um sistema peer-to-peer que
qualquer pessoa com acesso à internet pode utilizar. Se você sabe usar
um navegador de internet, baixar e instalar um programa, ou enviar e
receber um e-mail, provavelmente saberá lidar com as simples digi-
tações necessárias para se tornar um "peer" na rede Bitcoin. (Embora
você também precise estar disposto a investir tempo e esforço em
conhecimento.)

Uma vez que você seja um peer e esteja conectado à rede, terá acesso
direto e sem restrições à rede para enviar e receber transações. Para o
verdadeiro fiel do Bitcoin, a vantagem é poder verificar e validar as transações Bitcoin por si mesmo, sem confiar ou depender de outra pessoa.

Se você depositar um cheque, ele poderá voltar; se aceitar dinheiro,
as notas poderão ser falsas; se comprar ouro, poderá ser uma barra

248   PARTE 4 **A Parte dos Dez**

falsificada, de tungstênio. Mas a execução do software Bitcoin, por conta própria, garante, em um nível básico, que sua transação é a sua e que suas chaves são as suas, sem precisar confiar em um software de terceiros lhe dizendo que a transação foi concluída.

Exchanges e empresas que vendem Bitcoin suspendem regularmente as contas e apreendem fundos de pessoas que não seguem seus termos de serviço. Elas também podem fazê-lo por razões políticas. Em 2010, quando os processadores de pagamento (como os serviços de processamento de cartões de crédito) bloquearam o Wikileaks, a organização começou a aceitar doações em Bitcoin (que, mais tarde, passou a valer dezenas de milhões de dólares; hoje, o Wikileaks aceita doações usando seis diferentes criptomoedas, entre outros métodos). Agora, não temos certeza das especificidades de como o Wikileaks montou sua tecnologia, mas suspeitamos que tenha criado seu próprio nó. Em qualquer caso, a empresa é um exemplo perfeito de por que pode ser importante fazer isso.

Caso o Wikileaks tivesse usado qualquer outro sistema — uma exchange ou mesmo um software de carteira —, poderia ter sido bloqueado. O software de carteira se conecta à rede por meio de um nó específico, por exemplo, de modo que o dono do software de carteira poderia ser forçado pelas autoridades a bloquear o acesso do nó a certas partes.

DICA

Montar seu próprio nó parece algo assustador, complicado e difícil. Entretanto, na verdade, são alguns cliques e um único software instalado em qualquer computador ou notebook; até mesmo os smartphones têm o software de nó do Bitcoin disponível agora. Não estamos sugerindo que não haja aprendizagem envolvida, mas você pode se surpreender com a facilidade para configurar seu próprio nó.

Proteja Suas Chaves, Teste os Backups de Sementes

Se não forem suas chaves, não são suas moedas. Uma das coisas mais importantes que um usuário de Bitcoin pode fazer é proteger suas próprias chaves privadas. (No Capítulo 2, você descobre como suas chaves são importantes, e no Capítulo 4, aprende tudo sobre sementes.) Milhares de usuários de Bitcoin ao longo dos anos sofreram uma perda de fundos, muitas vezes porque confiaram em outra pessoa para guardar suas chaves ou porque assumiram a responsabilidade de cuidar de suas chaves privadas por conta própria, mas não o fizeram bem!

Como pode ver no Capítulo 5, deixar que outros cuidem de suas chaves é perigoso — inúmeros ataques às exchanges levaram à perda de bilhões de dólares em Bitcoin —, e fazer isso por conta própria também é perigoso.

A resposta, acreditam muitos puristas do Bitcoin, é nunca deixar ninguém cuidar de suas chaves, de modo que você não possa sofrer quando esse terceiro é atacado (ou foge com seu Bitcoin). Os usuários de Bitcoin acreditam que eles mesmos devem manter a propriedade de suas chaves, *porque sabem e podem fazer isso*. Eles podem acessar a rede diretamente e não passar por uma terceira parte de confiança. Por que passar por um intermediário em que você deve confiar quando não precisa fazê-lo?

CUIDADO

Entretanto, se for fazer isso, é preciso ter muito cuidado com a proteção de suas sementes e chaves. Como explicamos no Capítulo 5, você precisa encontrar um método à prova de balas para proteger as sementes e as chaves.

DICA

Mas uma coisa muito boa é fazer testes periódicos de cenários "de guerra"! O que acontece, por exemplo, se seu computador e seu smartphone, os dispositivos em que você guarda suas carteiras, queimarem em um incêndio ou se forem roubados? Como poderá recuperar suas carteiras e manter o acesso ao seu Bitcoin? O que acontece se sua casa pegar fogo, levando consigo seus dispositivos e as carteiras que eles contêm, e seu backup? O que acontecerá então? (Claro, você tem um backup em outro lugar, certo?)

Modelos Preditivos de Preço

Muitos fanáticos por Bitcoin tentam prever o desempenho futuro do mercado da criptomoeda usando resultados do passado. Alguns dos modelos de previsão de preços foram até precisos no passado, mas somente o tempo dirá se acertarão com relação ao futuro.

Esses modelos de previsão de preço podem até se tornar profecias autorrealizáveis, porque alguns participantes do mercado fazem trades ativamente com base neles, acreditando que são verdadeiros.

A *descoberta de preço*, um conceito em economia, é a ideia de que o preço de um produto pode ser determinado por meio das interações entre compradores e vendedores em um mercado. Entretanto, um conceito relacionado é a informação assimétrica, a ideia de que alguns participantes do mercado têm informações melhores do que outros.

Assim, comprar e vender com base nesses modelos tem como referência a ideia de que o mercado estabelecerá, com o tempo, o preço correto do Bitcoin por meio da descoberta de preço, mas que há a possibilidade de alguns participantes terem uma melhor compreensão do que acontecerá no mercado. Assim, quando o mercado estiver subvalorizando o Bitcoin, esses participantes podem comprar, e quando o estiver sobrevalorizando, eles podem vender.

LEMBRE-SE

Definitivamente, não estamos propondo o uso de nenhum modelo em particular, nem estamos escolhendo "vencedores" no mercado de modelos de preços do Bitcoin. Mesmo assim, se realmente quiser descobrir mais, encontrará muitas informações na internet (faça uma pesquisa sobre *modelos de preços do bitcoin*, por exemplo).

Há uma discussão interessante (e que dura há anos) sobre um modelo de precificação, desde 2014 até hoje, que é a sequência iniciada por Trololo e disponível em inglês em `https://bitcointalk.org/index.php?topic=831547`. A curva parece muito boa, apenas um pouquinho mais otimista do que a realidade.

Análise Técnica, Indicadores e Outros Fatores do Bitcoin

O termo *análise técnica* refere-se à análise das tendências e dos padrões de preços passados na compra e venda de um investimento com base na crença de que tais informações podem ajudar a identificar tendências e padrões *futuros* e então, é claro, comprar e vender o ativo com base nessas previsões. O analista técnico cria gráficos que mostram as movimentações passadas, e muitas vezes extrapolam para o futuro ou fornecem indicadores de compra ou venda.

A análise técnica não é nada de novo no campo de investimentos. O conceito remonta há pelo menos quatrocentos anos. E, é claro, muitas pessoas aplicaram a análise técnica ao mercado de Bitcoin.

DICA

Você pode — ou não — achar os modelos a seguir úteis, mas pelo menos são interessantes. Sugerimos que não se baseie em nenhuma destas análises sem compreendê-las completamente antes, e decida por si mesmo se fazem sentido. Veja alguns exemplos.

» **Múltiplo de Mayer:** Criado por Trace Mayer, ele monitora o preço atual do Bitcoin em dólares americanos, dividido pelo preço médio móvel dos últimos 200 dias (uma *média móvel* é aquela que elimina as flutuações de curto prazo). Por exemplo, se o preço hoje é de US$12 mil, e o preço dos 200 dias anteriores foi em média de US$6 mil, então o Múltiplo de Mayer é 2. Esse indicador dá um bom sinal relativo de quando o preço disparou ou de quando houve uma queda enorme. Múltiplos superiores são sinais de alerta; múltiplos inferiores são sugestões de que pode ser um bom momento para comprar. `https://mayermultiple.info`.

» **Relação NVT:** A relação entre valor da rede e as transações (Network Value to Transactions) monitora o valor em dólares das transações em Bitcoin em comparação com o valor total relativo da rede. Ela é calculada dividindo-se a média diária da capitalização de mercado (ou valor total de mercado) em dólares pelo número de transações diárias em dólares. Em outras palavras, é um indicador de qual proporção de todos os Bitcoins existentes está sendo negociada em um determinado dia. `https://charts.woobull.com/bitcoin-nvt-ratio`.

» **Indicador NVT:** O indicador NVT é muito semelhante à relação NVT. Entretanto, em vez de tomar o valor de mercado e dividi-lo pelo total da transação diária, é o valor médio de mercado de noventa dias dividido pelo valor da transação diária. `https://charts.woobull.com/bitcoin-nvt-signal`.

» **Capitalização de mercado realizada:** Uma métrica popular no espaço das criptomoedas é a capitalização de mercado, que é calculada se multiplicando o preço atual de mercado de uma criptomoeda pela quantidade dessa moeda em circulação. A capitalização de mercado realizada (RMC — Realized Market Capitalization), entretanto, é calculada pela soma do valor de mercado de cada moeda na última vez em que passou como uma transação no blockchain. O objetivo é chegar a um número de capitalização de mercado mais racional. Por exemplo, até certo nível, a RMC remove o efeito do Bitcoin que de fato foi perdido e nunca mais pode ser comercializado. Há uma ótima explicação sobre o funcionamento da RMC em `https://coinmetrics.io/realized-capitalization`.

» **Relação entre Valor de Mercado e Valor Realizado:** Tal relação (MVRV — Market Value Realized Value) é calculada tomando-se a capitalização de mercado e dividindo-a pela capitalização de mercado realizada. Este indicador pode ajudar a colocar o valor de mercado em perspectiva, e os proponentes acreditam que ele pode ser usado para detectar preços exagerados tanto para cima como para baixo. `https://charts.woobull.com/bitcoin-mvrv-ratio`.

CUIDADO

Tenha cuidado com qualquer modelo que descobrir. Um termo usado nos círculos de Bitcoin — *moonmath* — refere-se à análise que projeta que o preço do Bitcoin "vai para a Lua"! Então, você pode se perguntar: "É matemática, ou é Lua"?

O Devagar e Sempre Vence

O Bitcoin é muitas vezes confundido com um esquema para ficar rico rapidamente, e algumas pessoas realmente ficaram ricas muito rápido com ele. Todavia, hoje em dia, é mais uma questão de acúmulo lento de ativos. A velha história da tartaruga e da lebre pode ser útil aqui, com a moral de vencer a corrida de forma lenta e constante.

A paciência, acreditam os bitcoiners dos anos 2020, é o segredo, e fazer hodl de suas criptomoedas é essencial. Muitos lamentam ter vendido suas moedas para pagar empréstimos ou para comprar aquele carro usado (ou até pizza). Fazer hodling de seu Bitcoin é uma estratégia bastante simples, mas muitas vezes difícil de executar. Muitas pessoas teriam prazer em vender suas moedas e obter ganhos após um investimento ter subido 1.000%, mas se você tivesse feito isso com o Bitcoin ao longo de sua vida útil, poderia ter perdido 1.000.000% de ganhos.

LEMBRE-SE

Economizar em Bitcoin é, em última análise, um negócio que você está fazendo com seu eu futuro. Consuma frivolamente hoje, ou estoque para o futuro em uma conta de moeda digital. Como diz a velha fábula da formiga e da cigarra, o passar do tempo no mercado é melhor que acertar o momento certo, o timing, do mercado.

Contar para Todos ou Ficar na Sua?

Agora que descobriu a matemágica do Bitcoin, você sairá por aí berrando do alto das montanhas para todo mundo ou manterá seu envolvimento com a rede em segredo?

Uma abordagem que muitos proprietários de grandes somas de Bitcoin adotaram é ficar calados sobre isso! Muitos, por outro lado, não conseguem ficar de bico fechado. Eles consideram o Bitcoin como uma "escada de incêndio" financeira e querem salvar o maior número possível do que consideram ser uma moeda fiduciária fraca que está constantemente perdendo valor devido à inflação.

Entretanto, outros aceitam a culpa dos sobreviventes e guardam o segredo de Satoshi para si mesmos, por razões de segurança. Algumas pessoas foram alvo de roubos devido ao seu envolvimento com a rede Bitcoin. No Capítulo 4, falamos sobre o *ataque da chave inglesa de US$5* aos donos de Bitcoin feito por ladrões que tentam extrair informações deles. Investidores com quantidades realmente significativas de Bitcoin costumam inventar métodos intrincados para distribuir as informações relativas às suas chaves e sementes, de modo que não possam ser recuperadas rapidamente. Isso inclui espalhar as informações geograficamente. Talvez seus vizinhos *não* precisem saber sobre suas riquezas em Bitcoin!

Ainda assim, muitos bitcoiners se consideram evangelistas da religião do Bitcoin. Com o Bitcoin, a rede é mais forte, portanto, quanto mais gente, melhor, pensam alguns. De que serve um sistema de dinheiro digital na internet se você não pode compartilhá-lo e aproveitá-lo com outros usuários? Essa é uma decisão que você precisará tomar sozinho.

NESTE CAPÍTULO

» Conhecendo documentários, livros e guias sobre o Bitcoin

» Descobrindo exploradores de bloco e agregadores de dados

» Participando de fóruns

» Acompanhando a volatilidade

» Estudando documentos fundamentais, wikis e dados

Capítulo **11**

Dez Recursos sobre Bitcoin

Depois de mais de uma década de Bitcoin, se alguém afirma compreender completamente a tecnologia, é muito provável que esteja enganando você ou a si mesmo. O Bitcoin é uma lição de humildade em uma aprendizagem vitalícia. Este livro não pode abordar tudo sobre o Bitcoin e provavelmente deixou de lado muitos detalhes importantes, mas os recursos deste capítulo devem ajudá-lo a cair confortavelmente na toca do coelho Bitcoin. Como diz o ditado da área: "Permaneçam humildes, acumuladores de Satoshis."

Documentários sobre Bitcoin

Vários documentários interessantes sobre Bitcoin e criptomoedas fornecem ótimas informações contextuais:

- » Banking on Bitcoin. https://vimeo.com/226777744.
- » Bitcoin is Generational Wealth. https://www.youtube.com/watch?v=3Rnqst5qCgA.
- » Hard Money. https://www.hardmoneyfilm.com/.
- » The Bitcoin Experiment. https://www.amazon.com/Bitcoin-Experiment-Pal-Karleson/dp/B01JBA8HYK/.
- » The Rise and Rise of Bitcoin. http://bitcoindoc.com/.
- » The Trust Machine. https://youtu.be/ZKwqNgG-Sv4.
- » This Machine Greens. https://www.youtube.com/watch?v=b-7dMVcVWgc.

Livros sobre Bitcoin

A indústria editorial não está ignorando o Bitcoin, é claro. Afinal de contas, você está lendo um livro sobre Bitcoin agora mesmo! Aqui estão alguns livros adicionais úteis e interessantes para o caso de querer ir mais fundo:

- » Ulrich, F. *Bitcoin - A moeda na era digital.* Mises Brasil, 2014.
- » Antonopoulos, A. M. *Mastering Bitcoin: Programming the Open Blockchain.* O'Reilly Media Inc., 2017.
- » Ammous, S. *The Bitcoin Standard: The Decentralized Alternative to Central Banking.* Wiley, 2018.
- » Song, J. *Programming Bitcoin: Learn How to Program Bitcoin from Scratch.* O'Reilly Media Inc., 2019.
- » Rosenbaum, K. *Grokking Bitcoin.* Manning Publications, 2019.
- » Yakes, E. *The 7th Property: Bitcoin and the Monetary Revolution.* Black Poodle Publishing, 2021.

>> Antonopoulos, A. M. *et al. Mastering the Lightning Network: A Second Layer Blockchain Protocol for Instant Bitcoin Payments.* O'Reilly Media, Inc., 2021.

>> Bitcoin and Bible Group, Breedlove, R. *et al. Thank God for Bitcoin: The Creation, Corruption and Redemption of Money.* Whispering Candle, 2020.

Guias e Tutoriais de Bitcoin

Recursos educacionais sobre o Bitcoin estão disponíveis agora mais do que nunca, e está mais fácil se tornar um bitcoiner básico. Aqui estão alguns de nossos repositórios favoritos de recursos e ferramentas de aprendizagem.

>> **Crypto Clear: Bitcoin & Cryptocurrency Made Simple (curso do próprio coautor Peter):** `https://www.CryptoOfCourse.com`.

>> **Bitcoin Support (para carteiras de Bitcoin):** `https://www.bitcoinsupport.com/`.

>> **BTC Sessions (notícias e tutoriais):** `https://www.youtube.com/channel/UChzLnWVsl3puKQwc5PoO6Zg`.

>> **The case for Bitcoin (notícias, incluindo mercados, estatísticas e taxas):** `https://www.casebitcoin.com/`.

>> **21 Lectures (aulas de Bitcoin para desenvolvedores):** `https://www.21lectures.com/`.

>> **Bitcoin Lessons (ganhe Bitcoin enquanto aprende):** `https://www.bitcoinlessons.org/`.

>> **Bitcoin EDU (aprenda remotamente sobre o Bitcoin):** `https://www.bitcoinedu.com/`.

>> **Bitcoin is Hope (notícias, sites e muito mais):** `https://www.hope.com/`.

>> **Learn me a Bitcoin (lições que vão do básico ao avançado):** `https://learnmeabitcoin.com/talks/`.

>> **O que é Bitcoin e como funciona? Tudo o que você precisa saber! (notícias e tutoriais):** `https://www.mercadobitcoin.com.br/economia-digital/bitcoin/o-que-e-bitcoin-e-como-funciona-tudo-o-que-voce-precisa-saber/`.

CAPÍTULO 11 **Dez Recursos sobre Bitcoin** 257

» **Teach Bitcoin (aprenda o protocolo do Bitcoin):** `https://teachbitcoin.io/`.

» **Jameson Lopp (ajudando as pessoas a controlar seu Bitcoin):** `www.lopp.net`.

» **Bitcoin for Everybody (um curso extensivo de Bitcoin, dividido em segmentos):** `https://learn.saylor.org/course/view.php?id=468`.

» **The Bitcoin Standard Academy (acesso exclusivo e antecipado aos livros de Saifedean Ammous):** `https://saifedean.com/academy/`.

Exploradores de Bloco de Bitcoin

Os *exploradores de blockchains* oferecem uma maneira fácil de auditar as cadeias de blocos diretamente de seu navegador de internet. Eles podem procurar blocos, transações e detalhes dessas transações, hashes e endereços. Aqui está uma lista de alguns exploradores úteis de blockchain do Bitcoin.

» **Blockstream Explorer:** `https://blockstream.info`.

» **Blockchair:** `https://blockchair.com`.

» **Blockchain.com:** `www.blockchain.com/explorer`.

» **Blockcypher:** `https://live.blockcypher.com/btc`.

» **cryptoID:** `https://chainz.cryptoid.info/btc`.

» **Mempool.space:** `https://mempool.space/`.

» **OXT:** `https://oxt.me`.

» **TradeBlock:** `https://tradeblock.com/bitcoin`.

Agregadores de Dados de Bitcoin

Dados, comparações e sites de estatísticas de criptomoedas podem ser muito úteis, ajudando você a compará-las. Confira alguns bons agregadores de dados de criptomoedas.

- » **Bitcoinity:** `https://data.bitcoinity.org/markets/volume`.
- » **BitInfoCharts:** `https://bitinfocharts.com/cryptocurrency-charts.html`.
- » **Bitcoin Visuals:** `https://bitcoinvisuals.com`.
- » **CoinDesk:** `www.coindesk.com/data`.
- » **Coin Metrics:** `https://coinmetrics.io/charts`.
- » **Coin Dance:** `https://coin.dance`.
- » **Crypto51 (51% Attack Cost Comparisons):** `https://www.crypto51.app`.
- » **How Many Confirmations:** `https://howmanyconfs.com`.

Fóruns sobre Bitcoin

Quanto mais fundo você entra na toca do coelho, mais quer se envolver para conversar com outros bitcoiners. Aqui estão alguns bons lugares para fazer exatamente isso.

- » **Reddit r/Bitcoin:** `www.reddit.com/r/Bitcoin`
- » **Bitcoin Forum:** `https://bitcointalk.org/`
- » **Bitcoin on Twitter:** `https://twitter.com/search?q=bitcoin`
- » **Quora Bitcoin:** https://openblockchain.quora.com/
- » **Stack Exchange:** `https://bitcoin.stackexchange.com/`

Gráficos de Volatilidade do Bitcoin

Ao longo do livro, abordamos a volatilidade do Bitcoin — o preço sobe e desce, o tempo todo. Estes sites fornecem gráficos para ajudá-lo a acompanhar a volatilidade do Bitcoin.

- » **Volatilidade do Bitcoin — Woobull:** Um gráfico útil que acompanha a volatilidade de sessenta dias do Bitcoin na última década, em comparação com o dólar e o euro. Você pode até mesmo adicionar volatilidade USD/EUR, preço do Bitcoin e um preço médio do Bitcoin

CAPÍTULO 11 **Dez Recursos sobre Bitcoin** 259

de duzentos dias durante o mesmo período de tempo. `https://charts.woobull.com/bitcoin-volatility`.

>> **Comparações de Volatilidade do Bitcoin — Woobull:** Este gráfico permite comparar estimativas de volatilidade de sessenta dias do Bitcoin com petróleo, ações norte-americanas, ouro, bens imobiliários norte-americanos e outros ativos dignos de nota. `https://charts.woobull.com/bitcoin-volatility-vs-other-assets`.

>> **Gráficos de Volatilidade da Coin Metrics:** Estes gráficos fornecem a volatilidade para 30, 60 e 180 dias para mais de 30 diferentes ativos de criptomoedas, incluindo Bitcoin, Litecoin, Ethereum, Dash, Zcash, Monero, Dogecoin e muitos outros. (Escolha o índice de volatilidade desejado no menu suspenso e, então, selecione quais criptomoedas devem ser exibidas nas caixas de opção/botão na parte inferior.) `https://coinmetrics.io/charts`.

>> **Índice de Volatilidade do Bitcoin:** Esse índice fornece a volatilidade do Bitcoin baseada em porcentagem durante 30, 60, 120, e 252 dias, medida em relação ao dólar americano. `https://www.buybitcoinworldwide.com/volatility-index/`.

>> **Índice de Volatilidade do Bitcoin Satochi.co:** Este índice acompanha as estimativas de volatilidade diária, de trinta e sessenta dias em relação ao dólar americano. Ele também tem comparações de volatilidade para o ouro, o Ethereum e muitas outras moedas. `www.satochi.co`.

Documentos Fundamentais do Bitcoin

A explosão do Bitcoin na última década começou com a publicação que Satoshi Nakamoto fez da Lista de E-mails Cypherpunk (arquivos disponíveis em `http://mailing-list-archive.cryptoanarchy.wiki`), do código base do Bitcoin e do *whitepaper* que o acompanha. Você pode encontrar o *whitepaper* original, que esboça o conceito, em `https://bitcoin.org/bitcoin.pdf`, [a versão em português está disponível em `https://bitcoin.org/files/bitcoin-paper/bitcoin_pt_br.pdf`], mas aqui temos dois outros sites que você pode acessar para ler mais documentos fundamentais do Bitcoin.

>> **Instituto Satoshi Nakamoto:** Este site contém todos os escritos conhecidos de Satoshi Nakamoto (quem quer que ele/ela/eles

seja(m)!; veja o Capítulo 1), juntamente com numerosos outros documentos que "servem para contextualizar o Bitcoin na história mais ampla da criptografia e da liberdade". É leitura obrigatória e mais uma ótima maneira para os entusiastas do Bitcoin e das criptomoedas descerem pela toca do coelho: `https://nakamotoinstitute.org/literature`.

» **Manifesto Cypherpunk:** Este documento fundamental, escrito por Eric Hughes em 1993, vem sendo lido por muitos criptógrafos e usuários de criptomoedas ao longo dos anos. É uma introdução interessante à política que está por trás das origens da criptomoeda: `www.activism.net/cypherpunk/manifesto.html`.

Wikis sobre Bitcoin

Embora a Wikipedia.org tenha boas páginas sobre o Bitcoin e sua história, muitas vezes, elas são descrições breves, e não um recurso aprofundado que pode analisar todos os aspectos de uma criptomoeda típica. Não se preocupe, pois outros wikis vão muito mais a fundo.

» **Bitcoin.it Wiki (milhares de páginas relacionadas ao Bitcoin e às criptomoedas):** `https://en.bitcoin.it/`.

» **Bitcoinwiki.org (e milhares mais):** `https://en.bitcoinwiki.org`.

» **Página da Wikipédia sobre o Bitcoin:** `https://pt.wikipedia.org/wiki/Bitcoin`.

» **Página simplificada da Wikipédia sobre o Bitcoin (para não especialistas):** `https://simple.wikipedia.org/wiki/Bitcoin`.

» **Página da Wikipédia sobre a História do Bitcoin:** `https://en.wikipedia.org/wiki/History_of_bitcoin`.

Visualizações de Dados sobre Bitcoin

Os exploradores de blockchain são bons recursos para encontrar informações sobre a cadeia de blocos, mas alguns indivíduos criativos levaram esse conceito um passo adiante, extraindo dados do blockchain e criando visualizações de dados interessantes para o espaço do Bitcoin e das criptomoedas. Aqui estão alguns de nossos favoritos.

» **O Big Bang do Bitcoin:** `https://info.elliptic.co/hubfs/big-bang/bigbang-v1.html`.

» **Visualizações do Valor de Mercado:** `https://coin360.com`.

» **Blocos do Bitcoin:** `https://blocks.wizb.it`.

» **Bitnodes:** `https://bitnodes.earn.com`.

» **Bitbonkers.com:** `https://privacypros.io/tools/bitbonkers/`.

» **Interações das Transações em Bitcoin:** `http://bitcoin.interaqt.nl`.

» **OXT Landscapes:** `https://oxt.me/landscapes`.

» **Gráficos da Rede do Bitcoin:** `http://bitcoin.sipa.be`.

» **bitcointicker:** `https://bitcointicker.co/networkstats`.

» **Statoshi.info:** `https://statoshi.info`.

NESTE CAPÍTULO

» Entendendo o Efeito Lindy

» Sabendo o que significa "o Bitcoin morreu" e por que ouvirá isso

» Descobrindo sobre as novas camadas da rede Bitcoin

» Analisando as propostas de desenvolvimento e melhoria

» Explorando por que o Bitcoin *deve* ficar mais simples

Capítulo **12**

Dez (Mais Um) Pensamentos sobre o Futuro do Bitcoin

O Bitcoin não é estático. Como qualquer tecnologia jovem, mas em plena expansão, ele está evoluindo rapidamente. Os verdadeiros fiéis do Bitcoin veem um futuro brilhante para a criptomoeda, mas fazem isso desde o início. Ninguém pode dizer com certeza o que acontecerá com o Bitcoin, mas a César o que é de César: *os verdadeiros fiéis certamente têm tido razão até agora!* Eles vão até o banco rindo, de fato, ou fariam isso, caso mantivessem seus Bitcoins em um banco.

Durante anos, o Bitcoin foi ignorado pela maioria das pessoas nos setores bancário e financeiro. Depois, foi ridicularizado; afinal, não era "real", ou era um golpe. No fim de 2017, quando o preço caiu, muitos disseram: "Veja, nós lhe dissemos", enquanto os verdadeiros fiéis

CAPÍTULO 12 **Dez (Mais Um) Pensamentos...** 263

disseram: "Espere" (e, "é um bom momento para comprar!"). Em um gráfico de longo prazo, a queda do fim de 2017 não parece nada além de mais do que uma variaçãozinha. O preço por Bitcoin caiu de pouco mais de US$19 mil para pouco menos de US$8 mil, e depois caiu um pouco mais. Mas no momento de redação deste capítulo, o preço não ficou abaixo de US$20 mil por mais de um ano e atingiu quase US$70 mil a certa altura.

Neste capítulo, analisamos alguns desenvolvimentos no campo do Bitcoin que podem ser importantes, parte da evolução que, talvez, garantirá sua sobrevivência. Se este capítulo parece ser muito otimista, bem, estamos apenas lhe dando o ponto de vista dos verdadeiros fiéis. Lembre-se, até agora eles têm tido razão!

Os Bitcoiners Adoram o Efeito Lindy

As pessoas no campo do Bitcoin citam com frequência algo chamado de *Efeito Lindy* ou *Lei de Lindy*. Esse princípio sugere que, quanto mais tempo algo sobreviveu, mais longa se torna sua expectativa de vida; coisas já de vida longa têm uma expectativa de vida maior do que coisas jovens. (Certo, isso não funciona para pessoas e animais; sua aplicação é para tecnologia, organizações e ideias.)

Quando o Bitcoin tinha uma semana de vida, não havia razão para pensar que viveria outra semana ou outro mês. Mas com o tempo, mais e mais pessoas se envolveram, e, conforme o interesse crescia, sua expectativa de vida aumentava. Quanto mais tempo passar, mais forte será o Bitcoin e, portanto, mais tempo ele sobreviverá. Combine isso com o "efeito de rede", que diz que, quanto maior uma rede, mais pessoas trabalham nela, e, assim, mais útil a rede se torna. (Uma rede telefônica com 100 clientes não é terrivelmente útil; uma com 1 bilhão é incrivelmente poderosa.)

Um banco novinho em folha, por exemplo, tem poucas probabilidades de sobreviver. A maioria dos bancos na história do mundo já faliu. O Banco da Inglaterra, no entanto, está em funcionamento desde 1694; é improvável que ele deixe de funcionar tão cedo.

No fim de 2021, o Bitcoin já existia havia treze anos. Isso ainda não é algo particularmente longo, mas o suficiente para que seu valor tenha atingido centenas de bilhões de dólares (com a maior parte desse crescimento em valor ocorrendo nos quatro anos e meio anteriores).

À medida que o tempo passa e o Bitcoin continua a funcionar, e mais pessoas e instituições compram a ideia, fica cada vez mais provável que a humanidade continue a contribuir e propagar o blockchain do Bitcoin para o futuro. De fato, muitos acreditam que as pessoas sempre exigirão a liberdade e a soberania que o sistema Bitcoin oferece.

No entanto, digamos apenas que nada dura para sempre. Às vezes até instituições de longa vida morrem, é claro. A East India Company sobreviveu por 274 anos — até que deixou de existir. Considere também que, embora vários acadêmicos tenham escrito sobre o Efeito Lindy e o desenvolvido, ele foi originalmente proposto por comediantes. *Lindy's* é uma lanchonete de Nova York onde os comediantes se reuniam e conversavam sobre negócios. Em algum momento, o grupo desenvolveu a ideia de que, para durar muito no negócio da comédia, é preciso evitar a superexposição. Foi aí que o Efeito Lindy começou, embora tenha se desenvolvido em um conceito diferente, é claro. Portanto, o Efeito Lindy não é uma lei da natureza. Às vezes não funciona, mas vale a pena ter em mente o princípio básico — que, à medida que as instituições crescem e perduram com o tempo, elas se tornam mais capazes de sobreviver.

A Quantidade Limitada de Bitcoin Impulsiona o Preço

Uma das características cruciais do Bitcoin é sua quantidade limitada. Nunca haverá mais de 21 milhões de moedas em circulação. Esses 21 milhões de moedas estão sendo emitidos em um processo programático extremamente rigoroso a cada bloco — aproximadamente a cada dez minutos. Tal taxa de emissão de fornecimento tem sido precisa, predefinida e inalterada desde que o primeiro bloco foi minerado. Se um usuário mudasse as regras e, digamos, mudasse a emissão para 22 milhões de moedas, então, objetivamente, esse novo sistema não seria Bitcoin. De fato, a menos que um nó opere sob as regras, ele não pode funcionar na rede. É verdade, como disse Willem Buiter (consultor econômico e economista-chefe do Citigroup): "Qualquer coisa que possa ser programada pode ser reprogramada." Tecnicamente, isso é correto, mas não poderia ser reprogramado sem o apoio da maioria da comunidade Bitcoin.

As regras do Bitcoin, como as regras de damas ou do futebol, são fixas. Você pode fazer mais peças de damas ou uma bola maior, mas simplesmente estaria jogando um novo jogo: damas chinesas ou softball. Portanto, cada nó deve aderir a essa política monetária computacional ou deixar de operar na rede Bitcoin. O conceito foi introduzido no Bitcoin por Satoshi Nakamoto para garantir que nenhum ator ou grupo de atores possa conspirar para enganar o sistema.

O *bloco gênesis* de Nakamoto (o primeiro bloco de transações no blockchain do Bitcoin) criou 50 novos Bitcoins, e cada bloco depois disso criou mais 50. Porém, o fornecimento de novos Bitcoins criados é cortado pela metade aproximadamente a cada quatro anos, em um processo chamado *halving* ou *halvening*. Com um tempo médio de bloco de 10 minutos, são 210 mil blocos.

Assim, quando o 210.000º bloco de dados foi adicionado à cadeia de blocos, o número de novos Bitcoins criados em cada bloco caiu para 25; quatro anos depois, caiu para 12,5; no momento de redação deste capítulo, é de 6,25 Bitcoins por bloco. Cerca de 90% da oferta máxima de Bitcoins já foi emitida, e o restante vai gotejando pouco a pouco, cada vez mais devagar, durante as décadas seguintes, até por volta de 2140, quando tudo terá sido distribuído. Depois disso, o sistema operará somente com incentivos de taxas de transação.

Na verdade, a taxa de emissão de Bitcoin não está apenas reduzindo pela metade a cada quatro anos; ela está sendo reduzida a cada dez minutos. Cada vez que um novo Bitcoin é emitido, o fornecimento de Bitcoin aumenta ligeiramente, de modo que a emissão do próximo bloco é, naturalmente, uma proporção menor do fornecimento total. É uma pequena queda diária, mas uma queda significativa ao longo do período de quatro anos. Ao ritmo atual de 6,25 moedas por bloco de 10 minutos, 1.314.000 moedas Bitcoin entrarão em circulação durante esse período de 4 anos.

266   PARTE 4 **A Parte dos Dez**

O fornecimento de Bitcoin é rigidamente definido. Há uma inelasticidade de fornecimento quase perfeita. Ou seja, a oferta de Bitcoin não aumentará com a demanda. Ao contrário, conforme a demanda aumenta, o preço sobe. Não importa quão alto — ou baixo — o preço da demanda de Bitcoin vá, a oferta não mudará em resposta. A oferta inelástica é rara. Claro, a *Mona Lisa* tem uma oferta perfeitamente inelástica; à medida que a demanda pelo quadro sobe, o preço sobe, porque não é possível criar mais *Mona Lisas*!

Um argumento possível é que mesmo os imóveis de Manhattan, commodities estereotipadas como escassas e atraentes, não são perfeitamente inelásticos, por exemplo. As incorporadoras podem sempre expandir a oferta de imóveis de Nova York por meio de técnicas de densidade como a construção vertical. A oferta de Bitcoin é quase perfeitamente inelástica e não sofre tais mudanças de oferta com um aumento na demanda. A oferta de Bitcoin é definida de forma tão programática que é mais do que digitalmente escassa; é inelástica de forma algorítmica.

Isso, acreditam os bitcoiners, sugere que o preço do Bitcoin precisa continuar a subir. Considere esta recente manchete do *Business Insider* (29 de novembro de 2021): "Ex-banqueiros — incluindo um que deixou o Goldman Sachs para jogar Axie Infinity — estão lançando um fundo de criptos no valor de US$1,5 bilhão." À medida que mais e mais pessoas se interessam pelo Bitcoin, o preço precisa subir, já que a oferta não aumentará para atender à demanda.

Corrida Pela Adoção do Bitcoin

Outra coisa que os verdadeiros fiéis do Bitcoin apontam com frequência é a velocidade da adoção do Bitcoin em comparação com outras tecnologias. Levou mais de cinquenta anos para que a eletricidade chegasse à adoção em massa. O telefone, na verdade, levou um pouco mais de tempo. A internet levou cerca de quinze anos, e as redes sociais, apenas dez. É claro, temos que considerar a natureza "aditiva" do avanço tecnológico: as redes sociais tinham a internet para serem desenvolvidas, e a internet tinha a rede elétrica para alimentar sua infraestrutura e o sistema telefônico para se conectar (assim como a infraestrutura de cabo e satélite). Dessa forma, as novas tecnologias podem crescer mais rapidamente, uma vez que se situam em cima das tecnologias mais antigas e amplamente adotadas.

O Bitcoin tem todas essas redes tecnológicas para usar como base para seu desenvolvimento, e assim pode ter níveis de avanço ainda mais rápidos do que a internet ou mesmo as redes sociais. A internet passou de menos de 10 milhões de usuários em 1992 para 1 bilhão de usuários em 2006 (15 anos). O Bitcoin passou de menos de 10 milhões de usuários em 2016 para, de acordo com alguns verdadeiros fiéis do Bitcoin, mais de 100 milhões de usuários em 2020 (5 anos).

LEMBRE-SE

Algumas pessoas (incluindo o coautor Peter) são céticas quanto às estimativas do número de "usuários" de Bitcoin, pois algumas pesquisas amplamente divulgadas foram muito mal concebidas, inflando os números verdadeiros. Há também a questão do que é um "usuário" de Bitcoin. Se você comprou um pouco de Bitcoin em um caixa eletrônico (veja o Capítulo 3), será que realmente está engajado na rede Bitcoin?

Ainda assim, o interesse pelo Bitcoin está crescendo, e rápido. Cada vez mais corporações e instituições financeiras estão se envolvendo, e, sim, mais indivíduos estão comprando. Há todos os motivos para pensar que o crescimento continuará.

Adoção do Bitcoin por Corporações

Por falar em adoção de Bitcoin, não são apenas as pessoas físicas que estão correndo para comprar Bitcoin. Muitas grandes corporações entraram de cabeça. As empresas têm adotado o Bitcoin como um "ativo de reserva" em um ritmo rápido, isto é, em vez de depositar o excesso de dinheiro em uma conta bancária ou outra forma de investimento de curto prazo, elas estão comprando Bitcoin.

Considere as palavras de Michael Saylor, CEO da MicroStrategy (uma empresa de capital aberto de software que vale US$6 bilhões), sobre sua decisão de comprar centenas de milhões de dólares em Bitcoin. A empresa tinha meio bilhão de dólares em dinheiro para guardar, mas ela também "teve a terrível percepção de que estava sentada em cima de um cubo de gelo de US$500 milhões que estava derretendo", graças à inflação. Assim, a organização investiu US$425 milhões em Bitcoin (e depois viu o valor aumentar em 50% e depois cair de volta para um aumento mais modesto de 5%, no momento de redação deste capítulo). "O Bitcoin é um banco no ciberespaço", disse Saylor, "administrado por um software incorruptível, oferecendo uma conta poupança global, acessível, simples e segura para bilhões de pessoas que não têm a opção ou o desejo de administrar seu próprio fundo de hedge".

268   PARTE 4 **A Parte dos Dez**

A ideia de que as grandes corporações deveriam depositar seu dinheiro em Bitcoin apanhou de surpresa muitos bitcoiners, mas isso é um bom presságio para os preços. Outra conhecida compradora corporativa de Bitcoin é a Tesla, que comprou 48 mil Bitcoins e viu o valor aumentar em cerca de US$500 milhões desde então. Caso queira ver uma lista de várias dessas empresas, com participações entre algumas dezenas de Bitcoin e dezenas de milhares, acesse `https://bitcointrea-suries.net/`.

O Bitcoin Morreu!

Vale a pena levarmos em conta as alegações e previsões passadas ao considerar o que pode acontecer. Uma coisa que podemos ter certeza é que, assim como no passado, as alegações de que *o Bitcoin morreu* continuarão!

Enquanto o preço do Bitcoin continua subindo, de forma geral — sim, com quedas perturbadoras, é certo —, afirmações e previsões da morte do Bitcoin têm sido comuns, tanto é assim que sites dedicados colecionam tais alegações:

» Bitcoin Is Dead, `https://www.bitcoinisdead.org/`.

» 99Bitcoins, `https://99bitcoins.com/ bitcoin-obituaries/`.

Este último, por exemplo, afirma que "o Bitcoin já morreu 434 vezes". Na verdade, nem todas as citações coletadas são de especialistas que afirmam que o Bitcoin *morreu*. Muitos afirmam que ele *morrerá* ou que *deveria estar* morto. São coleções de céticos quanto ao Bitcoin.

Ainda não vimos o fim do Bitcoin (e os verdadeiros fiéis afirmariam que não viveremos o suficiente para ver seu fim). Portanto, por mais que encontre muitos céticos — e sob um ponto de vista de investimento, talvez seja importante você pelo menos conhecer seus argumentos —, os verdadeiros fiéis estão rindo por último, pelo menos por enquanto.

O "Sobe e Desce" do Bitcoin

Os preços de muitas commodities, tais como petróleo ou metais preciosos, parecem passar por ciclos de subida e descida. A tabela de preços do petróleo dos últimos 75 anos parece, por exemplo, uma montanha-russa extrema.

No caso de algumas commodities, isso se deve geralmente a problemas de oferta e demanda. O coautor Peter bem se lembra do "crash" do petróleo no início dos anos 1980, já que o aumento da oferta causou um pico de US$133 em 1980, que caiu para um mínimo de US$27 em 1986, e foi quando ele perdeu seu emprego no negócio do petróleo! (Mas isso não é o pior. Um dia, em 2020, o preço realmente ficou *negativo*! Não era possível oferecer petróleo!)

Com o tempo, a produção de petróleo pode crescer drasticamente, o que causa essas quedas nos preços. Com commodities como ouro e Bitcoin, porém, a fixação de preços depende essencialmente da demanda, da crença no ativo. Se um bem tem pouco ou nenhum valor *intrínseco* — ou seja, não pode ser usado para nada, apenas como um ativo de reserva de valor —, tudo se resume ao que as pessoas pensam sobre a estabilidade do ativo.

LEMBRE-SE

O ouro, por exemplo, não é usado para muito além de ser uma reserva de valor, um assunto que discutiremos mais adiante neste capítulo. O Bitcoin não pode ser usado para *nada além* de uma reserva de valor, e, portanto, seu valor é muito sensível à crença e tende a ser bastante volátil.

Tal dependência da crença é uma faca de dois gumes. É a *crença* que tem levado o preço do Bitcoin a ir de essencialmente nada até US$60 mil por moeda, e é a *crença* que tem levado o ouro a ser usado como um ativo por 6 mil anos. Mas a *crença* — ou melhor, a falta de crença ou sua redução — pode levar a uma queda drástica repentina no preço, e até mesmo (de acordo com alguns economistas) a um colapso completo do Bitcoin.

Os verdadeiros fiéis do Bitcoin aceitam essa volatilidade, com a crença de que, com o tempo, há uma curva ascendente. Ela pode cair hoje, mas segure (ou faça hodl, como eles diriam), pois subirá novamente. Talvez amanhã, talvez no próximo mês, ou talvez no próximo ano, mas ela *subirá* (acreditam eles). Se quiser investir em Bitcoin, essa é uma decisão que você terá que tomar por si mesmo. Uma das maiores perguntas da vida é "Em quem você acredita?"

Em resumo, o futuro do Bitcoin inclui uma grande volatilidade. De fato, a Figura 12-1 mostra o que a CoinMarketCap.com tem a dizer sobre a volatilidade do Bitcoin, a partir de quando o público começou a tomar conhecimento da criptomoeda, no terceiro trimestre de 2017.

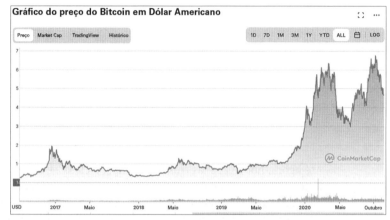

FIGURA 12-1: Volatilidade do Bitcoin — é uma montanha-russa!

O Halvening e o Preço do Bitcoin

Há uma crença entre os Bitcoiners de que o preço do Bitcoin recebe um "impulso" pelo evento do halvening. Como discutimos na seção "A Quantidade Limitada de Bitcoin Impulsiona o Preço", anteriormente neste capítulo, a cada quatro anos o número de Bitcoins emitidos para cada bloco cai pela metade. Muitos bitcoiners acreditam que esses eventos de halvening se alinham com os ciclos de sobe e desce da criptomoeda. Será que veremos algum efeito devido aos futuros halvenings?

A teoria, de acordo com alguns, é a de que o preço do Bitcoin sobe logo antes e depois dos eventos de halvening, e alguns postulam que, de alguma forma, há uma relação entre o preço e o fato de que imediatamente após o halvening os mineradores ganharão metade do que ganhariam antes. Outro argumento é o de que, como a taxa de aumento diminui e a demanda continua a subir, o preço precisa subir.

No entanto, tais teorias têm alguns problemas. (Você pode ver os halvenings na tabela de preços na Figura 12-2, a propósito.)

CAPÍTULO 12 **Dez (Mais Um) Pensamentos...**   271

FIGURA 12-2: Preço do Bitcoin e os halvenings. Será que há alguma associação?

Até agora, houve apenas três halvenings, é claro — novembro de 2012, julho de 2016 e maio de 2020 —, por isso, só temos esses três eventos para analisar. O primeiro problema é que a associação sugerida *parece não existir!* Há uma tendência constante de aumento, com picos e vales ocorrendo de vez em quando, mas não parece haver uma correlação particular entre o dia atual do halvening e esses picos de preços e a queda subsequente. Os picos parecem ocorrer em momentos diferentes durante os ciclos, e há, de fato, múltiplos picos e quedas durante cada ciclo.

O segundo problema é que não houve nenhuma sugestão muito boa para o *motivo* pelo qual o halvening deveria ter um efeito rápido sobre os preços. O preço, lembre-se, baseia-se na crença no Bitcoin, não nos desejos dos mineradores. Conforme a crença sobe, o preço sobe, e conforme o mercado começa a ficar um pouco assustado, o preço desce.

Uma crença básica do bitcoiner postula que o preço está diretamente correlacionado com a demanda e a oferta. Se a oferta diminui e a demanda permanece a mesma, o preço sobe. Se a demanda sobe e a oferta permanece a mesma, o preço sobe. Mas o que isso tem a ver exatamente com o halvening? Depois de halvening, a oferta não apenas não diminuiu, mas, na verdade, continuou aumentando (900 novos Bitcoins todos os dias após o evento mais recente, o que equivale a cerca de 30 mil Bitcoin por mês). Assim, o preço está subindo porque a demanda aumentou. E se o preço está subindo porque a demanda está subindo, então qual é *exatamente* a correlação entre o halvening e o preço, se é que há alguma coisa? Ninguém parece ser capaz de dizer muito além de "reduzir pela metade a taxa de emissão de Bitcoin impulsiona os preços".

(Aqui está um desafio. Crie um gráfico mostrando a população mundial ao longo do tempo e, em seguida, marque os anos bissextos nele. Você verá que, após cada ano bissexto, a população do mundo sobe!)

É muito mais provável que as mudanças de preços estejam associadas às atividades nos mercados de Bitcoin e aos prognósticos dos especialistas do que aos halvenings. Qualquer possível efeito causado por uma diminuição de novas emissões é abafado por investidores e instituições interessadas que se juntam à rede Bitcoin. Qualquer associação que um observador possa *achar* que está vendo é, muito provavelmente, uma combinação de coincidência e de viés de confirmação.

Portanto, aqui está nossa previsão. Após cada halvening, o preço do Bitcoin subirá — a menos que a demanda caia!

Novas "Camadas" do Bitcoin

Há um grande problema com a "camada base" do Bitcoin, o funcionamento básico da rede. Simplesmente não há capacidade suficiente para que o Bitcoin se torne uma moeda genuína administrando dezenas de milhões de transações por dia. O fato é que nem de longe há capacidade suficiente na rede para atender às necessidades de todas as pessoas que gostariam de usá-la se o Bitcoin fosse uma moeda genuína. Não raro, o Bitcoin é criticado, de fato, pela baixa capacidade de transação, pelo uso excessivo de energia e pela lentidão dos acordos de transação.

Por exemplo, a rede Visa processa cerca de 45 mil transações por segundo, o que está muito além do que a rede Bitcoin pode fazer. (Como discutimos no Capítulo 3, são necessários *minutos* para que suas transações sejam processadas.) Por causa disso, muitos na comunidade Bitcoin começaram a trabalhar em "camadas" adicionais para escalar a rede Bitcoin e acelerar o processamento de um grande número de transações (e também para acrescentar outras capacidades à rede).

A Lightning Network do Bitcoin

A Lightning Network do Bitcoin (veja o Capítulo 4) está em funcionamento desde o início de 2016. Veja você mesmo a proposta original em `https://lightning.network/lightning-network-paper.pdf` [em inglês]. Desde que esse artigo foi publicado, a capacidade da Lightning Network cresceu para cerca de 2.200 Bitcoins em 10 mil nós.

A Lightning Network, ou Rede Relâmpago, permite que os proprietários de Bitcoin realizem transações fora da rede Bitcoin — na Lightning Network — e as registrem periodicamente no blockchain do Bitcoin. Ela processa as transações de forma muito rápida e barata, e "se acerta" com a rede Bitcoin mais tarde. Isso é semelhante às antigas tabulações (mas com hash e selo de dia e hora).

Esta rede é muitas vezes mais eficiente, tem uma liquidação final mais rápida e detém mais capacidade de transação do que até mesmo a rede mais centralizada. Foi estimado que a Lightning Network seria capaz de processar transações muitíssimo mais rápido do que a rede Visa — em teoria, exponencialmente mais rápido. As transações podem ser concluídas em milissegundos, com quase zero consumo de energia, a uma taxa de milhões por segundo. A Lightning Network também pode aceitar micropagamentos.

Você deve ter ouvido que, em junho de 2021, a Assembleia Legislativa de El Salvador votou pela utilização do Bitcoin como moeda corrente, com base na Lightning Network. O governo até emitiu sua própria carteira nessa rede (embora os cidadãos possam usar outras, se quiserem).

Sidechains do Bitcoin

Um *sidechain [cadeia lateral]* é um blockchain separado do blockchain do Bitcoin, embora seja dependente dele. Além disso, funciona em conjunto com a cadeia de blocos do Bitcoin, usa o Bitcoin como moeda e pode enviar transações de e para o blockchain do Bitcoin. (Outros blockchains também têm sidechains; cada sidechain é sempre dependente de seu blockchain pai.)

Assim, os sidechains podem ser criados, e provavelmente serão, para muitos propósitos diferentes. A ideia já existe desde pelo menos 2012, embora tenha se movimentado lentamente. Há, no entanto, dois sidechains em funcionamento:

>> RSK (`https://www.rsk.co/`) leva contratos inteligentes para a rede Bitcoin. Os contratos inteligentes criam essencialmente dinheiro inteligente. Podem ser criadas transações que dependem do cumprimento de certos critérios do contrato.

>> The Liquid Network (`https://blockstream.com/liquid/`) tem o propósito de proporcionar transações mais rápidas e baratas entre traders e exchanges.

O Bitcoin Será Mais Fácil

Os bitcoiners acreditam que o Bitcoin é o futuro do dinheiro, mas inúmeras mudanças são necessárias para que isso aconteça. As transações de Bitcoin precisam ser rápidas, fáceis e estar disponíveis em todos os lugares. O que não acontece ainda, é claro. Usar Bitcoin pode ser complicado e frustrante. Na verdade, os verdadeiros fiéis do Bitcoin têm duas crenças conflitantes: 1) Bitcoin é o futuro do dinheiro e 2) "se não forem suas chaves, não é dinheiro" — se você possui Bitcoin, é preciso administrar suas chaves particulares por si só, não permitindo que outra pessoa o faça. Custódia (como nas *carteiras de custódia*) é um palavrão para os verdadeiros fiéis.

O problema é que, a menos que o uso do Bitcoin seja facilitado, ele nunca poderá se tornar tão difundido; é simplesmente muito complicado. (Compare como é fácil usar seu cartão de crédito com tudo o que ensinamos nos Capítulos 3, 4 e 5, onde você descobre como comprar e vender Bitcoin e mantê-lo seguro.)

LEMBRE-SE

Muitos influenciadores do Bitcoin já entendem isso e estão trabalhando para tornar a posse e o uso do Bitcoin mais fáceis e seguros. Sim, isso significa incentivar o uso de carteiras de custódia, mas fornecidas por corporações sólidas seguindo as melhores práticas para proteger (e até mesmo segurar) os ativos dos clientes. Atualmente, a maioria dos proprietários de Bitcoin usa carteiras de custódia. Algumas dessas carteiras estão em exchanges que provavelmente *não* são seguras, mas muitas estão em uma nova geração de instituições seguras e bem administradas.

Propostas de Desenvolvimento e Melhoria do Bitcoin

Neste livro, falamos sobre como a rede Bitcoin tem certas características "apoiadas" pela matemática que são usadas para executar o sistema. E isso é verdade. Como discutimos anteriormente neste capítulo, os halvenings são predeterminados — fixos, podemos dizer.

Entretanto, Bitcoin é um sistema de código aberto, o que significa que qualquer pessoa pode baixar o software Bitcoin e modificá-lo. Muitas pessoas fizeram isso e iniciaram suas próprias criptomoedas. Há mais de 10 mil criptomoedas, e muitas delas são baseadas no código fonte original do Bitcoin. Algumas até mesmo levam o nome do Bitcoin: Bitcoin Wrapped, Bitcoin Cash, Bitcoin BEP2, e assim por diante.

LEMBRE-SE

Elas são diferentes do Bitcoin. Todo este livro é sobre a rede Bitcoin, BTC. Hoje, essa rede tem uma capitalização de mercado de quase US$900 bilhões e um preço de moeda de mais de R$$47 mil. O "clone" mais próximo ao Bitcoin e que leva seu nome é o Bitcoin Wrapped, com uma capitalização de mercado de cerca de US$340 milhões, uma pequena fração do valor do Bitcoin (embora no momento de redação deste capítulo, as moedas individuais valham aproximadamente o mesmo.).

De qualquer forma, como a rede Bitcoin é de código aberto, não só qualquer pessoa pode baixar e usar o software, como também qualquer um pode sugerir mudanças no software. Isso é conhecido como *Propostas de Melhoria do Bitcoin (Bitcoin Improvement Proposals — BIPs)*. Ninguém pode entrar e mudar o código, porque para mudar a rede Bitcoin real, toda a rede precisa concordar e adotar as mudanças. O Bitcoin foi projetado para ser difícil de mudar, de modo que nenhum grupo ou organização individual possa assumir o controle e empurrá-lo em uma direção que a maioria dos membros da comunidade Bitcoin não aprovaria.

Mas o software *evolui*. (Na verdade, você pode ver a evolução em ação em `https://github.com/bitcoin`.) A rede Bitcoin é às vezes acusada de evoluir muito lentamente, mas muitos acham que melhorias limitadas e cautelosas do sistema são uma coisa boa. As mudanças que foram feitas e as propostas atualmente em andamento nos trabalhos incluem modificações como essas.

- » **Schnorr Signatures — BIP 340:** As assinaturas Schnorr são uma ferramenta de assinatura digital criptográfica (originalmente desenvolvida por Claus Schnorr). Alguns desenvolvedores do Bitcoin querem usá-las na rede Bitcoin porque fornecem uma implementação de assinatura um pouco mais elegante, eficiente e capaz em comparação com o sistema ECDSA (Elliptic Curve Digital Signature Algorithm — Algoritmo de Assinatura Digital de Curvas Elípticas) em uso atualmente. O sistema Schnorr deveria realmente reduzir um pouco as taxas de transação.

- » **Segwit — BIP 84:** Segwit — Segregated witness [testemunha segregada] — é uma melhoria na forma como as mensagens de transação são construídas, de modo que a assinatura não é incluída nos cálculos de tamanho para considerações de tamanho de bloco.

» **Dandelion — BIP 156:** É um mecanismo de roteamento de transações que proporciona proteção contra ataques à privacidade do usuário no nível da rede. Ele aumenta a privacidade do usuário ao enviar transações por meio de uma camada de anonimato antes de distribuí-las para a rede.

» **Simplicity:** Alguns bitcoiners estão pedindo que a linguagem de programação *Simplicity* seja adicionada à rede Bitcoin, permitindo o desenvolvimento de scripts especiais que acrescentariam características úteis ao Bitcoin. Por exemplo, o script Simplicity poderia ser usado para construir *cofres* no blockchain do Bitcoin — essencialmente travando seu Bitcoin dentro do blockchain — com períodos embutidos de *abertura do cofre*. Após uma transação ser enviada para a rede, o Bitcoin não será transferido até o fim desse período de abertura, impedindo alguém que tenha acessado indevidamente uma chave privada de roubar rapidamente o Bitcoin.

» **PSBT — BIP 174:** Esta proposta é para transações Bitcoin parcialmente assinadas. Elas permitiriam aplicações únicas com várias assinaturas, assim como assinaturas offline, e várias outras características multipartes.

» **RGB:** É um conjunto de protocolos para contratos inteligentes escaláveis e confidenciais nas Redes Bitcoin e Lightning. Nós não falamos sobre contratos inteligentes neste livro porque não são uma grande característica do Bitcoin, mas são muito importantes na rede Ethereum, a segunda rede mais importante de criptomoedas. Para saber mais sobre o Ethereum e os contratos inteligentes, leia *Cryptocurrency All-in-One For Dummies* (Criptomoedas Tudo em Um, em tradução livre). Você pode encontrar mais informações em `https://rgb-org.github.io/`.

Qual *É* o Futuro do Bitcoin?

Como alguém talvez famoso disse uma vez (ninguém sabe ao certo quem, se foi Niels Bohr, Samuel Goldwyn, Yogi Berra ou alguém bem diferente): "É difícil fazer previsões, especialmente sobre o futuro." O que *exatamente* acontecerá com o Bitcoin? Será que se tornará a moeda predominante no mundo, ou desaparecerá em um colapso repentino? Sobreviverá como uma "reserva de valor" útil, como o ouro, mas com pouco uso transacional, ou simplesmente desaparecerá?

O Banco da Inglaterra emitiu recentemente uma advertência. Sir Jon Cunliffe, vice-governador do Banco, disse que o Bitcoin "poderia teórica ou praticamente cair a zero". (Estima-se, a propósito, que 0,1% da riqueza doméstica no Reino Unido esteja armazenado em criptomoedas. Não é enorme, mas já é algo.)

O comitê de política financeira do banco disse que, no momento, o Bitcoin representava pouca ameaça à estabilidade do sistema financeiro do Reino Unido, mas isso pode mudar à medida que as criptomoedas se tornem mais incorporadas e interconectadas a ele. Uma publicação online do banco declarou, "o problema é que, ao contrário das formas tradicionais de dinheiro, o Bitcoin não é usado para fixar preços para outras coisas além de si mesmo. Como os próprios bitcoiners gostam de dizer, 'um Bitcoin = um Bitcoin'. Mas uma tautologia não faz uma moeda".

A mesma publicação declarou que a escassez do Bitcoin, longe de ser uma característica poderosa, "pode até mesmo, em última análise, tornar o Bitcoin inútil. Uma simples teoria dos jogos nos diz que um processo de indução para trás [analisar um processo que começa no ponto final e volta no tempo] deveria realmente, em algum momento, induzir o dinheiro inteligente a sair. E se isso acontecesse, os investidores realmente deveriam estar preparados para perder tudo. Mais cedo ou mais tarde".

Ou que tal o economista ganhador do Prêmio Nobel, Paul Krugman, que se descreve como um "criptocético"? Não é uma moeda real, diz ele, e como apontamos neste livro, isso é correto. Há maneiras muito mais fáceis de comprar café, alimentos e cerveja — o essencial — do que usar o Bitcoin. Krugman entende que isso não é necessariamente um problema. Como ele aponta, o ouro tem mantido valor mesmo sem ser usado como moeda por muito tempo, e mesmo grandes quantidades de notas de US$50 e US$100 não estão sendo usadas como moeda. A parcela de dólares guardada em dinheiro vivo subiu, na verdade, ao longo de 30 anos, em uma época em que as transações em dinheiro têm estado em declínio.

Entretanto, a preocupação de Krugman é a de que não há uma "ligação" direta entre Bitcoin e a economia real. O ouro, diz ele, tem uma conexão fraca que o conecta à economia real. Enquanto a maior parte do mineral é usada como reserva de valor, pelo menos um pouco é usado para eletrônicos, joias e dentes de ouro, outra forma de joia, realmente (e, na verdade, o propósito de grande parte das joias do mundo — provavelmente a maioria — é como reserva doméstica de valor com o benefício adicional de adorno, quando não está guardada no cofre).

Isso "proporciona uma ligação fraca mas real à economia real. As criptomoedas, ao contrário, não têm um ponto de apoio, nenhuma ligação com a realidade. Seu valor depende inteiramente das expectativas de autorrealização — o que significa que o colapso total é uma possibilidade real. Se os especuladores tivessem um momento coletivo de dúvida, temendo de repente que os Bitcoins não tivessem valor, bem, os Bitcoins perderiam o valor" (https://www.nytimes.com/2018/07/31/opinion/transaction-costs-and-tethers-why-im-a-crypto-skeptic.html).

LEMBRE-SE

Mas a ligação entre o ouro e a economia real é *muito* fraca. No momento de redação deste capítulo, o ouro vale US$1.772 por onça. Qual é seu valor intrínseco? Quanto ele valeria se todos parassem de usá-lo como reserva de valor? Bem, primeiro, apenas cerca de 2.900 toneladas de ouro são extraídas a cada ano. Mas há cerca de 177.200 toneladas de estoques de ouro existentes, praticamente todas as quais estão sendo utilizadas como reserva de valor, e os verdadeiros usos de consumo de ouro parecem ser cerca de 400 toneladas por ano. E se todo esse ouro chegasse ao mercado como joias, produtos eletrônicos e algumas outras finalidades, como algumas aplicações médicas, mas não como reserva de valor?

Isso é difícil de dizer, mas o valor do ouro diminuiria — a maioria das estimativas parece estar na faixa de US$10 a algumas dezenas de dólares por onça. Já em 2014, o economista-chefe global do Citigroup comparou o ouro com o Bitcoin, e descreveu o ouro — graças ao fato de ter muito pouco valor intrínseco — como uma "bolha de 6 mil anos de idade" e efetivamente como um "Bitcoin brilhante". Ele considera o ouro como um ativo cujo preço depende de uma bolha financeira ("a bolha mais duradoura da história humana"), mas também acredita que a "bolha pode muito bem ser boa por mais 6 mil anos". (O artigo é fascinante, e está disponível, em inglês, em https://willembuiter.com/gold2.pdf.)

Até mesmo o economista Krugman, cético quanto às criptos, tem às vezes sugerido que o valor intrínseco do ouro é tão baixo que é comparável ao do Bitcoin, e assim, o Bitcoin pode muito bem sobreviver como uma reserva de valor, como o ouro.

Portanto, vamos terminar com outra citação sobre o futuro. Como certa vez o presidente Eisenhower, dos EUA, disse: "O futuro está diante de nós." Essa é realmente a *única* coisa que podemos dizer com certeza.

CAPÍTULO 12 **Dez (Mais Um) Pensamentos...** 279

Índice

A

Alavancagem, 232

Análise de tendências, 251

Análise técnica, 251

   Indicador NVT, 252

   Múltiplo de Mayer, 252

   Relação MVRV, 253

   Relação NVT, 252

   RMC, 252

Apple, 8

Arbitragem, 185

Árvore de Merkle, 214

Ataque da chave inglesa, 254

Ataque da chave-inglesa, 116

Ataque dos 51%, 240

Ativo, 170

   Especulativo, 95

   Investimentos, 232

   Reservas, 268

Autenticador, 155

   Autenticação de dois fatores, 157

   Google Authenticator, 157

B

Banco de dados, 9, 33

Bitcoin

   Adoção, 225

   Características, 24–27

      Fungibilidade, 25

      Portabilidade, 24

      Quantidade limitada, 265

      Verificabilidade, 25

   Como comprar, 57–65

   Como enviar, 121–124

   Contas falsas, 115

   Definição, 14

   El Salvador, 220

   Estados-nação, 219

      Adoção, 217

      Regulamentação, 219

   Gibraltar, 224

   Grandes corporações, 218

   Herança digital, 166

   Investimento, 170

   Malta, 223

   Mineração, 15, 92

   Modelos de preços, 251

   Países Bálticos, 223

   Perder o controle, 142

   Portugal, 223

   Preços, 56

   Problemas mais conhecidos, 231

      Bolhas financeiras, 236

      Custos, 237

      Gastos com eletricidade, 241

      Golpes, 235

Riscos de segurança, 239

Processos de rede, 12

Propostas de Melhoria (BIP), 276

Dandelion, 277

PSBT, 277

RGB, 277

Schnorr Signatures, 276

Segwit, 276

Simplicity, 277

Prós e contras, 171–174

Protocolos, 12

Peer-to-peer, 202

Rede, 202

Salário, 91

Satoshis, 17, 207

Segurança, 144

Transações cotidianas, 94

Transações programadas, 165

Transferência, 79–81

Unidades, 16

Volatilidade, 174

Whitepaper, 11

Blockchain, 11

Criptografia, 42

Definição, 33

Hackers, 40

Hash, 38

Mineração, 210

Taxa de emissão de blocos, 215

Transações, 35

Bloco candidato, 211, 214

Bloco gênesis, 12, 43, 266

BlueWallet, 108

Bolha financeira, 279

Bolha pontocom, 236

Crash, 10

C

Capitalização de mercado, 7

Carteira, 50

2FA, 109

Backup, 125–126

BlueWallet, 99, 110

Cabra, 221

Cerebral, 102

Chivo, 221

Cofre, 101, 131

Configuração, 110–113

Core, 109

Custódia, 275

Custodial, 64, 70

Definição, 98

Determinística hierárquica, 109

Dicas importantes, 107

Electrum, 99

Fria, 35, 101, 129

Hardware, 35, 104

Lightning, 138

Metal, 102

Multisig, 131

Criação, 132–136

Observação, 129

Online, 105

Papel, 101, 102

Privada, 146

Programa, 51

282 **Bitcoin Para Leigos**

Quente, 35, 100

Recuperar, 127

Segurança, 108

Semente, 99

Software, 99–100, 107

Tipos, 101–107

Vulnerabilidades, 102

WIF, 129

Cashback, 90

Chave

Criptografia, 44, 207

Filha, 116

Privada, 45, 99

Pública, 45, 99

Ciberespaço, 9

Códigos de Goppa, 45

Coinbase, 56

Commodities, 270

Computação quântica, 240–241

Contratos inteligentes, 277

Corretoras, 87

Criptoativo, 18, 192

Criptografia, 42

Codificação, 47

Criptomoeda, 9, 18, 29

Adoção, 227

Corretor de criptomoedas, 226

Estratégias de investimento, 170

Outras opções, 190

Segurança, 147–158

Senhas fortes e seguras, 147

Cybersquatters, 75

D

David Chaum, 12

Defi, 191

Derivativos, 185

Descoberta de preço, 251

Descoberta do preço, 232

Desempenho futuro, 250

DigiCash, 10

Dinheiro, 19

Desvalorização, 27

Medidas de fornecimento, 23

Valor, 19

E

Economista

Milton Friedman, 20–22

Paul Krugman, 278

Efeito de rede, 264

Efeito Lindy, 264

Electrum

Servidor, 119

El Salvador, 221

Lei Bitcoin, 221

Endereço, 41

Endereço de troco, 208

Endereço de troco, 84, 125

Engenharia social, 156

Esquema de saída, 146

Esquema Ponzi, 235

Ethereum, 193, 277

Exchange, 51, 74, 85

Corretoras, 87

Plataformas de negociações, 87

Índice   283

Riscos, 90

Taxas, 85

F

Fiat money, 15

Figura política

Nayib Bukele, 221

Filme

Sua Majestade, o Aventureiro, 176

Fintech, 191

Fonte de valor, 174

Fundo de hedge, 268

Fundos negociados em bolsa (ETFs), 187

G

Grande Depressão, 15

H

Hackers, 146, 148

Halvening, 215, 266, 271

Halving, 15

Hash, 37–39, 211, 212

Nonce, 211

Taxa, 240, 242

Herança digital, 151

Hiperinflação, 19

Historiador

Yuval Noah Harari, 23, 30

Hodl, 98, 188

Dicas para Hodl, 245

Base de custo, 247

Reserva de oportunidade, 248

I

Indicadores de compra ou venda, 251

Informação assimétrica, 251

Investimento

Curto prazo, 268

Estratégias, 170

Aposentadoria, 186

Arbitragem, 185

Dollar cost averaging (DCA), 181

ETFs, 187

Hodling, 181

Picks and shovels, 186

Longo prazo, 173

Timing do mercado, 183

Valorização, 182

K

Keystroke loggers, 152

L

Ledger, 14, 31

Libertarismo, 27

Lightning Network, 138, 273

Livro-razão, 14

Blockchain, 32

Definição, 31

Endereço, 41

Colisão, 66

M

Mania das Tulipas, 195–197, 236

Média móvel, 252

Medida de valor, 24

Memory pool, 210

Mempool

    Bloco candidato, 211

Mercado, 7

Microtransações, 9, 138

Mineração, 15, 34

    Como funciona, 210–214

    Plataformas, 204

    Pool, 240

    Potência computacional, 215

    Software de mineração, 212

Modelos de previsão, 250

Moeda, 18

    Digital, 9

        e-gold, 10

        e-Renmimbi, 224

        Millicent, 10

    Eletrônica, 145

    Fiduciária, 15

    Moedas Digitais do Banco Central, 224

Moonmath, 253

N

Nasdaq, 75

Negação Plausível, 116

NetBill, 10

NFTs, 192

    Descrição, 192

    Mercado especulativo, 195

    Minted, 193

    Tokens, 192

Nonce, 213–214

Normas bancárias KYC, 27

Nós

    Autorregulação, 205

    Completos, 36, 106

    Dedicados, 203

    Escuta, 36

    Leves, 205

    Mineração, 34

    Não ouvintes, 204

    Supernós, 36, 204

    Tipos, 204

    Validação total, 204

Notificações push, 158

Números de Carmichael, 44

O

Oferta inelástica, 267

P

Padrão ouro, 15

PayPal, 10

Pedras rai, 176

Peer-to-peer, 34, 202

Phishing, 150, 156

    Golpes, 156

Pirâmide financeira, 235

Poder de compra

    Paridade, 225

Prova de trabalho, 21

R

Recursos complementares, 255

    Agregadores de dados, 258

    Documentários, 256

    Documentos fundamentais, 260

Exploradores de blockchains, 258

Fóruns, 259

Gráficos de Volatilidade, 259

Guias e Tutoriais, 257

Livros, 256

Visualizações de dados, 262

Wikis, 261

Redes, 34

Cliente-servidor, 34

Gnutella, 233

Peer-to-peer, 34, 233

Prova de trabalho, 211

Servidores, 35

Tor, 233

Representação digital, 30

Reserva de valor, 19, 171

S

Salário

Legislação trabalhista, 91

Satoshi Nakamoto, 10–12, 12

Satoshis, 123

Segurança

Antivírus, 153

Armazenamento, 151

Backup centralizado, 151

Clonagem, 160

Criptografia, 151

Cryptoshuffler, 152

Gerenciamento de senhas, 149–150

Hardware, 152

Keyloggers, 152

Outras dicas, 161–163

Ransomware, 153

Senha de acesso, 153

Semente, 102

Entropia, 114

Servidor Electrum, 119, 120

Sidechain, 274

RSK, 274

The Liquid Network, 274

Simple Payment Verification (SPV), 205

Spread, 18, 87

Status da transação, 65

Stock-to-flow, 175

T

Taxa

Câmbio, 56

Conveniência, 61

Fee bumping, 123

Variação, 86

Tempos de espera em cascata, 167

Teoria dos jogos, 278

Termos Importantes

Bitcoin, i

Blockchain, i

Carteira, ii

Endereço, ii

Ledger do Bitcoin, i

Rede Bitcoin, ii

Sementes, 102

Transação, ii

Títulos, 185

Tokens, 192

Tokens não fungíveis (NFTs), 192

Traders, 232

Transação de coinbase, 34

Transações

Endereço de troco, 208

Hash, 211

Mempool, 210

Mineração, 210

Taxas, 206

Verificações, 209

U

Unspent Transaction Outputs (UTXOs), 125

V

Valor intrínseco, 172, 173, 270

Volatilidade, 174, 232

Este livro foi impresso nas oficinas gráficas da Editora Vozes Ltda.,
Rua Frei Luís, 100 – Petrópolis, RJ.